MESSER MAGAZIN WORKSHOP

Jan Dox

Paracord-Griffe

AF567327

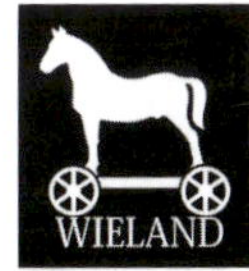

Jan Dox

Paracord-Griffe

1. Auflage, 2015

Alle Rechte der Verbreitung sind vorbehalten.
Nachdruck, auch auszugsweise, nur mit schriftlicher Genehmigung des Verlags.

ISBN 978-3-938711-75-0

© copyright by
Wieland Verlag GmbH, Rosenheimer Straße 22, D-83043 Bad Aibling
Telefon 08061/38998-0, Fax 08061/38998-20
Internet: www.wieland-verlag.com
E-Mail: info@wieland-verlag.com

Fotos: Jan Dox
Umschlaggestaltung und Layout: Caroline Wydeau

Druck: Graspo CZ

Printed in EU

INHALT

EIN PAAR SÄTZE VORAB

Vor allem bei Survival-Messern und taktischen Messern sind Griffwicklungen aus Paracord sehr beliebt. Das liegt an den praktischen Vorteilen: Solche Griffe liegen angenehm in der Hand, sie sind rutschfest und unempfindlich gegenüber Feuchtigkeit und Temperaturschwankungen. In einem Notfall kann man die Wicklung oft auch wieder abwickeln und hat dann ein praktisches Seil für viele Anwendungen zur Verfügung.

Die Techniken, die bei solchen Griffwicklungen zum Einsatz kommen, stammen zum großen Teil aus Japan und China. Aber auch schon im europäischen Mittelalter hatten die meisten Dolche und Schwerter Griffe, die mit Leder oder Draht umwickelt waren. Die Lösung ist also alles andere als neu. Heute hat jedoch modernes Paracord die klassischen Materialien wie Baumwolle, Seide oder Leder ersetzt.

Mit einer Paracord-Griffwicklung kann man nicht nur handgefertigte Messer ausstatten. Auch viele serienmäßig gefertigte Messer lassen sich auf einen solchen Griff umrüsten und damit „pimpen“. So eröffnet dieses Thema auch einen neuen Spielraum für Messerfreunde, die nicht gleich ein ganzes Messer selber bauen, sondern nur ein bestehendes Messer optimieren wollen. Eine Paracord-Griffwicklung kann damit ein einfacher Einstieg in das Hobby des Messermachens sein.

Der Autor dieses Bands ist einer der wenigen ausgewiesenen Experten auf dem Gebiet der Griffwicklungen in Europa. Jan Dox beschäftigt sich seit mehr als 30 Jahren damit und hat einen großen Wissensschatz und noch mehr praktische Erfahrung gesammelt. Einen Teil dieses Wissens gibt er hier an Sie weiter.

Mit der MESSER MAGAZIN Workshop-Reihe wollen wir Ihnen Hilfestellung in allen technischen Fragen geben und Ihnen so manchen Fehler ersparen. Diese Buchreihe stellt eine Vielzahl von Themen rund ums Messermachen dar – so aufbereitet, dass Sie jeden einzelnen Schritt nachvollziehen und auch nachmachen können. Dabei haben wir besonders auf die Praxis- und Werkstatttauglichkeit Wert gelegt.

Deshalb sind alle Bände der Reihe mit einer sogenannten Wire-O-Bindung verarbeitet. Auf diese Weise bleibt das Buch aufgeschlagen so liegen, wie Sie es hinlegen. Außerdem haben wir bei der Größe der Bilder und Schriften darauf geachtet, dass Sie noch alles lesen und erkennen können, wenn Sie arbeiten und das Buch neben sich liegen haben.

Wir haben versucht, jeden Arbeitsschritt so verständlich wie möglich darzustellen. Trotzdem sollten Sie, bevor Sie loslegen, die Beschreibungen in diesem Buch vollständig durchlesen. Dann wissen Sie, was auf Sie zukommt und erleben nicht mitten in der Arbeit unangenehme Überraschungen. Anhand der Material- und Werkzeugübersichten können Sie vorab alles zusammenstellen, was Sie brauchen. Und das ist in diesem Fall besonders wenig!

Ich wünsche Ihnen bei der Arbeit viel Freude und gutes Gelingen.

Hans Joachim Wieland
Chefredakteur
MESSER MAGAZIN

VORWORT

Schon als Jugendlicher begann ich mit Messern und Seilen zu arbeiten. In verschiedenen Jugendgruppen – ähnlich den Pfadfindern – genoss ich diese Tätigkeit im Freien zusammen mit anderen. Wir benutzten jede Menge Hanfseile und unsere Messer, um unsere Camps zu bauen. In jenen Tagen wusste kaum jemand irgendetwas über Messer, deren Griff mit Paracord umwickelt war. Von 1984 bis 1985, während ich im belgischen Fallschirmspringer-Kommando diente, hatten wir keine Fallschirmseile (englisch parachute cord, kurz: paracord) zur Verfügung und benutzten stattdessen drei Millimeter dicke, schwarze und olivgrüne Nylonschnüre.

Fallschirmseile sind vielleicht nicht die stärksten Seile, wenn man das Verhältnis von Stärke und Durchmesser mit anderen Seilen auf dem Markt vergleicht, aber ihre Widerstandsfähigkeit kombiniert mit ihrer Struktur und Elastizität machen sie enorm vielseitig und populär. Seit einigen Jahren ist Paracord in einer Vielzahl von Farben erhältlich. Viele Bastler haben das Material für sich entdeckt. Einige Bücher wurden schon über Knoten, Streifen, geflochtene Schnüre (sennits oder auch sinnets genannt) und Schmelzverbindungen geschrieben, aber nur wenige über das Umwickeln von Messergriffen.

Messer im japanischen Stil sind eines meiner Lieblingsthemen in Bezug aufs Messermachen. Tsukamaki, die Kunst der Griffwicklung bei Schwertern, ist ein sehr interessantes Gebiet. Ich werde für Sie einige Techniken des Tsukamaki auf die Anwendung von Paracord übertragen.

Das Wickeln von Messergriffen ist keine strikte Wissenschaft. Ich habe versucht, Sie mit diesem Buch in diese wunderbare Welt einzuführen. Seien Sie kreativ! Ich hoffe, Sie werden an diesem Buch genauso viel Freude haben wie ich beim Schreiben.

Jan Dox

DANKSAGUNG

Mein Wissen und meine Erfahrung mit Seilen und Messern habe ich in mehreren Jahrzehnten mit Versuch und Irrtum, Gesprächen, Tests und praktischem Gebrauch erworben. Ich habe erlebt, dass Wissen in der Welt der Messermacher freigiebig preisgegeben wird. Es gibt eine Reihe von Menschen, denen ich dafür danken möchte, dass sie mir über Jahre hinweg geholfen haben:

- meinen Freunden und Messermacher-Kameraden für die Ratschläge, Kommentare und Ermutigung, die sie mir gegeben haben: (in alphabetischer Reihenfolge) Achim Wirtz, Alessio Salsi, Bart Weys, Christophe Verstappen, Filip De Leeuw, Gert Van den Elsen, Jacques Delfosse, Pavel und Katharina Rihacek, Rémy B., Tim Wagendorp und viele mehr.

- Geert Willaert von der Internationalen Gilde der Knotenknüpfer (International Guild of Knot Tyers, IGKT).

- Don Fogg, einem ehemaligen Messer- und Schwertschmied, der auf seiner Website, in Foren und Seminaren einen riesigen Berg an Wissen über Tsukamaki und Schmiedetechniken weitergibt.

- Vince und Grace Evans, die mir vor einem Jahrzehnt mit den traditionellen chinesischen Wicklungen halfen (www.picturetrail.com/evans).

- Nigel Coffi von paracord.nl dafür, dass er mich davon überzeugt hat, mit der Arbeit an diesem Buch zu beginnen, und für seine Unterstützung.

- meinen Kunden für ihre Resonanz auf mcine Arbeit.

- meiner Frau Marie-Claire und meinen Kindern dafür, dass sie mit mir Geduld hatten, während ich an diesem Projekt arbeitete.

SICHERHEITSHINWEISE

In diesem Buch werden wir uns mit verschiedenen Techniken beschäftigen, die bei der Wicklung von Messergriffen mit Paracord zum Einsatz kommen. Dabei ist zu beachten, dass Klingen scharfe Schneiden und Spitzen besitzen. Wenn wir einen Messergriff umwickeln, müssen wir das Messer öfter an der Schneide halten als uns lieb ist. Schützen Sie die Klinge immer mit Klebeband oder einer Kombination aus Papier, Stoff und Klebeband! Meistens benutze ich Kreppband. Bei empfindlichen Klingen mit Hamon oder Härtelinie benutze ich eine Kombination aus Papiertaschentüchern und Kreppband.

Wir werden auch Sekundenkleber (Cyanacrylat), Epoxid- und andere Kunstharze verwenden. Verwenden Sie immer Schutzbrillen und -handschuhe! Cyanacrylat kann Ihre Finger oder Augenlider in Sekunden zusammenkleben. Wenn ein Tropfen Epoxid in Ihr Auge gerät, ist es beinahe unmöglich, ihn wieder herauszubekommen. Es ist eine sehr schlechte Idee, das Auge mit Aceton auszuspülen! Epoxid kann allergische Reaktionen auslösen. Manche reagieren augenblicklich, bei anderen entwickelt sich die Epoxid-Allergie erst nach Jahren der Nutzung. Ein gut durchlüfteter Arbeitsraum ist eine Notwendigkeit.

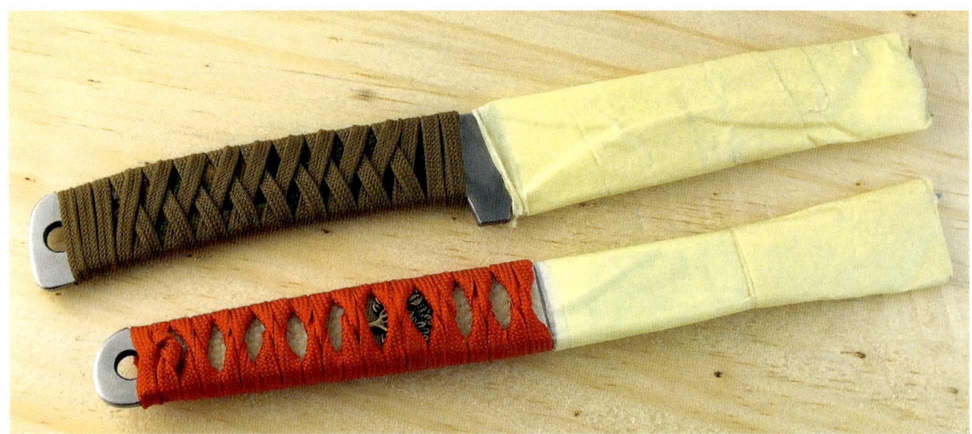

Zwei Messer mit Klingenschutz aus Papier und Klebeband.

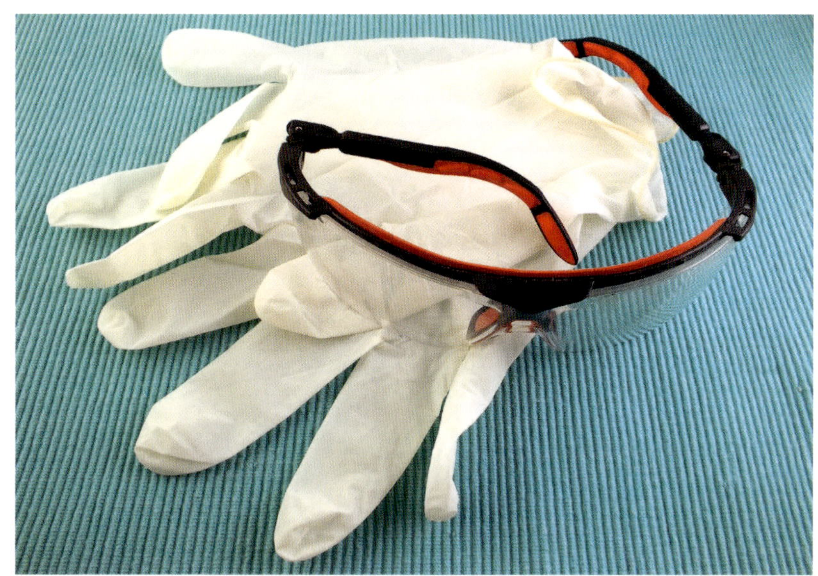

Einmalhandschuhe aus Vinyl (oder besser aus Buten oder Nitril) und Schutzbrille sind ein Muss bei der Arbeit mit Kunstharz.

Vinyl-Handschuhe können nicht benutzt werden, aber Einmalhandschuhe aus Latex haben gerade genug Widerstandsfähigkeit gegen Epoxid und andere Kunstharze, um gut damit arbeiten zu können und einige Zeit zu halten. Die Resistenz gegenüber Aceton ist in der Regel geringer, also bitte vorsichtig sein, wenn Sie Aceton zum Reinigen Ihrer Werkzeuge verwenden! Es ist ratsam, dafür einen robusten Behälter oder ein Einmachglas zu benutzen.

Manchmal verwende ich mehr als ein Paar Handschuhe, während ich an einem Messergriff arbeite. Weil der Kontakt mit dem Kunstharz beschränkt ist, wenn Sie einen Griff imprägnieren, ist Latex ausreichend, wenn Sie die Handschuhe regelmäßig wechseln. Falls Sie während der Arbeit mit Epoxid und Aceton wirklich einen intensiven Kontakt haben, sind höhergradige Schutzhandschuhe wie zum Beispiel Buten- oder Nitril-Handschuhe von ausreichender Dicke notwendig.

PARACORD

1.1 Was ist Paracord?

Paracord ist ein Nylonseil, bestehend aus einem Kern (der sogenannten Seele) mit mehreren Schnüren aus jeweils zwei bis drei Fäden und einer äußeren gewebten Hülle, die das Seil vor dem Durchscheuern schützt. Diese Art Seil wurde seit dem Zweiten Weltkrieg sehr intensiv vom Militär benutzt. Paracord wurde dazu verwendet, die Fallschirmgurte mit dem eigentlichen Fallschirm zu verbinden. Nach der Landung zerschnitten die Soldaten oft die Verbindungsleinen und benutzten diese Seile für so ziemlich alles und jedes.

Der militärische Standard Mil-C-5040H beschreibt die Spezifikationen von verschiedenen Paracord-Typen für die militärische Nutzung. Die Farbauswahl ist beschränkt. Aufgrund des Erfolgs von Paracord während der letzten Jahrzehnte begannen Hersteller die Produktion von kommerziellem Paracord in den Längen und Stärken der Militär-Ausführung, aber ohne die teuren Tests und Vorschriften. Handelsübliches Paracord wird oft aus Nylongarn gemacht, das nicht vorgeschrumpft ist wie das Garn für militärisches Paracord.

Die folgenden Paracord-Typen sind in militärischen und kommerziellen Versionen in mehr als 80 verschiedenen Farben lieferbar. Typ III ist der meistbenutzte und auch meistbekannte dieser Typen.

- 750 Paracord Typ IV (5 mm) mit einer Reißfestigkeit von mindestens 750 lbs (amerikanische Pfund, 1 lb = 0,454 kg). Der Kern beziehungsweise die Seele innerhalb des Mantels besteht aus elf Schnüren mit jeweils drei Fäden.

- 550 Paracord Typ III (3,5 bis 4 mm): Minimum der Reißfestigkeit 550 lbs. Der Kern besteht aus sieben Schnüren mit jeweils drei Fäden. Einige Hersteller produzieren es mit sieben bis neun Schnüren aus jeweils zwei Fäden.

EIGENSCHAFTEN NACH MILITÄRISCHEN UND KOMMERZIELLEN STANDARDS

	Typ I	Typ IA	Typ II	Typ IIA	kommerziell Typ III	militärisch Typ III
von Händlern benutzter Name	100	100	400	225	550	550
Reißfestigkeit, Minimum in Pfund (lbs)	95	100	400	225	550	550
Reißfestigkeit, Minimum in Kilo (kg)	43	45	181	102	249	249
Dehnung (%), Minimum	30	30	30	30	30	30
Länge pro Pfund des Seils in Fuß (ft), Minimum	950	1050	265	495	225	225
Länge pro Pfund des Seils in Metern (m), Minimum	290	320	81	151	69	69
Kernschnüre	4 - 7	keine	4 - 7	keine	7 - 9	7 (selten 8 - 9)
Anzähl Fäden pro Schnur	2 oder 3	–	2 oder 3	–	2 oder 3	3

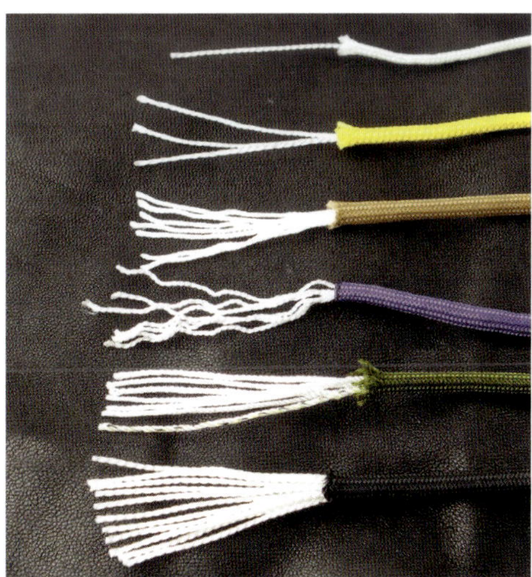

Von unten nach oben: schwarzes Paracord Typ IV, grün nach Militär-Standard Typ III, purpur und coyote-braun kommerzieller Typ III, gelb Typ II und silberfarben Typ I.

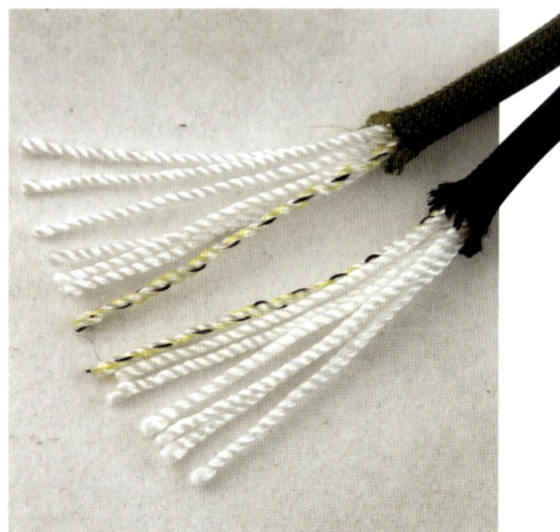

Zwei verschiedene Farben, produziert vom selben Hersteller nach militärischem Standard. Beide besitzen dieselbe Kernfaser.

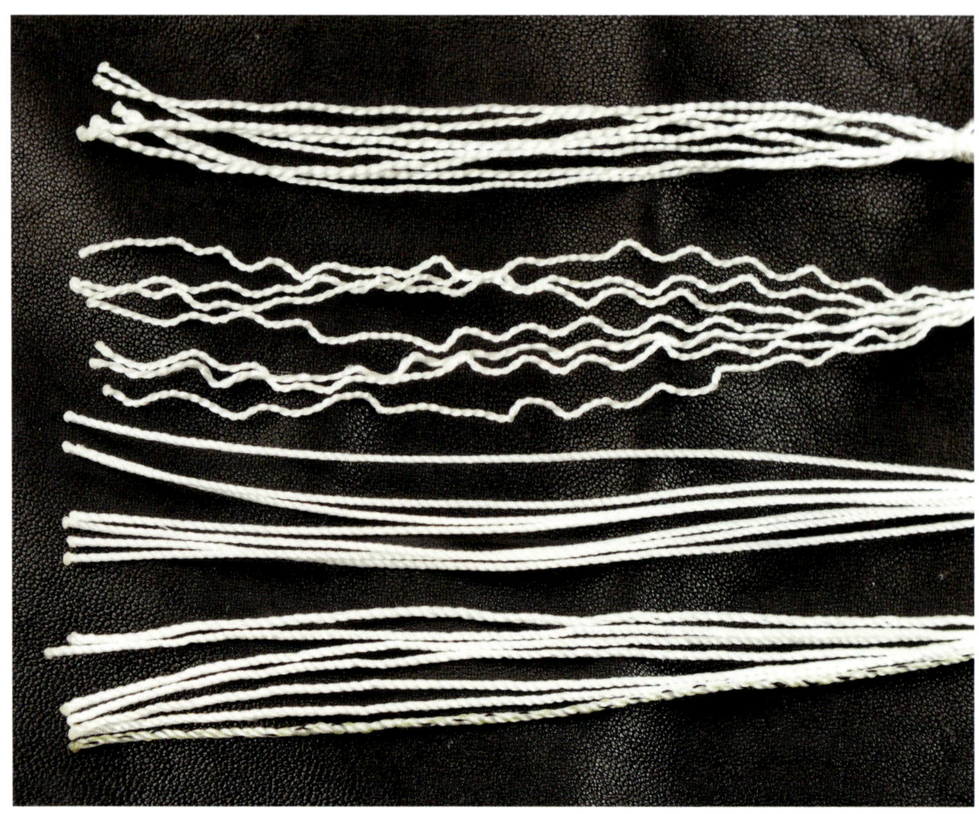

Die Schnüre im Kern können sehr unterschiedlich sein. Von oben nach unten: drei Sets von kommerziellen Schnüren und ein Set von Schnüren nach Militärstandard.

WICHTIGE PARACORD-ABMESSUNGEN

	Typ I	Typ IA	Typ II	Typ IIA	kommerziell Typ III	militärisch Typ III	Typ IV
Durchmesser gefülltes Seil in mm	1,9	–	3,0	–	3,5	3,9	3,5
Breite der leeren Hülle (flatline) in mm	2,2	–	3,0	–	4,0	4,5	4,0
Dicke des gefüllten Seils auf dem Griff in mm	1,7	–	2,2	–	2,6	2,4	2,6
Dicke der leeren Hülle auf dem Griff in mm	0,9	–	1,1-1,2	–	1,0	1,0	1,0

• Mil-C-5040H Typ III (3,5 mm): Minimum der Reißfestigkeit 550 lbs. Seele aus sieben Schnüren mit jeweils drei Fäden. Eine der sieben Schnüre besitzt eine oder mehrere andere Farben als die übrigen. Diese ist herstellerspezifisch und ermöglicht die Rückverfolgung des Herstellers. Meiner Erfahrung nach ist Paracord nach militärischem Standard oft fester, schöner und auch runder geformt als kommerzielles Paracord.

• 400 Paracord Typ II (ca. 3 mm) besitzt eine Reißfestigkeit von mindestens 400 lbs (181 kg) mit einem Kern von vier bis sieben Schnüren. Einige Händler haben Paracord ähnlich Typ II im Angebot, das sie 425 oder 450 nennen.

• 100 Paracord Typ I (ca. 2 mm) mit einer Reißfestigkeit von mindestens 100 lbs (45 kg) und einer Schnur als Kern.

Es sind noch mehr Arten von Paracord erhältlich, wie zum Beispiel das 650er Paracord. Dieses Fallschirmseil hat einen Durchmesser von 4,76 mm (3/16 Zoll) mit vier Schnüren im Inneren und einer Reißfestigkeit von mindestens 400 lbs (181 kg). Es ist breiter und flacher als Seile vom Typ II und III und hat keine Entsprechung im militärischen Bereich. Es ist gut geeignet für eine Reihe von Flechtarbeiten. Achtung: Manche Anbieter verkaufen auch nur die leere Hülle als 650er Paracord mit einer Reißfestigkeit von 325 Pfund. Fragen Sie im Zweifelsfall nach, um sicher zu sein, dass das Fallschirmseil die gewünschten Eigenschaften aufweist.

Ich werde Ihnen die Benutzung der verschiedenen Paracord-Typen sowohl als gefülltes Seil als auch „Flatline“, das heißt als leere Hülle, zeigen. Die Hersteller von kommerziellem Paracord machen die Hüllen weiter oder schlanker. Manche flechten sie enger als andere. Im allgemeinen sind die Hüllen von Typ IV am weitesten: 5 mm. Dann kommen Typ III mit 4 oder 4,5 mm sowie Typ II mit 3 mm und Typ I mit 2,2 mm. Die Dicke der leeren Hülle liegt zwischen 0,9 und 1,2 Millimetern und ist vom Hersteller abhängig.

1.2 Abmessen des Seils

Um die Breite von Paracord zu messen, ist es am leichtesten, zehn Wicklungen um einen Besenstiel zu machen und das Ergebnis in Zentimeter zu messen. Das ergibt ziemlich genau die Maße von gefülltem Seil oder leerer Hülle in Millimetern.

Um die Dicke des gewickelten Seils zu bestimmen, wickeln wir es erneut um den Besenstiel und messen den Durchmesser des Seils an der Außenseite. Ziehen Sie davon den Durchmesser des Besenstiels ab, und Sie erhalten die Dicke der einzelnen Paracord-Lage. Die Hälfte dieses Werts ist die Dicke eines Seils oder einer leeren Hülle bei Zug.

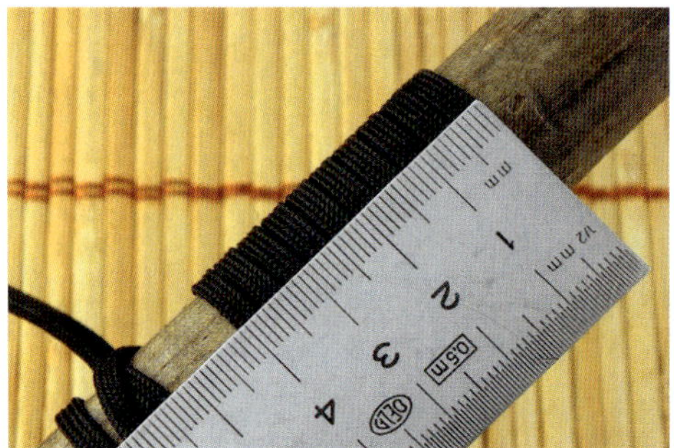

Man misst die Länge von zehn Umwicklungen des Besenstiels.

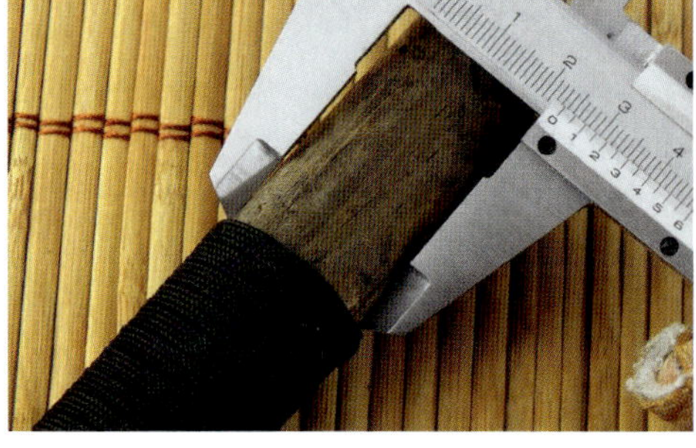

Abmessen des Seils: Messen Sie den Durchmesser des Besenstiels.

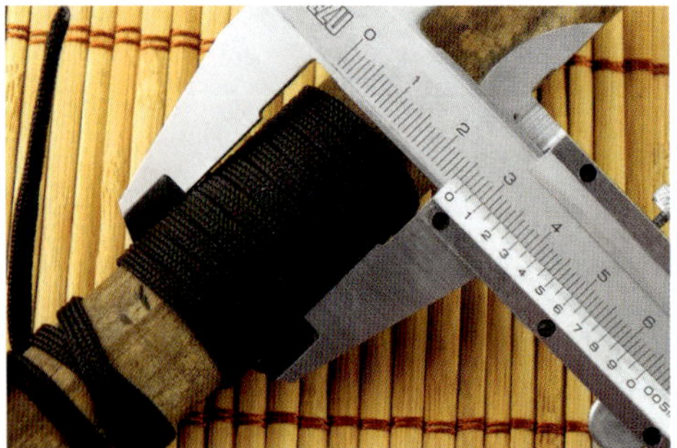

Messen der Seildicke: Ziehen Sie den Durchmesser des Stiels ab und teilen Sie das Ergebnis durch 2, um die Stärke der Paracord-Wicklung zu erhalten.

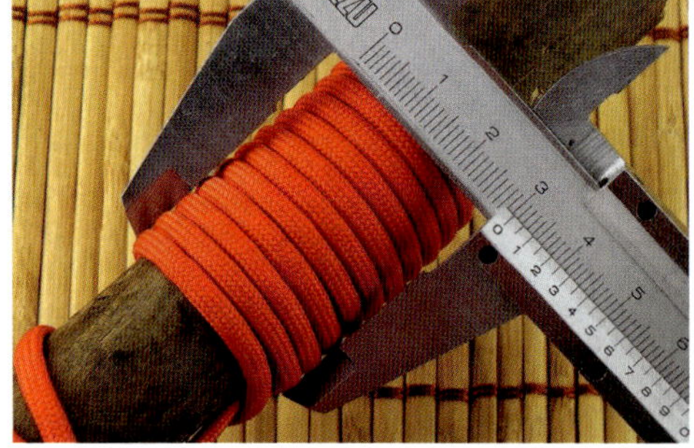

Abmessen der Dicke von vollem Paracord.

In meinen Tests kam ich zu folgenden Ergebnissen für das volle Paracord auf einem Besenstiel:

Typ IV: Dicke 3,25 mm
Typ III: Dicke 2,6 mm
Typ II: Dicke 2,2 mm
Typ I: Dicke 1,7 mm

1.3 Schrumpffaktor von Paracord

Paracord wird aus Nylonfasern gemacht und schrumpft, wenn es nass ist. Der Schrumpffaktor von handelsüblichem Paracord liegt bei 10 bis 20 Prozent. Militärisches Paracord muss aus vorgeschrumpftem Nylongarn geflochten werden. Die Kerngarne müssen dabei für eine Dauer von mindestens 60 Minuten bei einer Temperatur von 93°C (+/- 3°C) nass geschrumpft werden. Nach dieser Zeitspanne müssen sie vor der Herstellung des Kerns bei einer Temperatur getrocknet werden, die 93°C nicht überschreiten darf.

Hüllengarne müssen für eine Dauer von mindestens 30 Minuten bei einer Temperatur von 71°C (+/- 3°C) nass geschrumpft werden. Nach dieser Zeitspanne müssen sie vor dem Flechten bei einer Temperatur getrocknet werden, die 71°C nicht überschreiten darf.

Bei Armbändern, Gürteln und einer Reihe von anderen Gegenständen aus Paracord ist die Größe wichtig. Ein Armband, das nach dem Schwimmen die Blutzufuhr zur Hand unterbricht, ist definitiv keine gute Sache. Und ein geflochtenes Band, das nach dem Schwimmen uneben oder krumm und schief aussieht, ist auch nicht viel besser.

Bei Messergriffen, bei denen enger oft besser ist, kann das nachträgliche Schrumpfen dagegen sogar von Vorteil sein. Seien Sie aber vorsichtig, wenn Sie verschiedene Paracord-Typen gleichzeitig benutzen, da die unterschiedlichen Schrumpffaktoren das Aussehen der Wicklung beeinflussen können!

Das Schrumpfen der leeren Hülle an einer Wicklung im japanischen Stil kann dazu führen, dass das Seil an den Griffkanten schrumpft und so Öffnungen zwischen den Seilabschnitten verursacht. Um diese Öffnungen zu vermeiden, ist es wichtig, die Seilabschnitte eng genug zusammenzurücken.

Ich habe verschiedene Seile nach Militärstandard und kommerzielles Paracord von verschiedenen Händlern getestet. Eine Anzahl von Probestücken wurde auf die Länge von 50 Zentimeter zugeschnitten. Ein Schrumpffaktor von zehn Prozent bedeutet bei dieser Seillänge ein Schrumpfen um fünf Zentimeter.

Der erste Test bestand darin, die Seilstücke in einen Topf mit heißem Wasser (ca. 95 Grad) zu werfen. Ich ließ die Seile für 20 Minuten im abkühlenden Wasser. Die gefärbten kommerziellen Seile schrumpften dabei zwischen acht und zwölf Prozent, die meisten lagen zwischen neun und zehn Prozent (Durchschnittswert 9,8%). Dagegen schrumpfte ein khakifarbenes Militärseil nur um 1,4 Prozent und ein weißes kommerzielles Seil um 3,5 Prozent.

In einem zweiten Schrumpftest testete ich sowohl gefüllte Seile als auch leere Hüllen, sowohl nach militärischen Spezifikationen als auch kommerzielle Seile. Für einen brutalen Schrumpftest wurden die Seile zehn Minuten lang gekocht. Die Militärseile schrumpften dabei viel weniger als die kommerziellen Seile. Das Militärseil eines Anwenders schrumpfte um nur 1,6 Prozent, die leere Hülle um ungefähr 2,5 Prozent. Kommerzielles Paracord schrumpfte dagegen um erstaunliche 16 Prozent.

Der Unterschied zwischen den gefüllten Seilen und deren leeren Hüllen betrug ungefähr ein Prozent. Tarnfarbenes Seil hat eine Tendenz dazu wellig zu werden, da die dunklen Farben deutlich stärker schrumpfen als die hellen.

Einige Händler schlagen vor, das Seil für 10 bis 15 Sekunden zu kochen, es dann aus dem Wasser zu nehmen und zwischen den Falten eines Handtuchs oder in einem Kleidersack im Wäschetrockner zu trocknen.

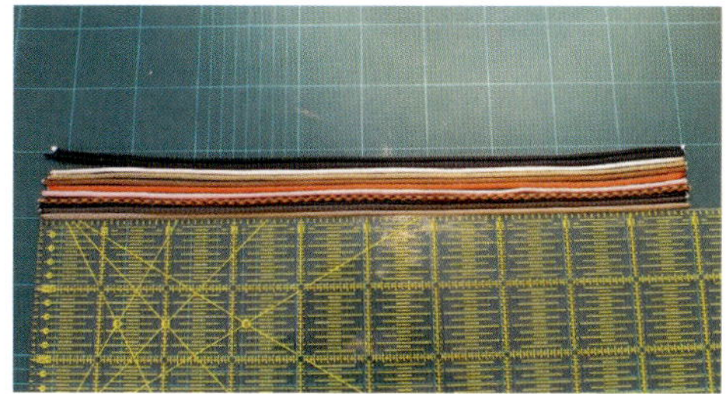

Für den Test werden verschiedene Seile auf 50 Zentimeter gekürzt (die Proben wurden von paracord.de zur Verfügung gestellt.)

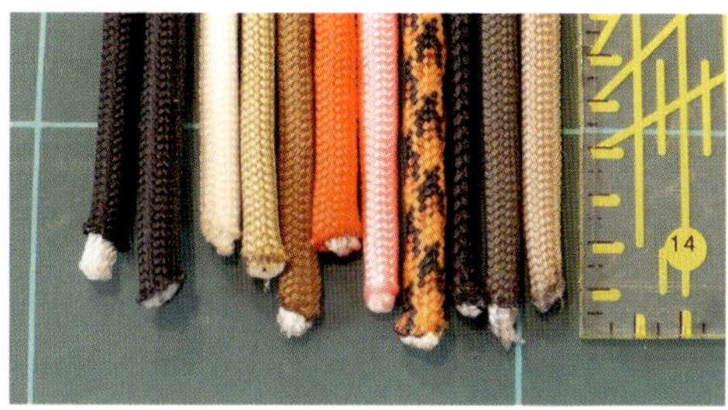

Die Seilstücke sind von der Länge her leicht verschieden. Die Unterschiede werden registriert.

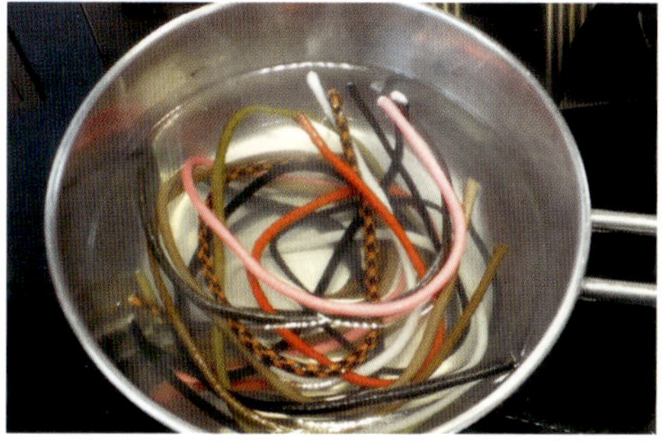

Die Seile liegen für 20 Minuten in heißem Wasser.

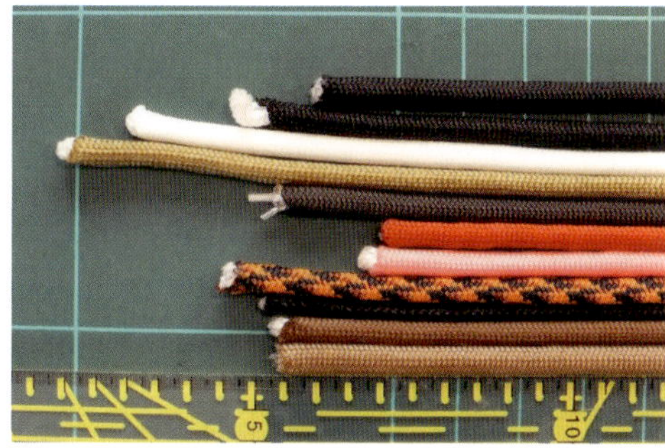

Nach dem Schrumpftest weisen die Seilstücke klare Unterschiede in der Länge auf.

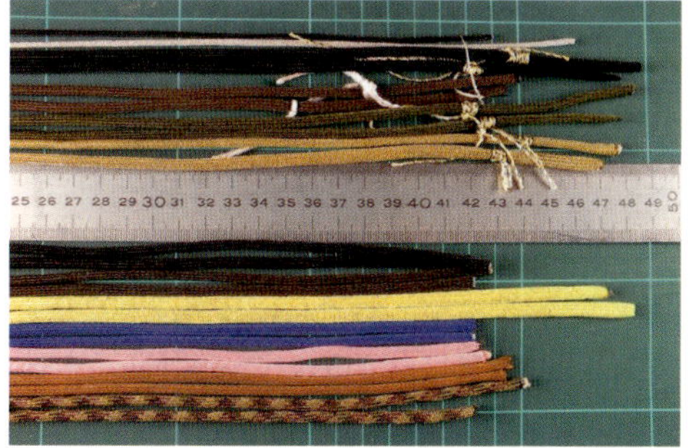

Brutaler Schrumpftest: Das Ergebnis nach zehn Minuten im kochenden Wasser. Bei den Militärseilen wurden die Kennfasern zur Identifizierung außen angebunden.

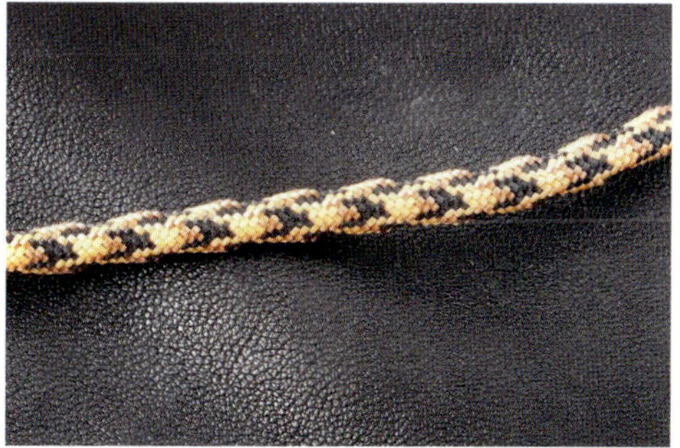

Dieses tarnfarbene Seil war nach dem Schrumpftest wellig. Das schwarze Garn war deutlich mehr geschrumpft als die hellen Farben.

Auf jeden Fall gilt: Wenn Sie Gegenstände machen, bei denen es auf die genaue Größe ankommt, führen Sie vorher einen Schrumpftest des vollständigen Seils und der leeren Hülle durch, bevor Sie das Paracord abmessen und die benötigte Länge abschneiden.

FARBTEST

Ich habe testweise einige Proben mit Zwei-Komponenten-Epoxidharz getränkt. Es handelt sich dabei um eine leicht bernsteinfarbene Kunstharz-Mischung, die im Laufe der Zeit etwas nachdunkeln kann. Im ersten Fall änderte sich Dunkelblau zu beinahe Schwarz. Neonfarben blieben hell, verloren aber ihren „Neon"-Faktor. Weiß wurde halbdurchsichtig, Gelb etwas greller.

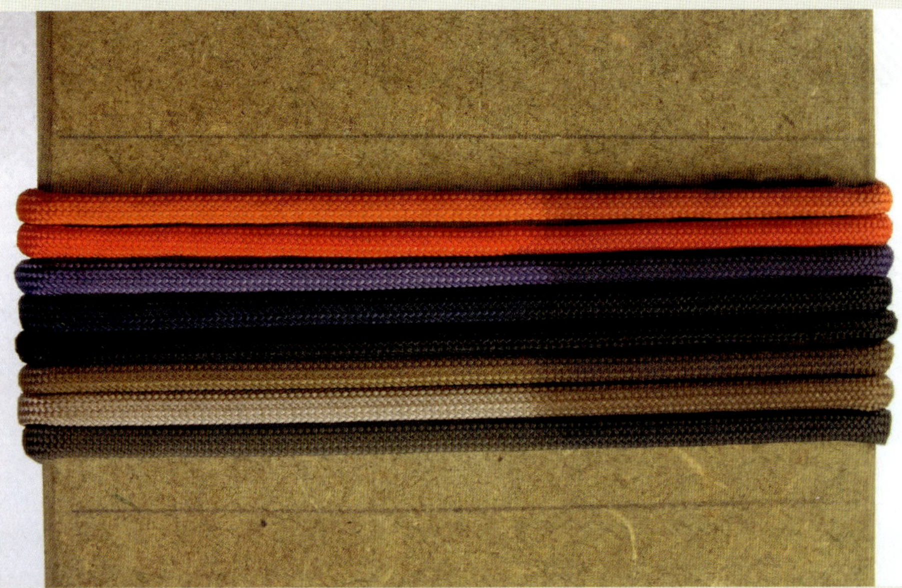

Ein Farbtest zeigt das Nachdunkeln des imprägnierten Seils. Von oben nach unten: Orange, Rot, Purpur, Midnight Blue, Schwarz, Coyote Brown, Desert Tan und dunkles Olivgrün.

1.4 Farbänderung beim Imprägnieren mit Kunstharz

Für eine Anzahl von Anwendungen werden wir den umwickelten Griff ganz oder teilweise mit Kunstharz versiegeln. Das Harz macht die Farben dunkler und kann die „Neon“-Eigenschaften drastisch verändern. Mit schwarzem Paracord sind die Änderungen minimal, mitteldunkle Farben wie zum Beispiel Purpur können fast schwarz werden, helle Farben können entweder verstärkt werden oder sich so stark verändern, dass das fertige Produkt am Ende ganz anders aussieht.

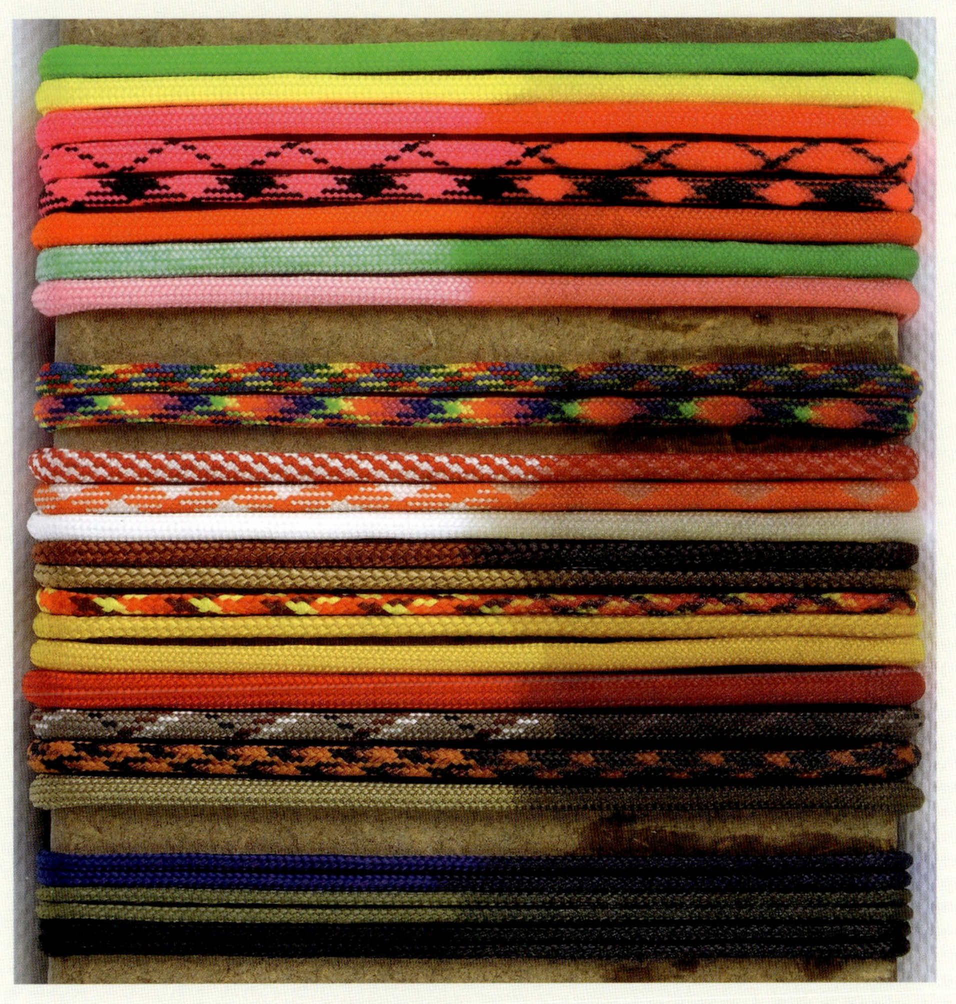

GRUNDLAGEN

Um die verschiedenen Techniken zu zeigen, habe ich eine Anzahl von Griff-Dummys gemacht. Sie bestehen aus Stahl und haben die Maße 4 x 20 und 4 x 25 Millimeter. Die Länge beträgt elf Zentimeter, gemessen vom Knauf bis zum Ende des Lochs, dort wo am richtigen Messer der Handschutz wäre. Die Löcher haben einen Durchmesser von sechs Millimetern – groß genug, um mindestens eine leere Hülle und zwei vollständige Fallschirmseile ohne Schwierigkeiten hindurch zu führen.

Ein umwickelter Griff fühlt sich angenehm an und gibt der Hand einen guten Halt. Abhängig von der Art der Wicklung, kann das Paracord leicht vom Griff abgewickelt werden, um es im Notfall zu benutzen.

Ältere oder beschädigte Messer können zu neuem Leben erweckt werden, wenn der alte Griff durch eine Wicklung ersetzt wird. Dazu muss man teilweise Änderungen vornehmen: Wenn Sie das Profil der Angel ändern, ist es unter Umständen leichter, die Wicklung anzubringen. In vielen Fällen kann auch die Griffkontur so heruntergeschliffen oder -gefeilt werden, dass sie eine Seilwicklung aufnehmen kann. Manchmal reicht es, einfach den Griff komplett abzusägen und die Schneide an der Klinge auf den ers-

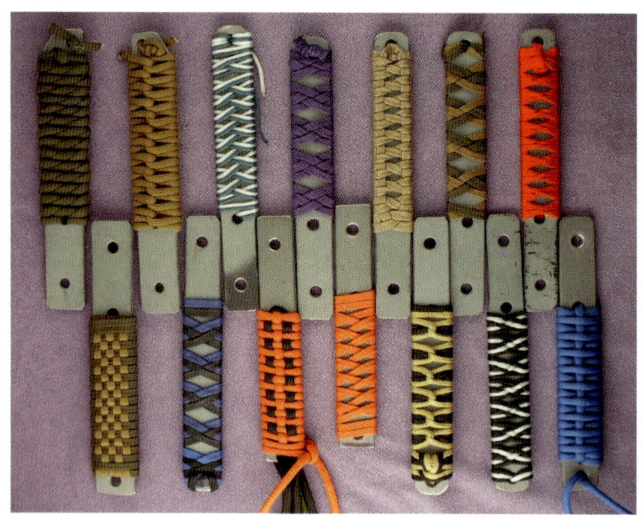

Für die Beispielarbeiten in diesem Buch speziell angefertigt: Griff-Dummys aus vier Millimeter starkem Flachstahl.

ten zehn oder zwölf Zentimetern mit einer Schleifmaschine zu entfernen, um eine Angel herzustellen, die für eine Seilwicklung geeignet ist. Das erste Messer, das ich auf diese Weise wiederbelebte, war ein altes Brotmesser, das ich zu einem schottischen Sgian Dubh umschliff. Ich umwickelte den Griff mit schwarzem Baumwollseil über rotem Baumwollseil. Ich tränkte ihn mit Polyesterharz von einem KFZ-Reparaturkasten, um ihn zu imprägnieren. Das war 1986. Die Inspiration dafür stammte aus einem Artikel über den verstorbenen Messermacher Phill Hartsfield.

Bei der Planung eines Paracord-Griffs sind einige Dinge zu beachten:

• Soll der umwickelte Griff die volle Länge haben, so dass große Kräfte aufs Messer ausgeübt werden können?

• Müssen wir eine Grundlage aus Schnur schaffen, damit das Volumen des Griffs groß genug wird?

• Soll eine dekorative Unterlage durch die Spalte in der Griffwicklung zu sehen sein?

• Soll das Seil in Notfällen verfügbar sein?

• Soll das Messer schmutzig werden dürfen? Wie hoch sind die Chancen dafür, dass es mit Benzin getränkt wird? Wäre es in diesem Fall möglich, das verschmutzte Seil zu entfernen und den Griff neu zu umwickeln?

• Wird das Messer benutzt, um Tiere auszuweiden oder zu zerlegen? Wird es als Kochmesser benutzt?

• Wird das Messer in einer marinen Umgebung benutzt? Ist es rostbeständig? Wenn die Griffwicklung nass wird, rostet dann das Messer darunter?

• Wird das Messer um den Hals getragen oder irgendwo versteckt am Körper? Übermäßige Mengen an Schweiß können viel Rost verursachen.

• Werden Löcher in den Griff gebohrt, zur Gewichtsersparnis oder um das Seil durchzuziehen?

Wenn eine Messerangel umwickelt werden soll, ist es nötig, vorhandene Löcher an die geplante Wicklung anzupassen oder neue Löcher zu bohren. Es ist wichtig, dass die Bohrungen einen passenden Durchmesser besitzen, damit die gewünschte Anzahl der Seilabschnitte auch durch die Löcher passt. Gleichzeitig dürfen die Bohrungen nicht zu groß sein, damit keine Knoten hindurch gezogen werden können und die Wicklung so sauber wie

ZUR FRAGE DER LOCHGRÖSSE

Die folgende Liste zeigt am Beispiel von **Paracord Typ III**, was durch eine Bohrung mit einem bestimmten Durchmesser passt.

Loch-Durchmesser 3,5 mm:
- ein vollständiges Seil, oder
- eine Schlaufe der leeren Hülle (mit Hilfe eines Fadens durchgezogen, der aus der Seele des Seils stammt)

Loch-Durchmesser 4,2 mm:
- 2 x leere Hülle (Flatline), die Enden durch Schmelzen zu einer Spitze geformt und mit Hilfe eines Fadens durchgezogen
- eine Schlaufe des vollständigen Paracord, durchgezogen mit Faden und Zange
- ein vollständiges Seil mit angeschmolzener Spitze (geht leicht durchs Loch)

Loch-Durchmesser 4,75 mm:
- 3 x leere Hülle
- Schlaufe eines vollständigen Paracord, mit Faden und Zange durchgezogen
- 1 volles Paracord + ein zweites mit spitzem Ende, gezogen mit einer Zange (auf den letzten 2,5 cm wird die Seele des zweiten Seils entfernt, die Hülle wird angeschmolzen und zu einer dünnen Spitze geformt)

Loch-Durchmesser 5,0 mm:
- 3 x leere Hülle
- eine Schlaufe volles Paracord, mit einem Faden ohne Zange durchgezogen
- leere Hülle + volles Paracord + volles Paracord mit spitzem Ende (schwierig)

möglich aussieht. Die wichtigsten Löcher sind normalerweise das neben der Klinge, wo die Wicklung begonnen wird, und das am Knauf, wo die Griffwicklung beendet wird. Es ist sehr frustrierend, wenn man am Ende der Arbeit feststellen muss, dass die Löcher entweder zu klein oder zu groß sind. In der Regel sollten die Bohrungen einen Durchmesser zwischen 5,5 und 6,2 mm besitzen.

Loch-Durchmesser 5,2 mm:
- falls schon ein vollständiges Seil im Loch ist, kann eine zusätzliche Ummantelung (mit spitzem Ende) mit einer Zange oder einem langen Nagel durch das Loch gezogen werden

Loch-Durchmesser 5,5 mm:
- zwei vollständige Seile mit spitzem Ende sind kein Problem, wenn die Seiten des Lochs angefast oder gerundet wurden wie bei den Nieten einer Kydex-Scheide

Loch-Durchmesser 6,0 mm:
- zwei vollständige Seile + 1 weiteres Seil mit spitzem Ende können mit einem langen Nagel oder einer Zange durchs Loch gezwängt werden
- zwei vollständige Seile mit spitzem Ende können leicht und ohne Probleme mit der Hand durch das Loch geführt werden

Loch-Durchmesser 6,2 mm:
- zwei vollständige zugespitzte Paracord-Seile + ein drittes volles Paracord mit spitzem Ende sind möglich mit langem Nagel und Zange
- dieser Durchmesser hat den Vorteil, dass Mosaikpins mit einem Durchmesser von 6 mm zur Dekoration genutzt werden können

Bei Bohrungen mit Durchmessern von 6,0 mm, 6,1 mm, 6,2 mm, 6,3 mm (1/4“) oder 6,5 mm können wir eine dünne Wicklung als Unterlage machen und eine leere Hülle und die zwei vollen Paracord-Enden durch das Loch für die Endknoten ziehen. Das wird bei Griffwicklungen im militärischen Stil gemacht.

Wenn 425er Paracord mit einem Durchmesser von 3 mm benutzt wird, kann man mit Hilfe eines Kernfadens eine Schlaufe durch eine Bohrung mit 4,25 mm Durchmesser ziehen. Wenn bereits ein 3-mm-Paracord im Loch ist, dann kann zusätzlich ein zweites, volles Paracord mit spitzem Ende mit Hilfe einer Spitzzange oder eines langen Nagels durch das Loch gezogen werden. Das gleiche funktioniert mit anderen 3-mm-Nylonseilen (1/8“) mit „festem“ Inneren und Hülle.

Für japanische Griffwicklungen benutze ich oft große Bohrungen mit 8,5 mm Durchmesser am Knauf, in Abhängigkeit von der Art des Endknotens und der Wicklung. Für traditionelle japanische Endknoten kann ein 4-mm-Loch ausreichend sein, weil nur zwei Ummantelungen durch das Loch müssen. Wenn Sie das Loch etwas oval machen, dann können Sie die Ummantelungen auch flach hindurch schieben, was die Sache einfacher macht. Dann sieht die Bohrung auch eher wie ein traditionelles Loch durch das *kashira* (die Abdeckung am Knauf) aus.

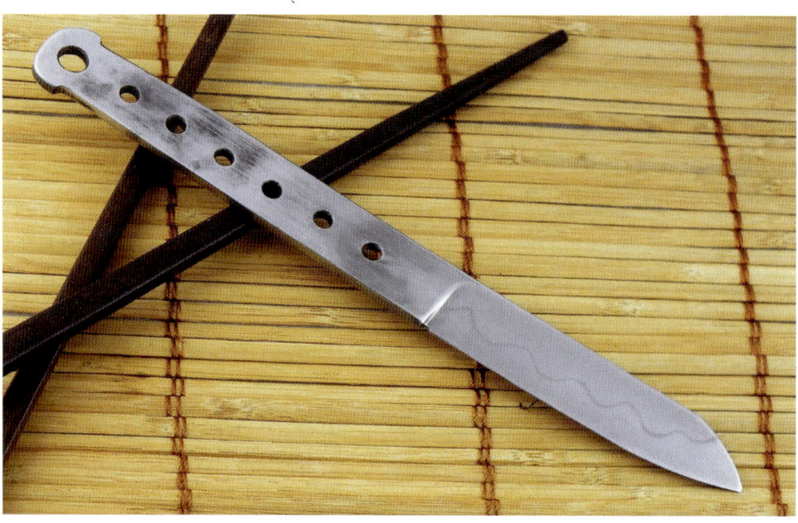

Klinge für ein *tsukamaki* mit *hamon* (Härtelinie). Der Knauf ist so geformt, dass er ein *kashira* imitiert.

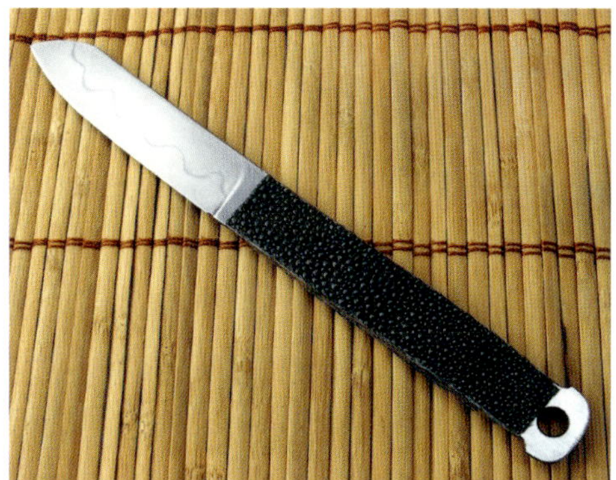

Die Rochenhaut wurde mit doppelseitigem Industrie-Klebeband auf die Angel geklebt.

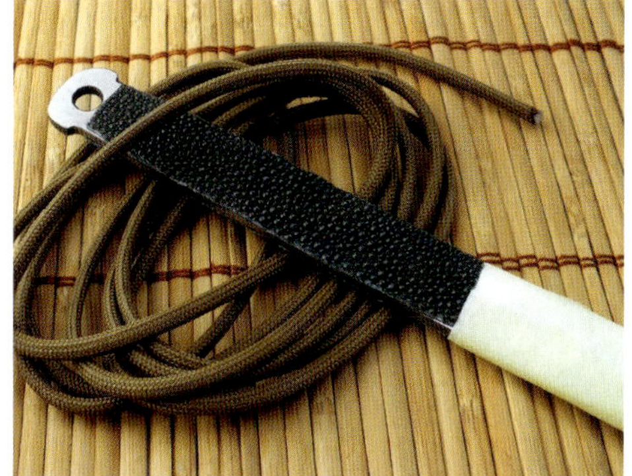

Die Klinge ist mit Papiertüchern und Klebeband abgedeckt. Das Seil wird auf die richtige Länge zugeschnitten und kann jetzt „ausgeweidet“ werden.

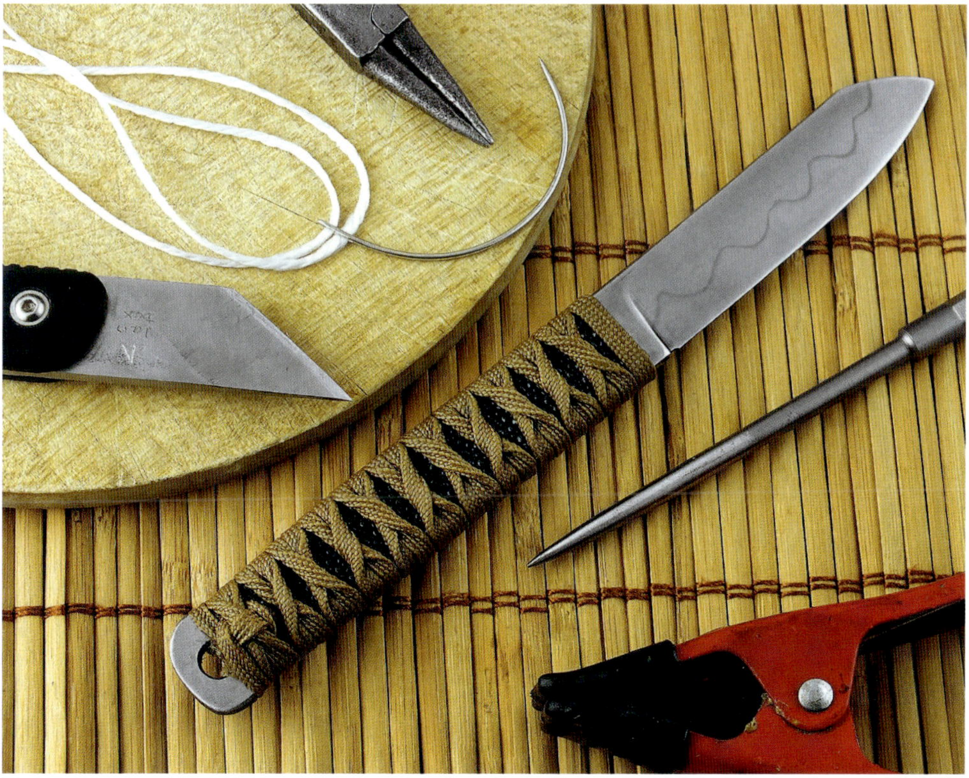

Ein fertiges japanisches Gebrauchsmesser: Die Werkzeuge, die bei der Herstellung benutzt wurden, liegen daneben.

Während ein Messergriff umwickelt wird, kann es schwer sein, das Paracord davon abzuhalten, vorwärts oder rückwärts vom Griff zu rutschen. Es gibt verschiedene Wege, mit Hilfe von kleinen Feilarbeiten an den Seiten des Griffs das Paracord in Stellung zu halten:

• Die Seite der Angel kann so gefeilt oder geschliffen werden, dass eine Kante entsteht, über die das Seil nicht rutschen kann. Stellen Sie sicher, dass diese Kante nicht höher die Dicke des Paracord ist, da sie sich sonst in Ihre Hand einschneiden kann.

• Eine Anzahl von runden Kerben kann mit Hilfe einer Feile mit passendem Durchmesser gefeilt werden – entweder direkt nebeneinander oder mit gleichmäßigen Abstand, so ähnlich wie bei einer „Daumenrampe". Der Durchmesser der Feile sollte zwischen 3,2 mm und 4,8 mm liegen. Abhängig vom Feilendurchmesser wird die Tiefe der Kerben und ihr Abstand zueinander ausgewählt, um den Abstand der Seilwicklungen zu perfektionieren.

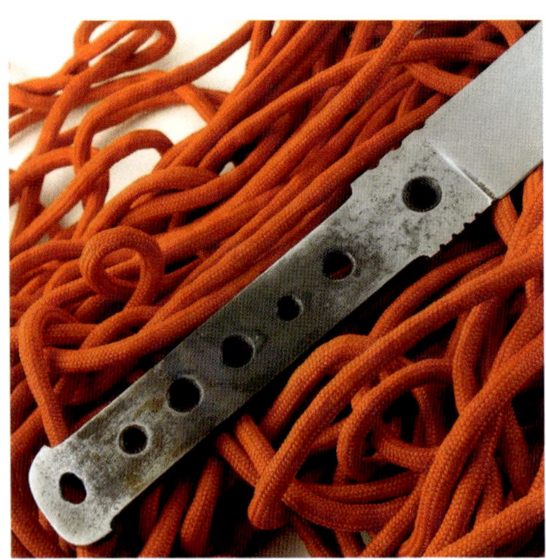

Man kann am vorderen und hinteren Ende des Griffs eine Kante anbringen. Dadurch kann das Paracord nicht vom Griff rutschen.

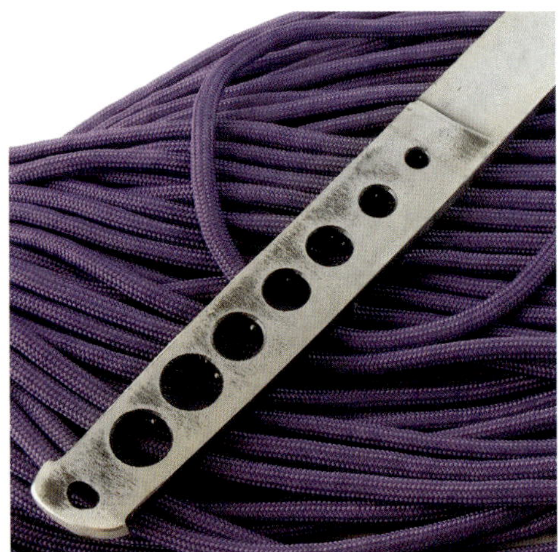

Wenn Sie den Griff verschlanken und eine Kante stehen lassen, dann hält diese Kante das Seil auf dem Griff.

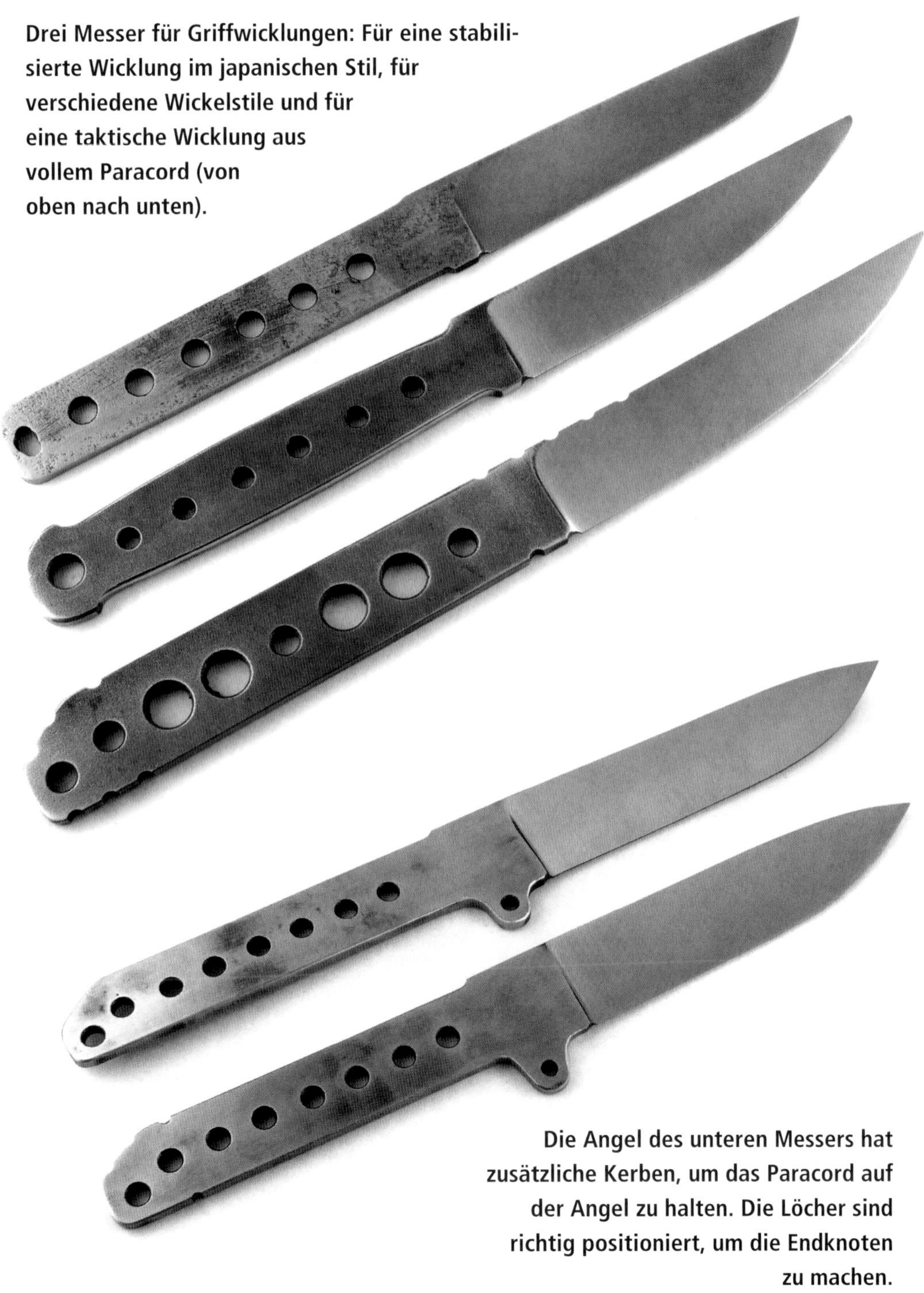

Drei Messer für Griffwicklungen: Für eine stabilisierte Wicklung im japanischen Stil, für verschiedene Wickelstile und für eine taktische Wicklung aus vollem Paracord (von oben nach unten).

Die Angel des unteren Messers hat zusätzliche Kerben, um das Paracord auf der Angel zu halten. Die Löcher sind richtig positioniert, um die Endknoten zu machen.

Falls das Messer regelmäßig schmutzig wird, kann eine enge Wicklung eine gute Lösung sein. In diesem Fall sollte die Wicklung zusätzlich komplett mit Epoxidharz imprägniert werden. Dadurch entsteht eine geschlossene Struktur, die gewaschen werden kann. Wenn sich das Kunstharz abnutzt und das Paracord freigelegt wird, kann ein neuer Schutzmantel aus Kunstharz aufgetragen werden, um den Schutz zu erneuern.

Falls das Messer nicht rostbeständig ist und nass wird oder in einer marinen Umgebung benutzt wird, kann die Angel vor dem Anbringen der Wicklung mit speziellem Schutzlack oder einer „aufgebackenen“ Schutzschicht versehen werden. Es gibt verschiedene Varianten dieser „bake on“-Produkte, die auch für Schusswaffen erhältlich sind. Das Epoxidharz, das wir fürs Imprägnieren benutzen, kann auch als Lack verwendet werden.

Bei taktischen Messern aus Kohlenstoffstahl bevorzuge ich es, die Unterlage aus Flatline zu machen und diese dann mit Epoxid oder Polyurethan zu imprägnieren. Das schützt den Messerstahl vor Korrosion. Zudem hat das Messer auch noch einen einfachen Griff, wenn die Paracord-Wicklung im Notfall für etwas anderes gebraucht wird.

Die verwendete Wickeltechnik muss zur vorhandenen Angel des Messers passen. Einige Wicklungen benötigen einen breiteren Griff als andere. Der „West Country Takling“ braucht mehr Breite als die Schlaufenwicklung. Die Sackstich-Knoten des West Country muss genügend Platz haben, um das Seil richtig hinzulegen. Wenn die Angel zu schmal ist, rutscht das Seil über den Knoten und hält nicht richtig. Bei Griffwicklungen im japanischen Stil ändert sich das Aussehen zwischen den Überkreuzungen und die Festigkeit der Verdrehungen mit der Breite des Griffs.

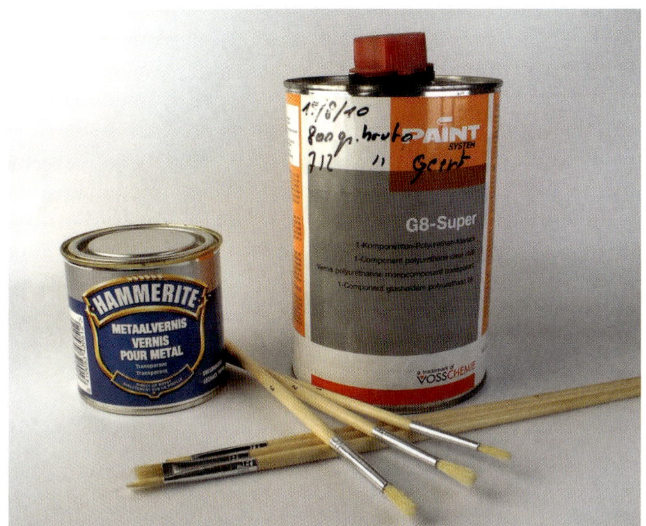

Um die Angel unter der Griffwicklung vor Rost zu schützen, sind sowohl Ein-Komponenten-Polyurethan-Klarlack als auch ein spezieller Metalllack geeignet.

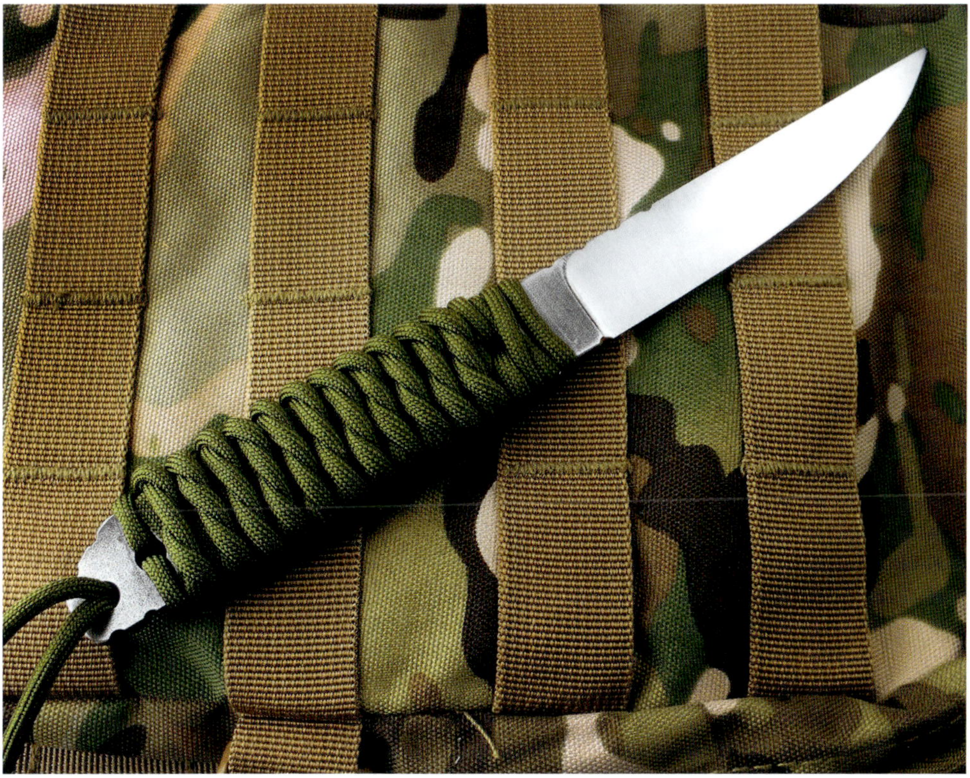

Eine einfache Wicklung, ideal für taktische Messer mit relativ breiter Angel: Der West Country Takling. Wie es geht, wird ab Seite 42 erklärt.

UNTERLAGEN-WICKLUNGEN

Manchmal müssen wir die Angel eines Messers bedecken, um sie schöner aussehen zu lassen oder dem Griff mehr Volumen zu geben. Die Angel ist vielleicht zu hässlich, hat ein seltsames Lochmuster oder ist so glänzend, dass man sie durch die Zwischenräume in der Wicklung sehen würde. Die dünne Wicklung, die wir hier zeigen, wird oft als Lage unterhalb einer dickeren, strukturierten Wicklung benutzt, die darüber gelegt wird.

DIE BENÖTIGTEN WERKZEUGE

- scharfes Messer und Schneidbrett (beim Schneiden auf einem Holzbrett werden die Schnitte sauberer als mit einer Schere)
- Feuerzeug (unverzichtbar, um durch das Aufschmelzen saubere Seilenden zu erzielen)
- Schere (um die Seilenden abzuschneiden)
- glatte, zugespitzte Rundzange (zum Hebeln oder zum Festziehen von Seilen und als Marlspieker)
- Sekundenkleber (Cyanacrylat)
- Kreppband (um die Klinge und die Hände zu schützen)
- Aceton (um Klebstoffreste zu entfernen, nachdem das Klebeband entfernt wurde)
- Draht in verschiedenen Stärken
- Nadel mit Schnur
- Klammer
- ein zusätzlicher Marlspieker ist immer hilfreich

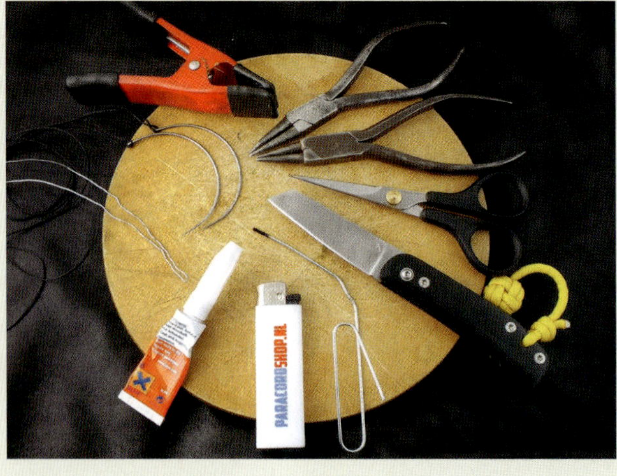

Die nötigen Werkzeuge (im Uhrzeigersinn): scharfe und stumpfe Spitzzange, feine Schere, Messer, schwerer Draht, Feuerzeug, Sekundenkleber, gebogener Draht und Nadeln mit Schnur für die Endknoten, Klammer.

Die hier benutzten Techniken sind zwei Variationen des einfachen Taklings, der von Seeleuten benutzt wird. Dieselbe Technik kann mit vollem Paracord benutzt werden, als eine Alternative zur einfachen, gleichmäßig flachen Wicklung, die später gezeigt wird. Mit vollem Paracord werden allerdings schmale Lücken zwischen den einzelnen Windungen sichtbar.

3.1 Flacher Takling, auf beiden Seiten gleichmäßig

Diese flache Wicklung basiert auf einer Technik, die im nautischen Bereich verwendet wird, um zu verhindern, dass sich schwere, dicke Taue aufdröseln. Diese Wicklung gibt den meisten Arten von Griffwicklungen eine gut strukturierte Unterlage und ist ziemlich flach.

Bei einem Messer ohne Löcher wird das Paracord längs der Angel gefaltet und überwickelt. Die richtigen Löcher in der Messerangel machen das Leben einfacher.

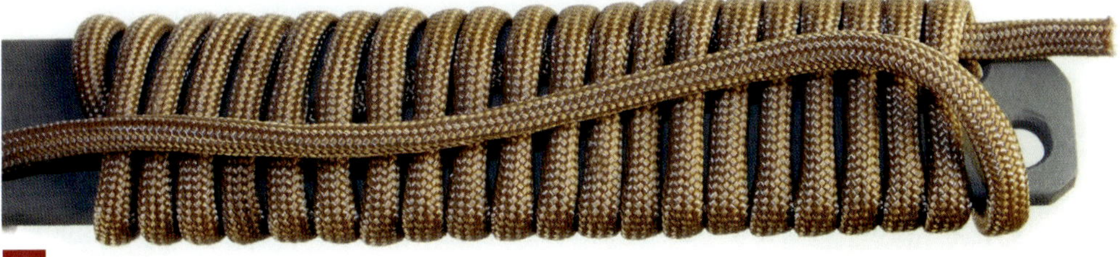

1

Umwickeln des Griffs zur Bestimmung der benötigten Seillänge: Geben Sie ein bisschen mehr als zwei Grifflängen für den Anfang und das Ende der Wicklung zu. Schneiden Sie das Seil von der Spule oder dem Seilzopf.

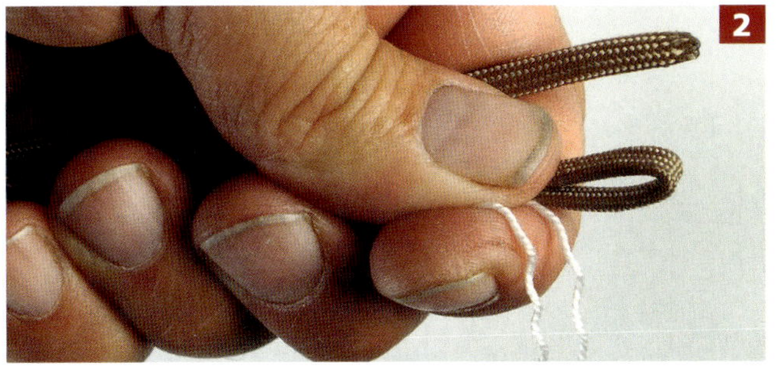

2 **Entfernen Sie die Seele und schmelzen Sie die Enden leicht an, gerade genug, um ein Aufdröseln zu vermeiden. Heben Sie eine der Schnüre vom Inneren auf, um das Arbeitsende unter die Wicklung zu ziehen.**

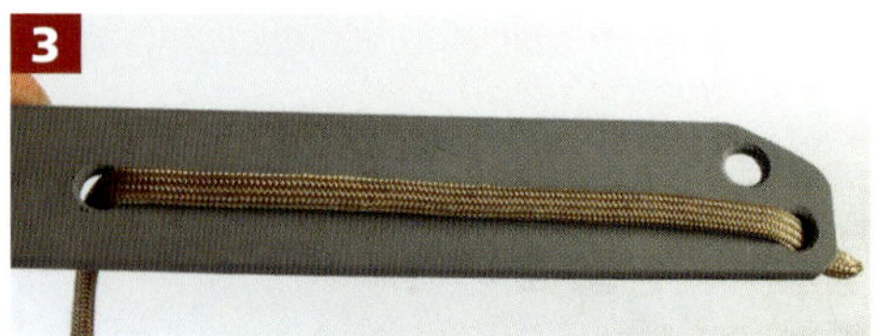

Ziehen Sie das Arbeitsende des Seils durch die Löcher wie gezeigt.

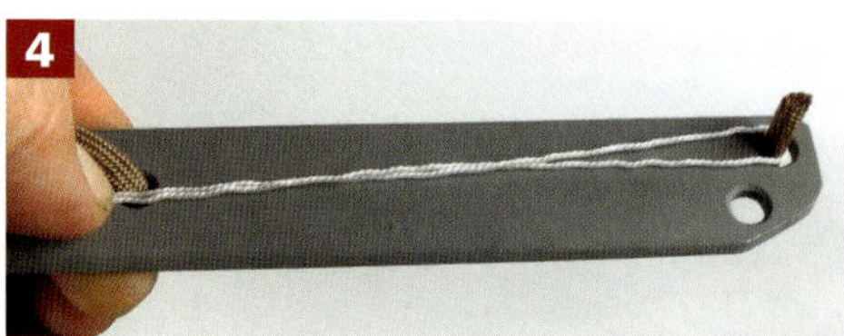

Legen Sie die Zugschnur (aus der Seele des Paracord) längsseits auf die andere Seite des Griffs.

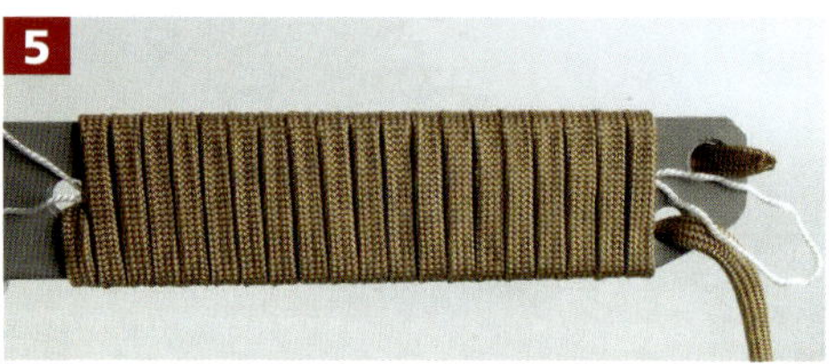

Die Angel wird gleichmäßig umwickelt. Das Ende wird durch das zweite Loch am Knauf auf die Seite der Zugschnur geführt.

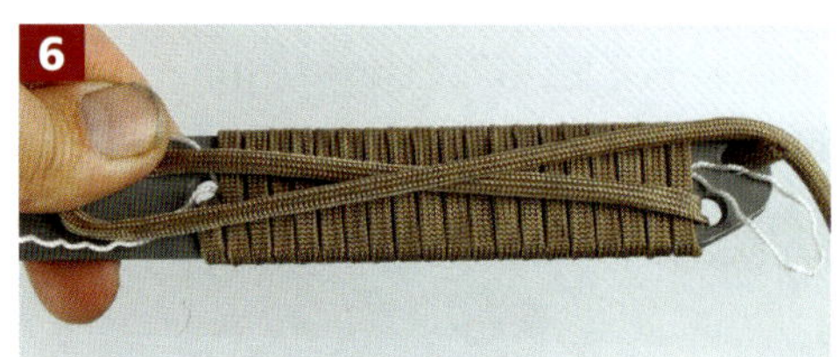

Schätzen Sie die Länge ab, die durchgezogen werden muss und ziehen Sie das Seil durch die Schlaufe der Zugschnur.

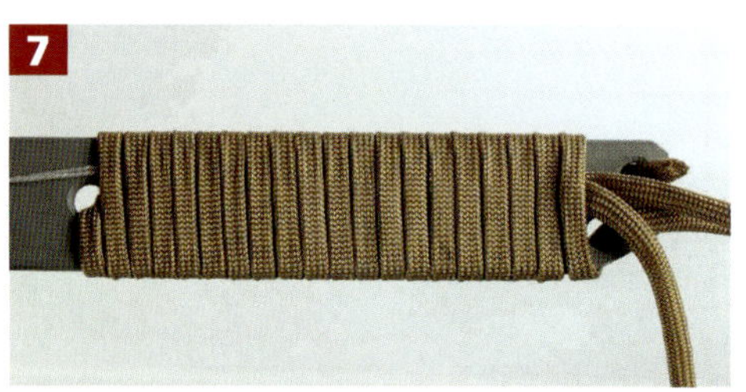

Beginnen Sie damit, das Arbeitsende durchzuziehen. Stellen Sie sicher, dass keine unerwünschten Verdrehungen zurück bleiben.

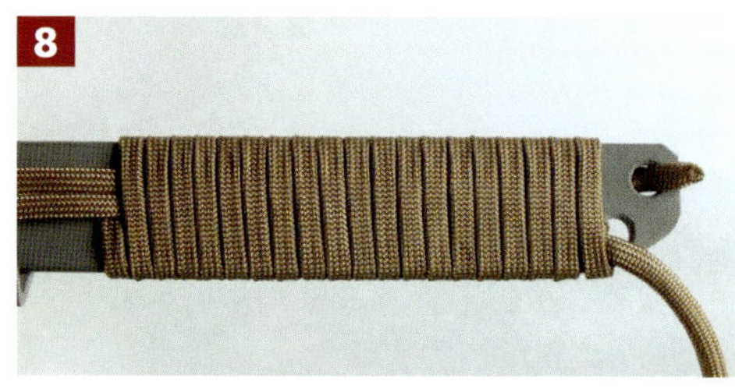

Das Arbeitsende ist hier schon ganz durchgezogen.

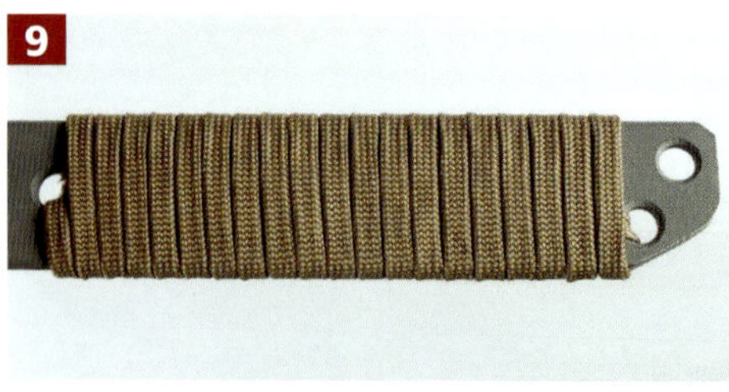

Stutzen Sie alle Enden des Seils und verschmelzen Sie sie.

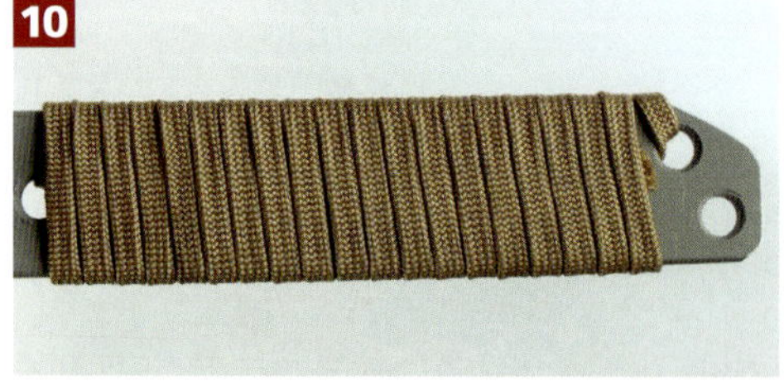

Das Ende auf der anderen Seite muss auch abgeschnitten werden.

Wenn Sie beide Seiten des Griffs betrachten, sehen Sie, dass die Wicklung hübsch und flach ist. Sie wird das Aussehen der Wicklung, die wir darüber legen werden, nicht beeinträchtigen. Das ist ein Vorteil, wenn wir eine Griffwicklung im japanischen Stil darüber legen.

3.2 Flacher Takling mit halb-eingezogenen Enden

Dieser Takling ist auf einer Seite absolut flach. Auf der anderen Seite sind der Anfang und das Arbeitsende untergeschoben. Diese Variante kann sowohl auf Griffen mit Löchern als auch ohne Löcher benutzt werden. In diesem Beispiel haben wir die Löcher der Messerangel nicht benutzt.

Das ist die Takling-Technik, die ohne eine zusätzliche Schnur zum Durchziehen ausgeführt wird. Dieser Takling funktioniert sehr gut mit dünnem Seil, wie zum Beispiel Typ-I-Paracord. Zum Bestimmen der benötigten Länge legen Sie eine Länge längs zum Griff, umwickeln den Griff und addieren Sie zwei weitere Grifflängen dazu. Ziehen Sie die Kernfäden heraus und versiegeln Sie die Enden.

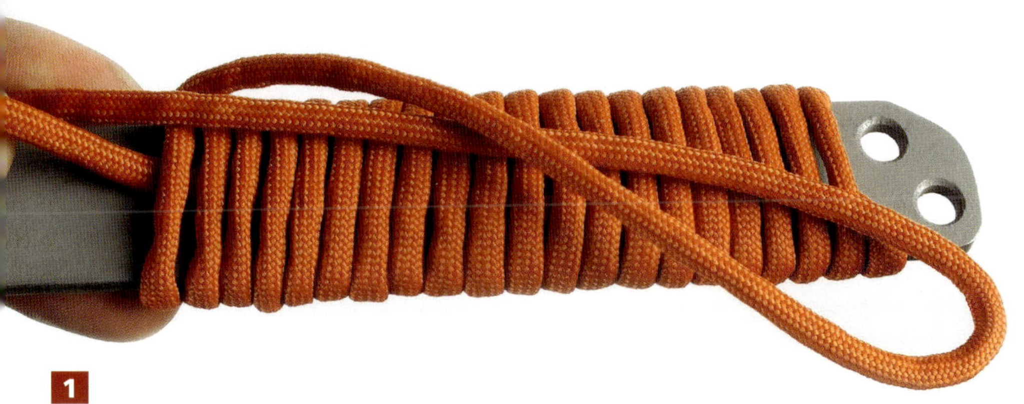

1

Bestimmen Sie die benötigte Seillänge, indem Sie den Griff umwickeln und drei Grifflängen hinzufügen. Wenn die Wicklung mit vollem Typ-III-Paracord oder dünnerem Seil wie zum Beispiel Typ II oder I erfolgt, kann das Seil auf der Spule bleiben und muss erst nach Beendigung der Wicklung abgeschnitten werden.

2

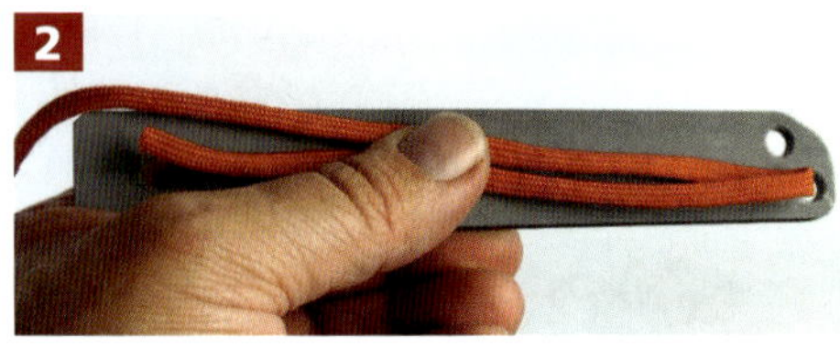

Beginnen Sie mit einer Schlaufe längs des Messergriffs.

3

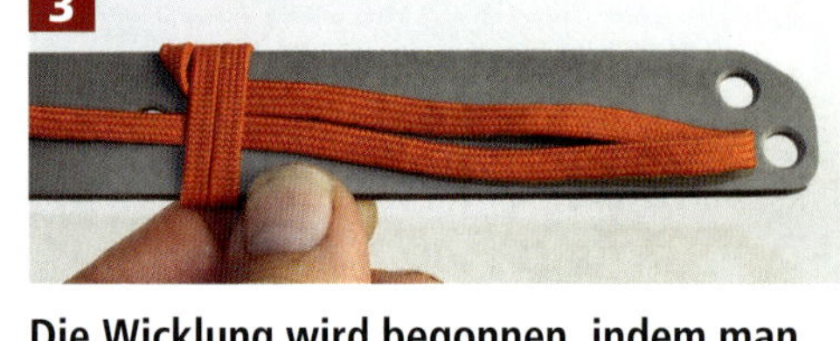

Die Wicklung wird begonnen, indem man das Seil aufwärts und um die Angel führt.

4

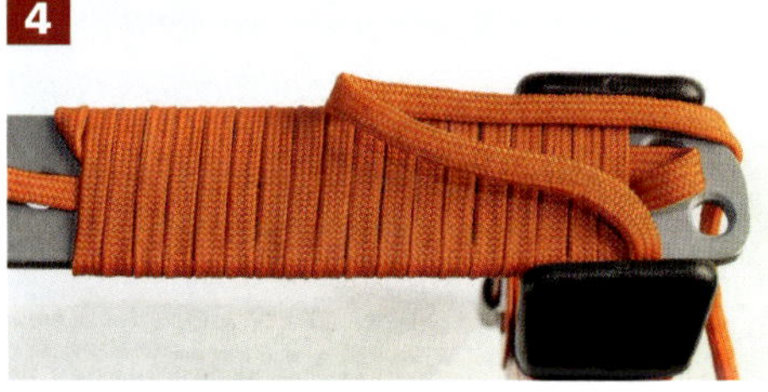

So wird die ganze Angel umwickelt, bis zum ersten Loch auf der Knaufseite.

5

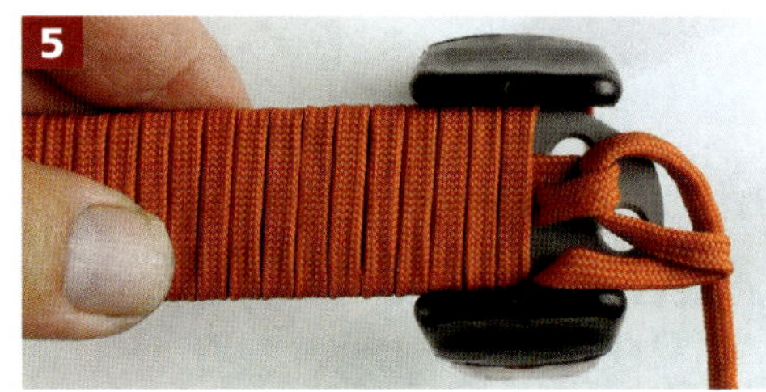

Das Arbeitsende wird von unten durch die Schlaufe gezogen und dann noch einmal durch sich selbst.

6

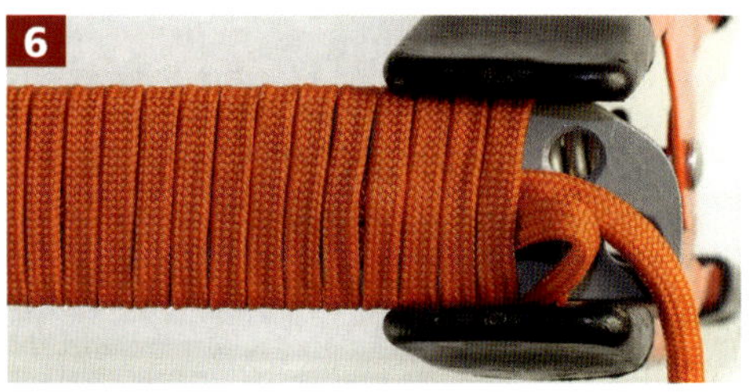

Dann wird das Arbeitsende unter die Wicklung gezogen, bis zur Mitte des Griffs.

7

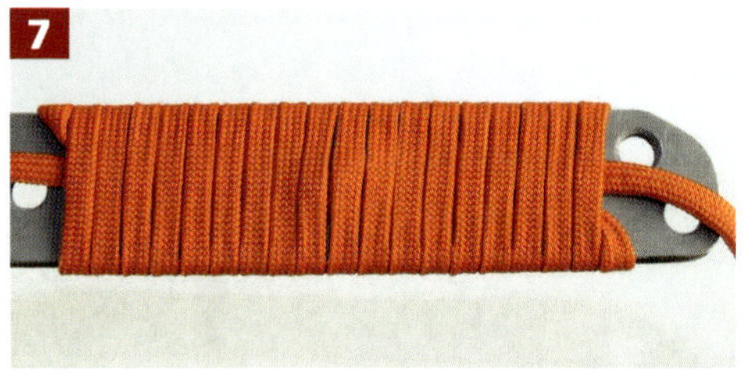

Es ist in der Mitte angekommen. Die Enden werden straffgezogen.

8

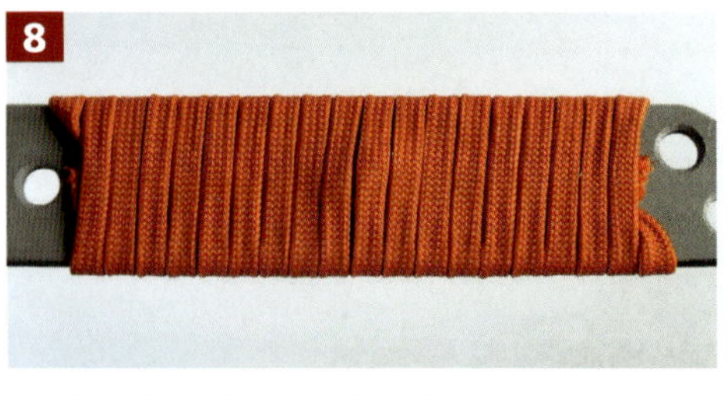

Beide Seilenden werden abgeschnitten und mit einem erhitzten Stahldraht oder einer Büroklammer angesengt. Die kleine Erhöhung ist in der Griffmitte sichtbar.

9

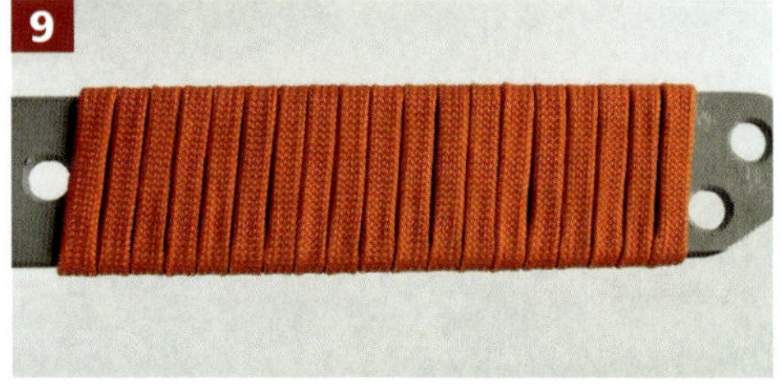

Die Rückseite des Griffs ist dagegen absolut flach.

3.3 Flache Wicklung mit geklebten Enden

Diese Unterlage wird oft unter Griffwicklungen im japanischen Stil ausgeführt, um die Angel auf dekorative Weise zu verstecken. Die Unterlage ist unter den diamantförmigen Lücken der Griffwicklung sichtbar. Diese Wicklung ist noch ein bisschen flacher als die erste flache Wicklung.

Bestimmen Sie die benötigte Seillänge, indem Sie den Griff einmal umwickeln, und geben Sie etwas Seil zu. Schneiden Sie das Seil ab und entfernen Sie die Schnüre im Inneren. Schmelzen Sie die Enden leicht mit einem Feuerzeug an und drücken Sie sie mit Ihren Fingern so eckig und flach wie möglich. Passen Sie auf, dass Sie sich Ihre Finger nicht verbrennen! Ein bisschen Spucke oder Wasser ist eine große Hilfe, weil dann der geschmolzene Kunststoff weniger an den Fingern klebt.

Diese Wicklung kann mit Kunstharz imprägniert werden, um sie zu fixieren. Das verstärkt die Farben, aber verdunkelt sie auch bei gleichzeitigem Rostschutz für die Angel.

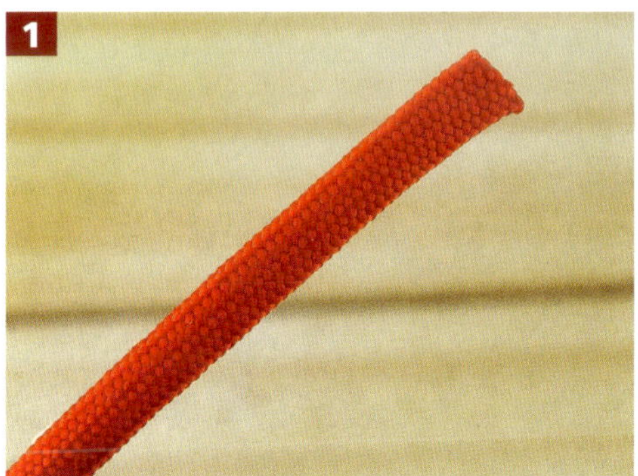

Geklebte flache Wicklung: Schneiden Sie das Seil auf einem Schneidbrett mit einem scharfen Messer oder einer Schere rechtwinklig ab. Schmelzen Sie es gerade weit genug an, um die Enden flach und eckig formen zu können.

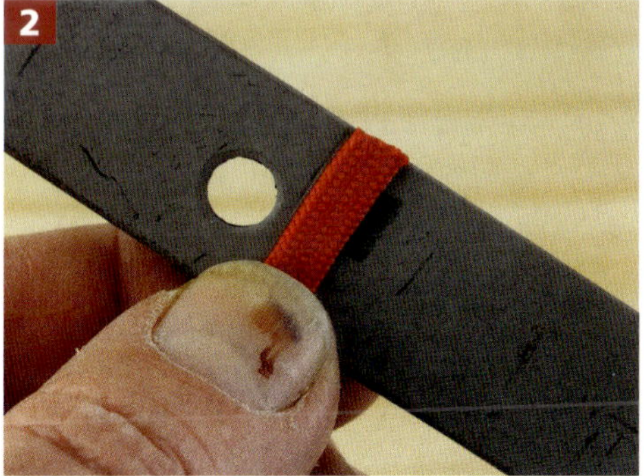

Kleben Sie das erste Ende auf die Angel. Legen Sie es bündig zum Messerrücken oder der Vorderkante. Heben Sie es an und bestreichen Sie es mit einem Tropfen Sekundenkleber. Drücken Sie kräftig, aber passen Sie auf, dass Sie das Ende nicht in Richtung Klinge schieben. Das würde die Vorderkante des Messergriffs ruinieren.

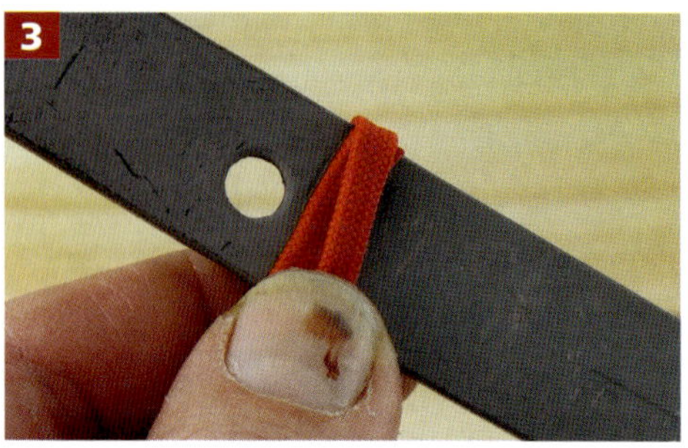

Die erste Windung führt über das geklebte Ende des Seils, bevor es in Richtung Knauf geführt wird. Beginnen Sie zu wickeln.

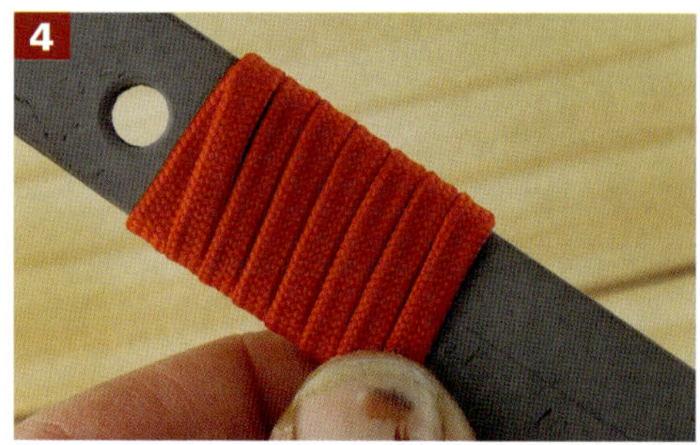

Wickeln Sie gleichmäßig und straff!

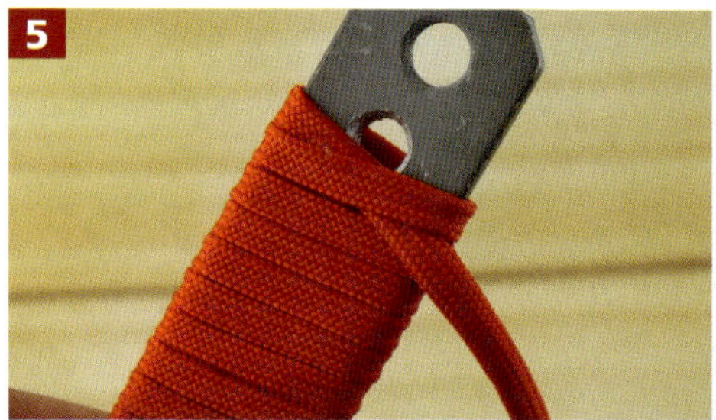

Einhaken zur Hälfte und ein Tropfen Klebstoff beenden die Arbeit. Schneiden Sie das Arbeitsende zwischen der letzten und vorletzten Windung ab.

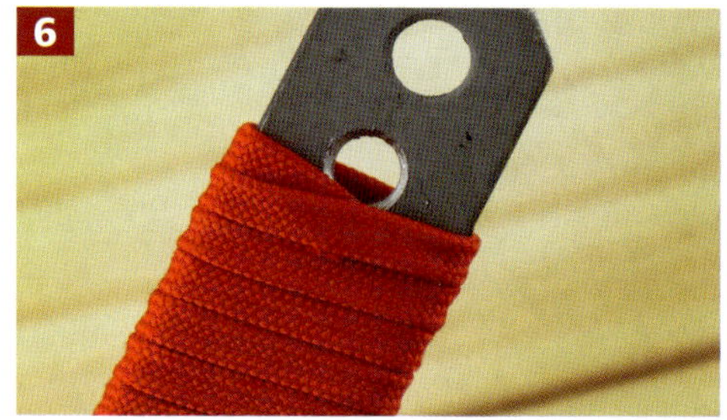

Die fertige Wicklung: Sie kann zur Fixierung mit Kunstharz imprägniert werden.

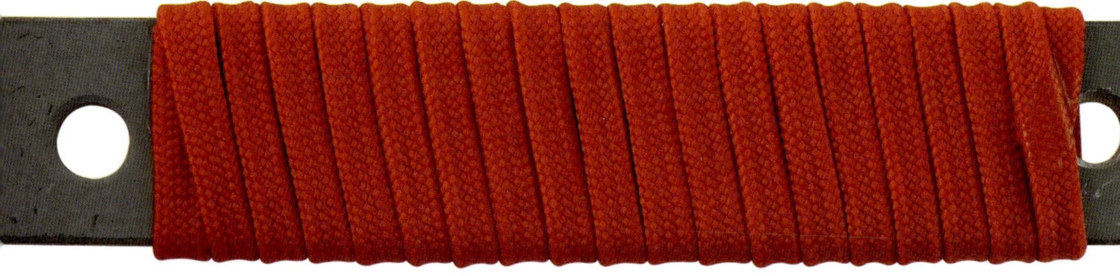

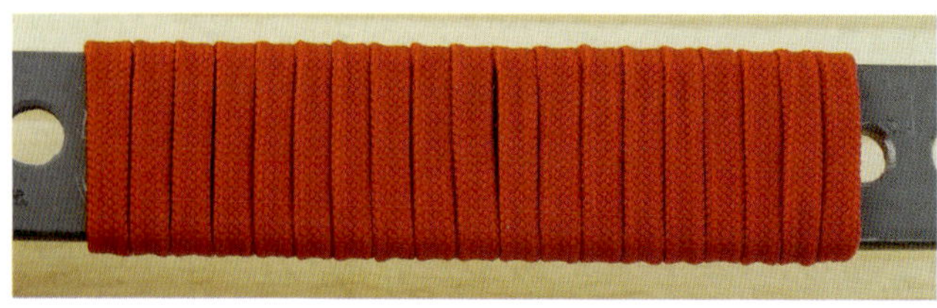

7 **Gesamtansicht der Griffrückseite.**

Die Vorderseite des Messergriffs.

3.4 Flache einfache Wicklung

Eine flache, einfache Wicklung kann auch als simple Griffwicklung ohne weitere Lagen darüber benutzt werden. Die folgende Technik hat den Vorteil, dass die Wicklung im Notfall leicht entfernt werden kann, und außerdem gibt es einen Riemen fürs Handgelenk, falls gewünscht. Messen Sie die benötigte Seillänge, indem sie den Griff einmal umwickeln und 50 bis 60 Zentimeter für den Handgelenksriemen dazu geben. Falls Sie das Seil später bei einem Notfall benötigen, können Sie den geklebten Knoten auseinanderreißen und das Seil abwickeln.

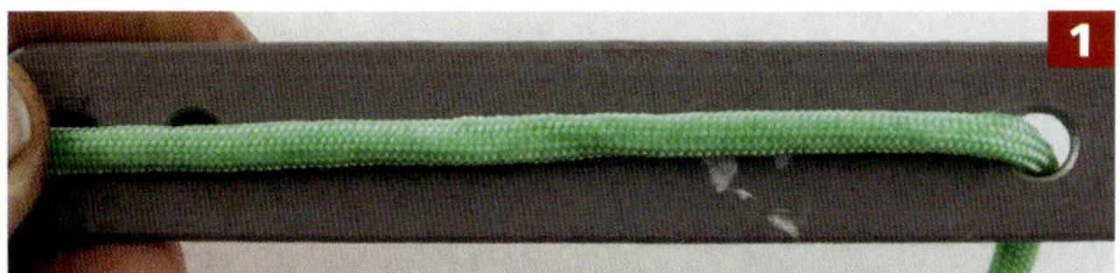

Stecken Sie das Seilende durch das Loch beim Handschutz (im Bild rechts). Führen Sie das Seil entlang der Angel. Lassen Sie mindestens 25 cm für den Handgelenksriemen überstehen. Das Seil wird durch das innere Loch am Knauf gesteckt und die Angel vom Handschutz her umwickelt.

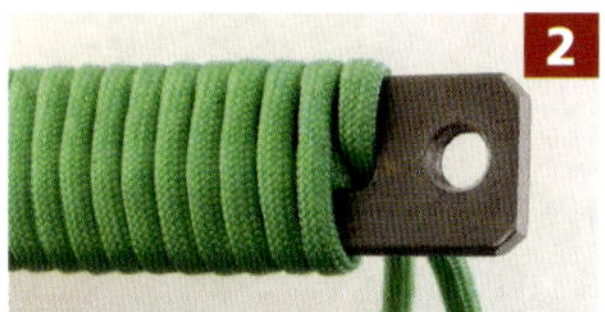

Wenn das innere Loch halb von der Wicklung bedeckt ist, führen Sie das Arbeitsende neben dem anderen Seilende durch das Loch.

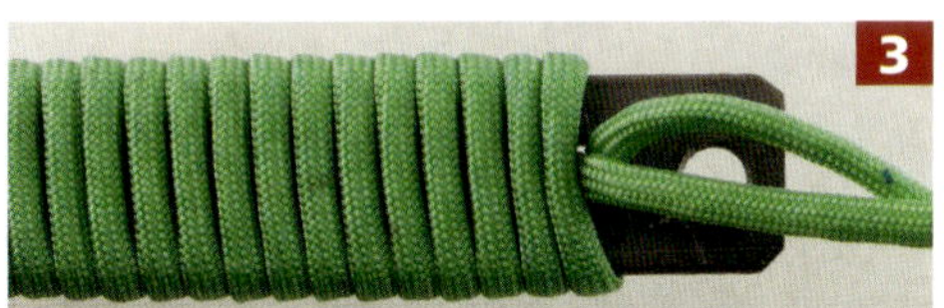

Der Griff wird herumgedreht und beide Seilenden festgezogen.

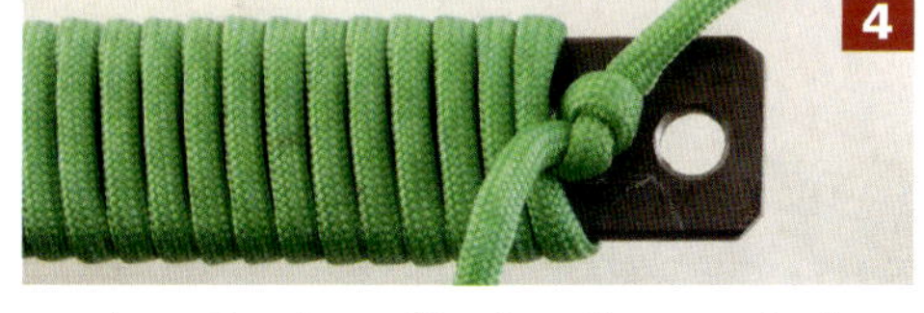

Machen Sie einen Überhandknoten (halber Knoten) und ziehen Sie ihn fest.

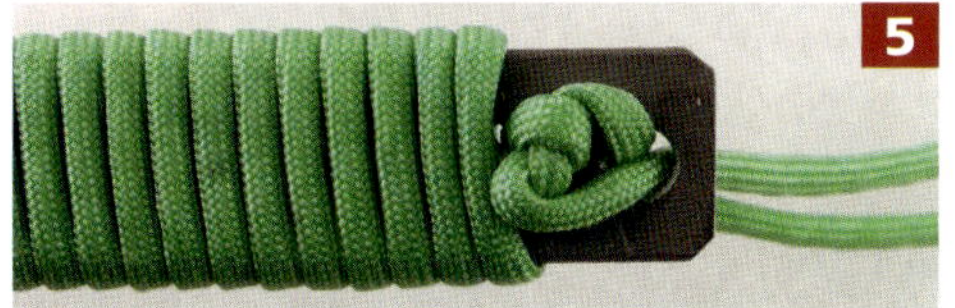

Stecken Sie beide Seilenden durch das letzte Loch, um den Handgelenksriemen zu formen. Der Knoten kann mit einem Tropfen Klebstoff gesichert werden.

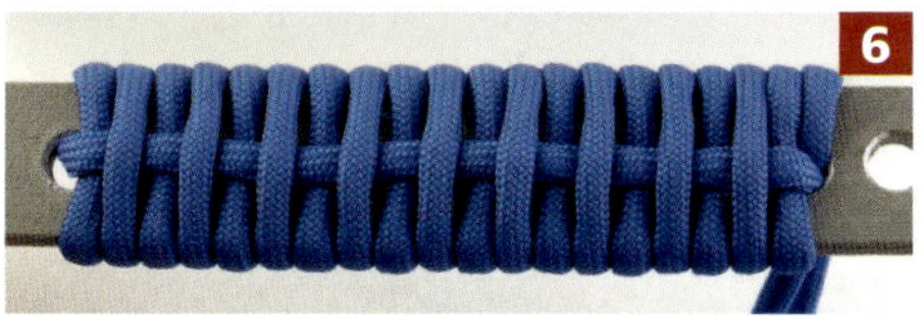

Als Alternative kann das stehende Ende auch auf der Vorderseite des Griffs in die Wicklung eingewoben werden. Die Details dazu folgen in einem späteren Abschnitt.

TAKTISCHE GRIFFWICKLUNGEN

4.1 Flache einlagige Griffwicklung

Wenn die flache, einlagige Griffwicklung aus dem vorherigen Abschnitt 3.4 über einer flachen Grundwicklung ausgeführt wird, so bekommen wir schon eine volle taktische Griffwicklung.

Einige Messer haben am Knauf nur ein Loch mit kleinem Durchmesser. In diesem Fall kann ein einziges Seilende benutzt werden, um durch das Loch zu kommen und ein Lanyard beziehungsweise ein Sicherheitsband zu formen. Die Wicklung beginnt mit dem stehenden Ende am Knauf. Das Paracord wird dann flach über den Griff gelegt bis zur Klinge, von wo aus die Wicklung über das Seil in Richtung Knauf beginnt.

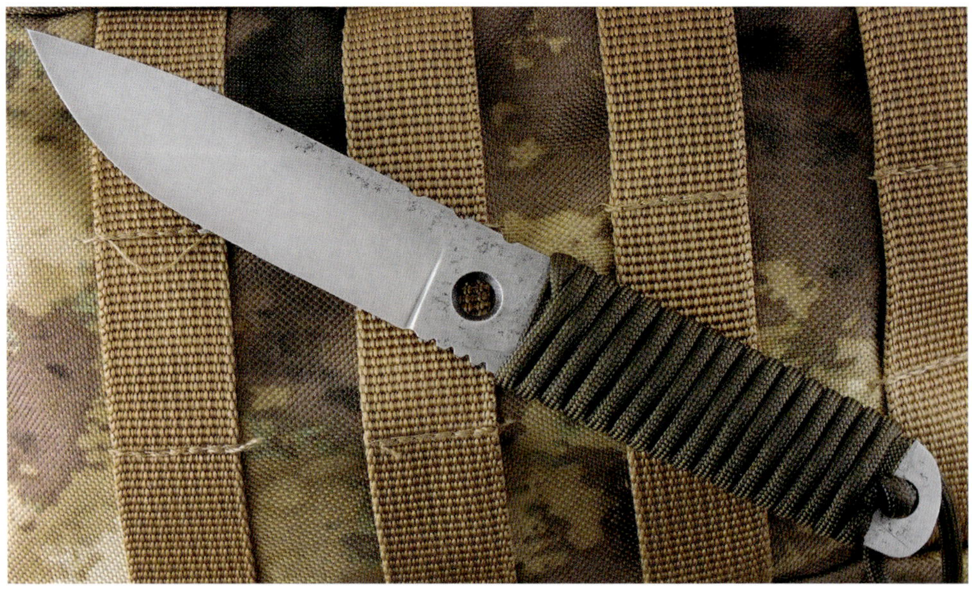

Die Wicklung aus einer Lage über einer flachen Grundlagenwicklung ist schon eine perfekte taktische Griffwicklung.

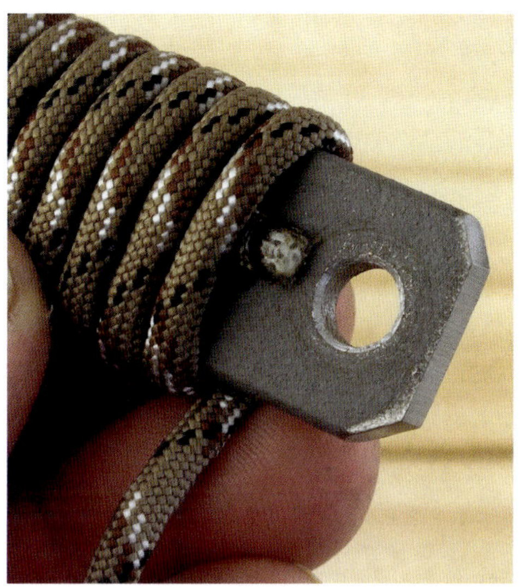

Falls es am Ende des Knaufs nur ein Loch gibt, lassen Sie das stehende Seilende kurz vorher enden und arbeiten mit dem anderen Ende, bis Sie das Loch erreichen.

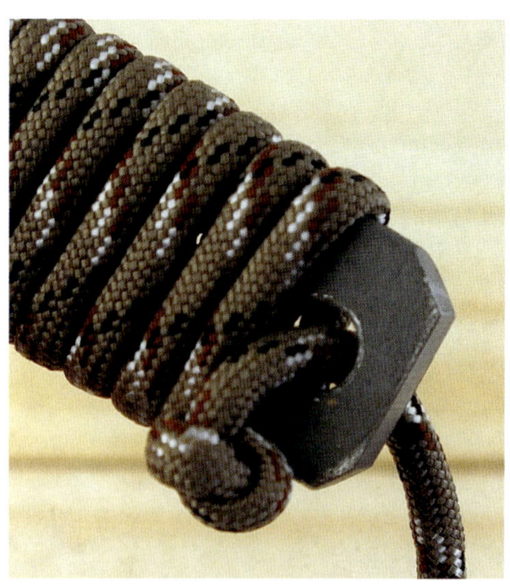

Am Arbeitsende wird ein Überhandknoten gemacht. Wenn das Seil durch das Loch im Knauf gezogen wird, drückt sich der Knoten gegen die Angel.

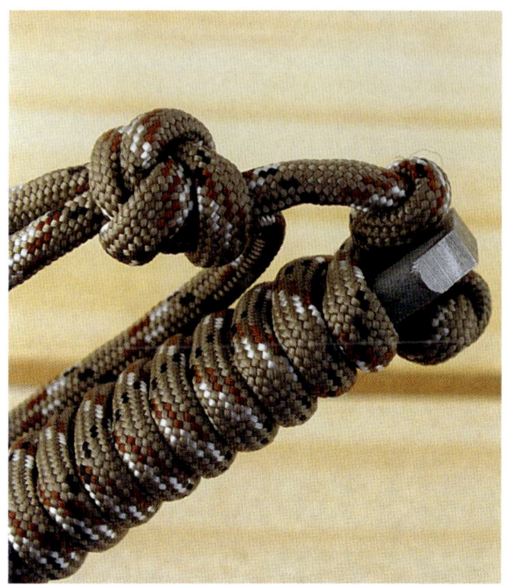

Auf der anderen Seite wird ebenfalls ein Knoten gemacht und die Schlaufe fürs Handgelenk geknotet.

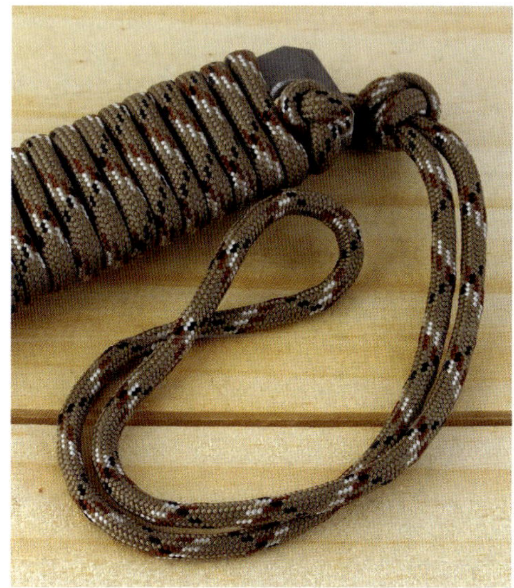

Die fertige Griffwicklung.

4.2 Flache doppellagige Griffwicklung

Diese Griffwicklung ist eine Variante der seilumwickelten Griffe bei John-Ek-Messern nach dem Zweiten Weltkrieg. Die gezeigte Art, die Griffwicklung und den Lanyard zu beenden, unterscheidet sich allerdings von der originalen Griffwicklung, wie sie von der John Ek Company angebracht wird. Dort wird der Lanyard aus einem einzigen Seilende gemacht.

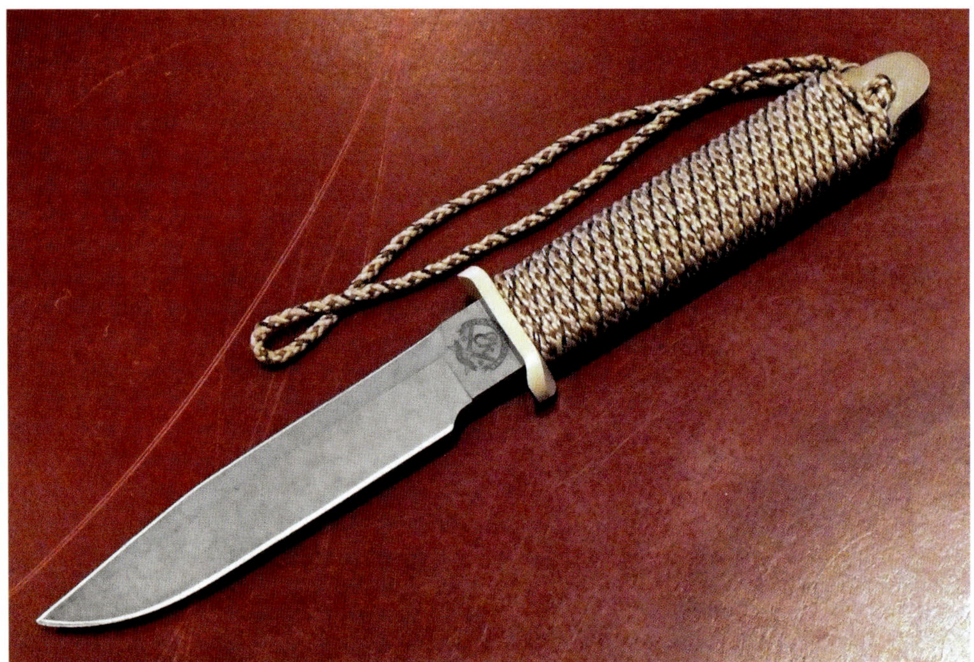

Typisches Beispiel für taktische Griffwicklungen: John-Ek-Messer.

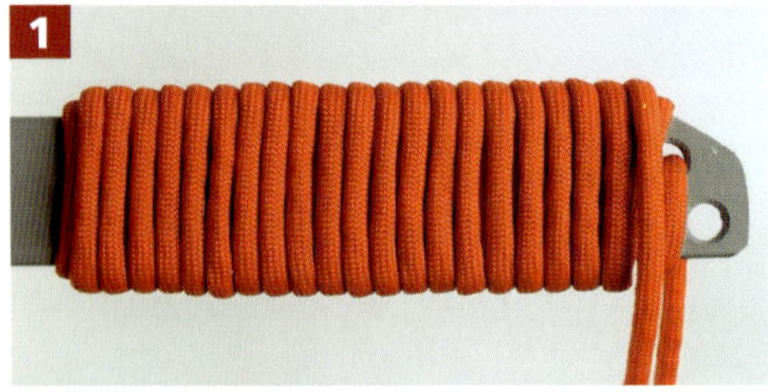

Bestimmen Sie die benötigte Seillänge, indem Sie das Messer zweimal umwickeln und 60 cm dazugeben.

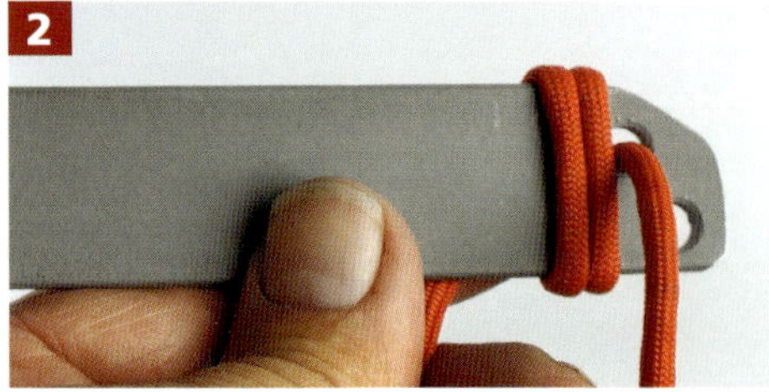

Stecken Sie das stehende Ende 25 cm tief durch das innere Knaufloch und beginnen Sie mit der Griffwicklung.

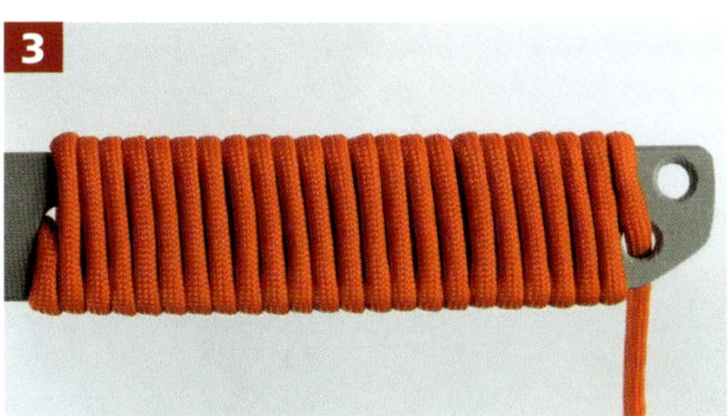

Umwickeln Sie die Angel einmal vollständig bis zum Loch auf der Klingenseite der Angel (im Bild links).

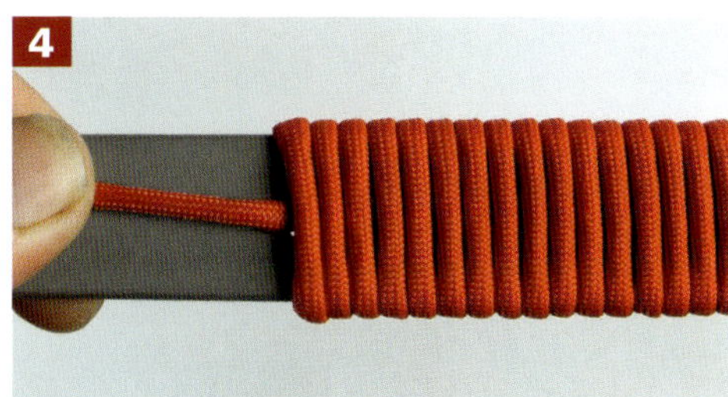

Stecken Sie das Arbeitsende durch dieses Loch. Im Foto kommt es auf der anderen Seite heraus.

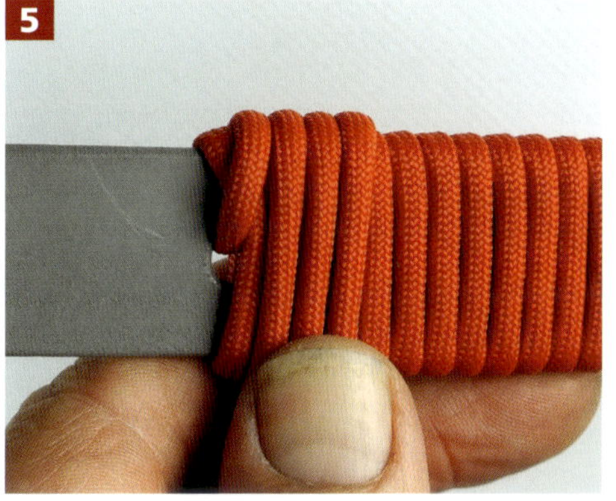

Beginnen Sie nun damit, in Richtung Knauf zurück zu wickeln.

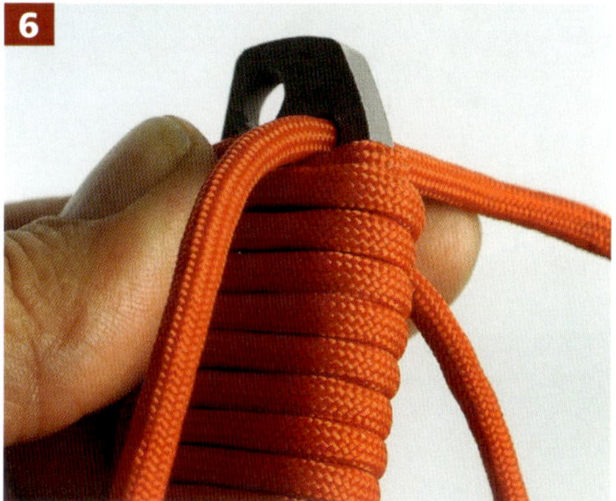

Am Knaufende wird das Seil in das innere Loch gesteckt, neben dem ersten Seilende.

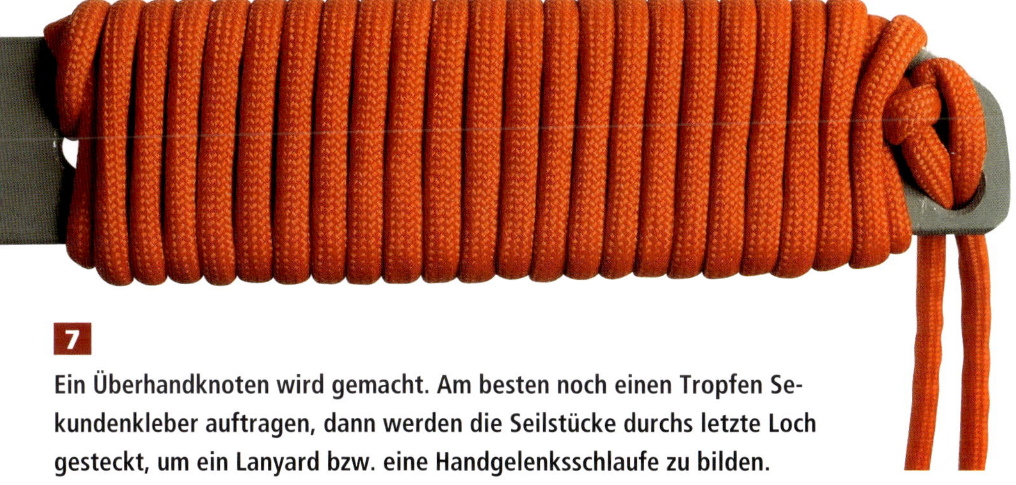

7

Ein Überhandknoten wird gemacht. Am besten noch einen Tropfen Sekundenkleber auftragen, dann werden die Seilstücke durchs letzte Loch gesteckt, um ein Lanyard bzw. eine Handgelenksschlaufe zu bilden.

4.3 West Country Takling

Auf Schiffen wird der West Country Takling dazu benutzt, das Ausfransen von schweren Leinen zu verhindern. Für die Ausführung auf einem Messergriff benötigen wir rund 9 Fuß oder 2,7 Meter Seil.

Es handelt sich um eine Griffwicklung, die zu 75 Prozent von einer zweiten Wicklung bedeckt ist. Wir brauchen dafür die Länge einer einzelnen Lage, plus 50 bis 60 Zentimeter für die Handgelenksschlaufe. Beginnen Sie, indem Sie das Seil einmal falten, um die Mitte zu bestimmen. Falls das Messer auf Höhe des Handschutzes ein Loch hat, kann es dazu benutzt werden, die Griffwicklung vom Vorwärtsrutschen abzuhalten.

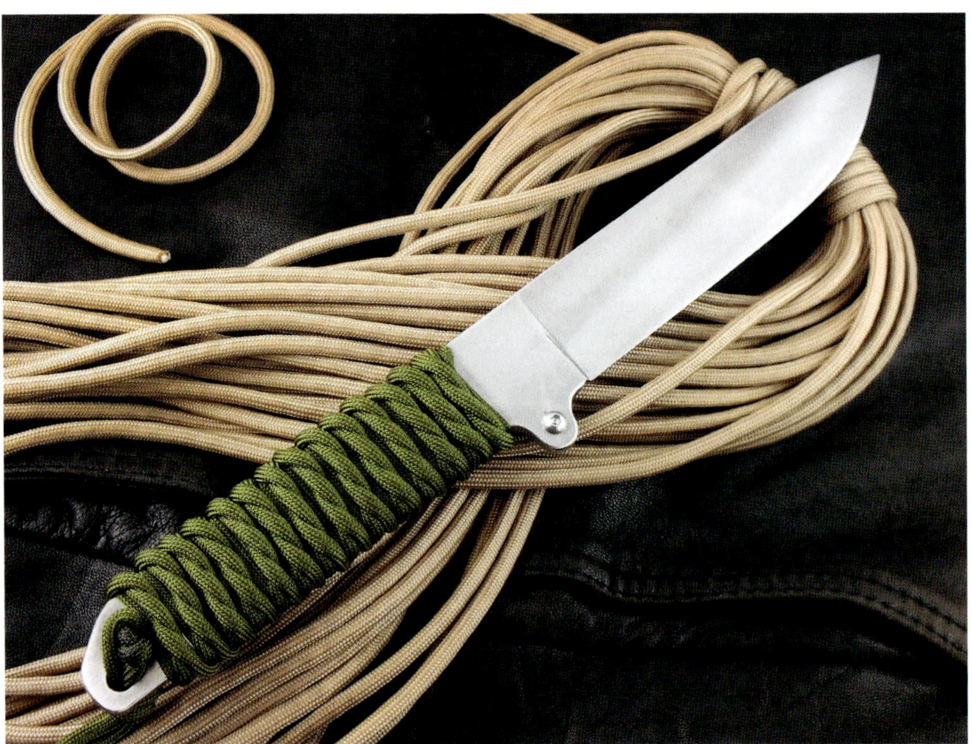

Dieses Kampf- und Gebrauchsmesser aus differenziell gehärtetem 52100-Kugellagerstahl besitzt eine West-Country-Griffwicklung in Militär-Grün über einer flachen Basis-Wicklung. Die Schraubenköpfe im Handschutz helfen dabei, das Messer in der Kydex-Scheide festzuhalten.

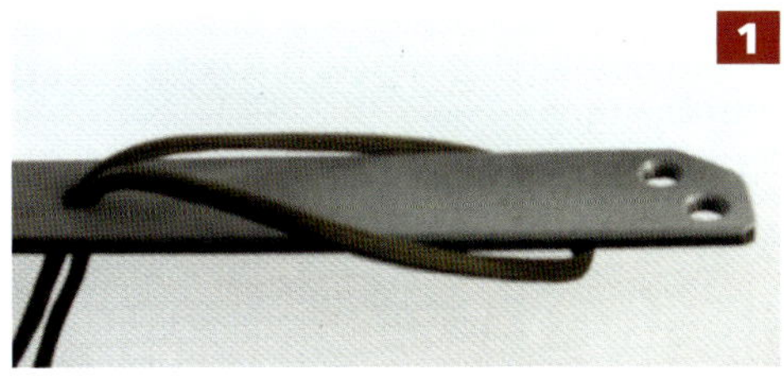

Wir machen eine Schlaufe und ziehen beide gleich langen Seilenden durch das Loch auf der Klingenseite der Angel.

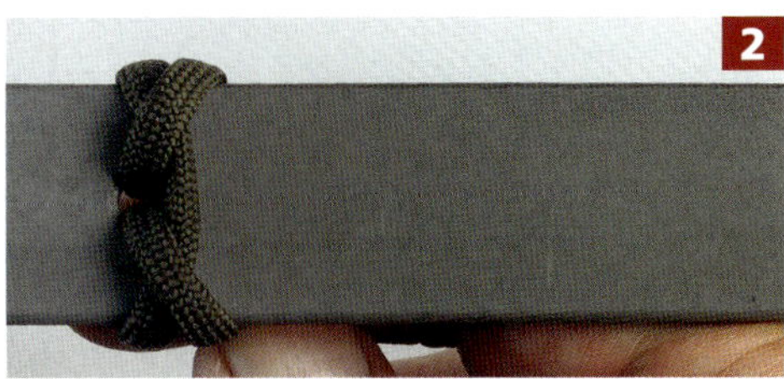

Die Enden werden auf der anderen Seite umgeschlagen und zurück geführt.

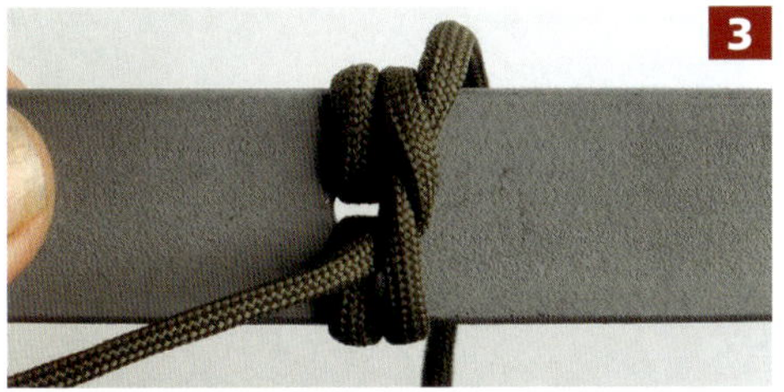

Auf dieser Seite machen Sie nun einen Knoten und ziehen ihn fest.

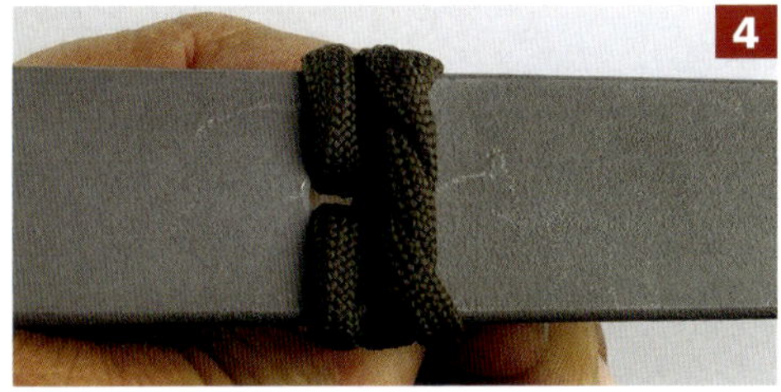

Das Arbeitsende wird von der linken Seite über den Knoten gelegt.

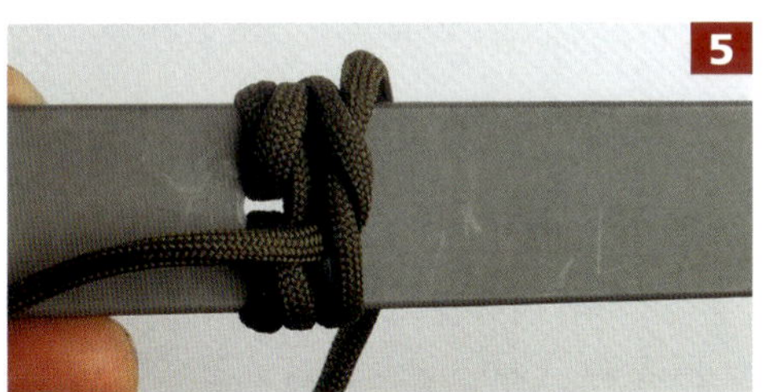

Die Angel wird herumgedreht und der nächste Knoten gemacht.

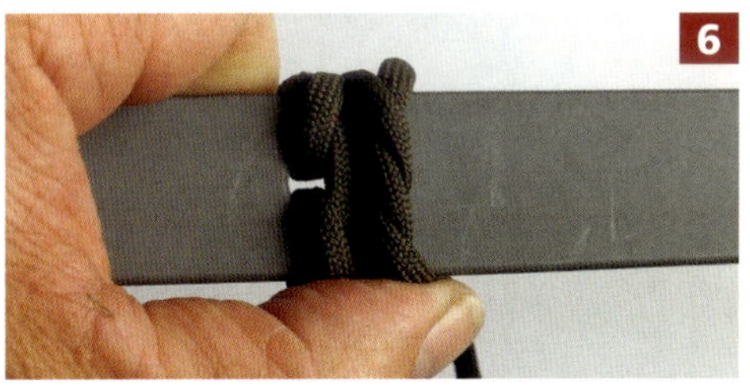

Das Arbeitsende wird nach rechts gelegt und mit dem Daumen festgehalten.

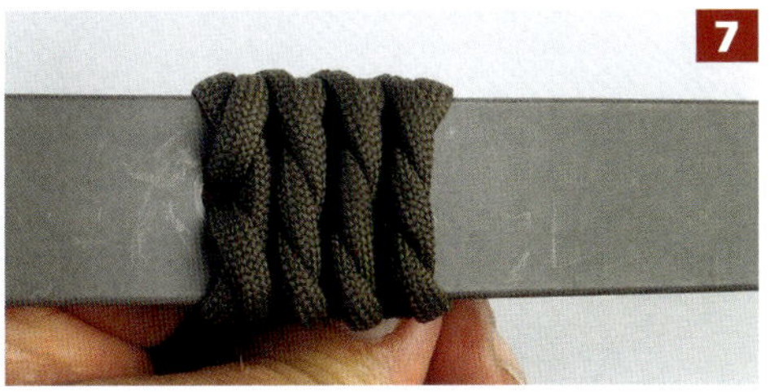

Nach drei Knoten pro Seite überprüfen Sie, ob alle Knoten gleichmäßig aussehen und straff bleiben. Dann geht´s weiter.

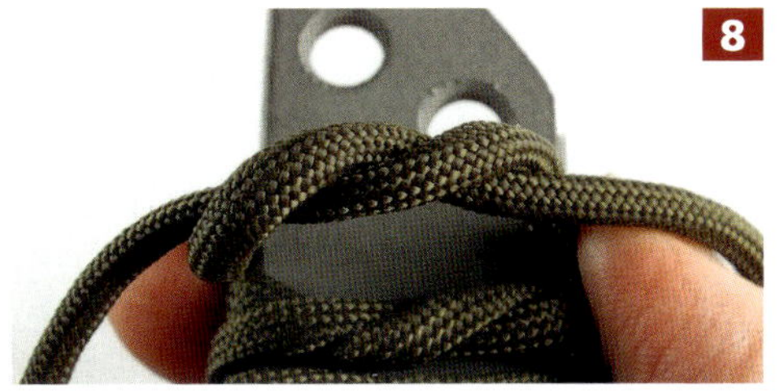

Einer der letzten Knoten in „Zeitlupe": Der Überhandknoten wird immer in dieselbe Richtung ausgeführt.

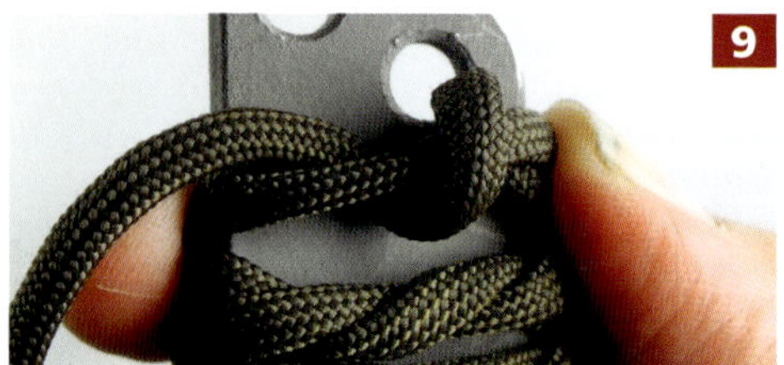

Das Arbeitsende wird nach rechts straff gezogen, während das andere Ende entspannt wird.

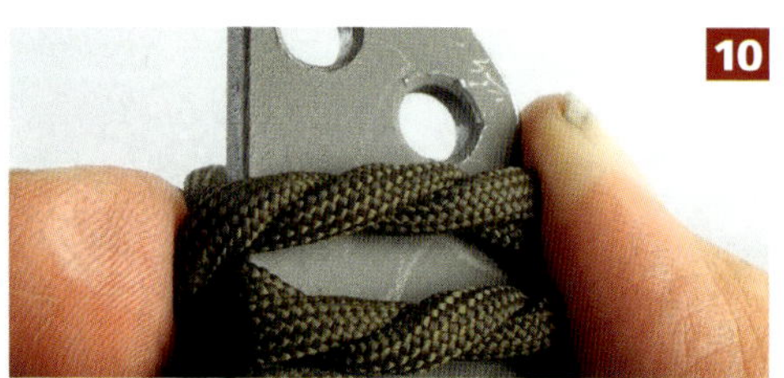

Das linke Arbeitsende wird straff gezogen und gegen den vorherigen Knoten gedrückt.

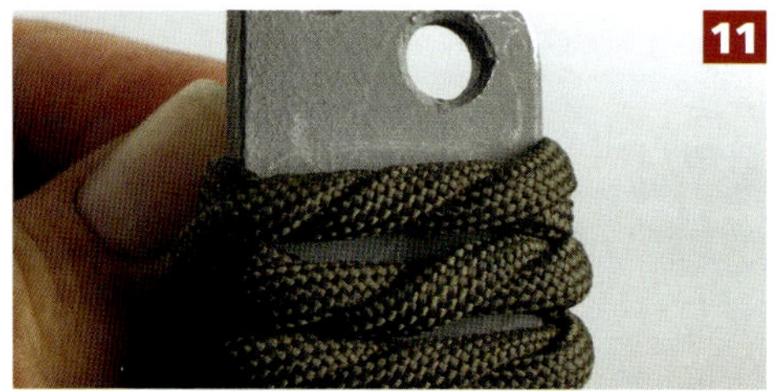

Das rechte Arbeitsende wird perfekt über den Knoten gelegt und eng gegen die Seite des Griffs gedrückt. Das ist entscheidend, um eine perfekte West-Country-Griffwicklung zu erhalten.

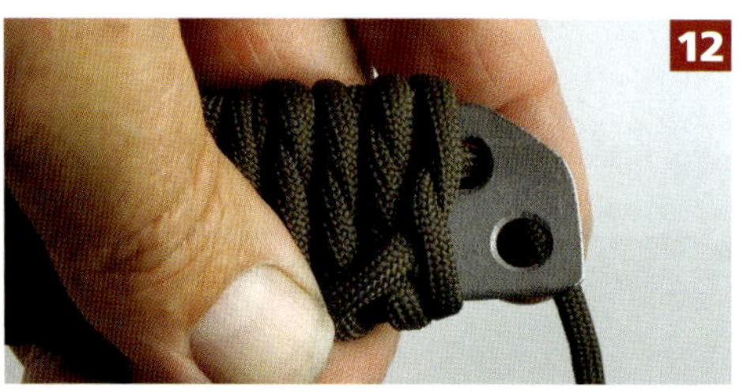

Wenn das innere Loch erreicht ist, machen wir den letzten Knoten.

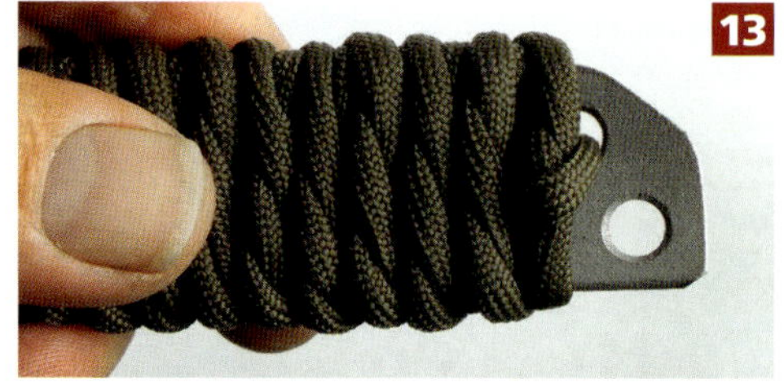

Beide Seilenden werden durchs innere Loch geführt.

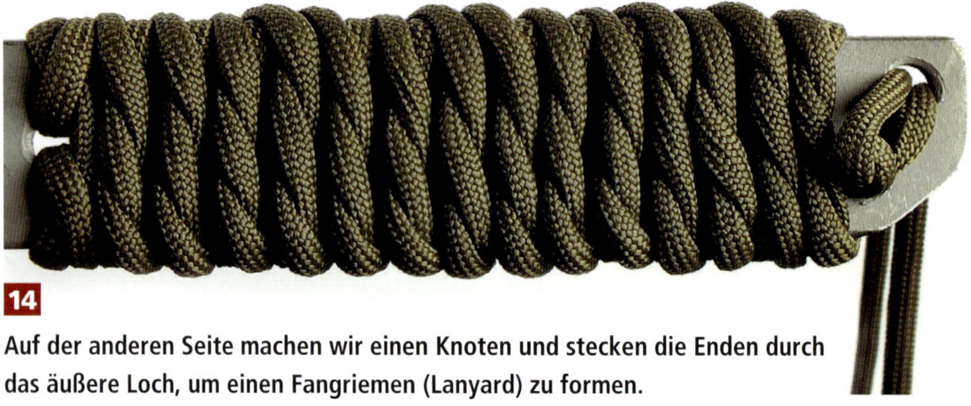

Auf der anderen Seite machen wir einen Knoten und stecken die Enden durch das äußere Loch, um einen Fangriemen (Lanyard) zu formen.

Ein entscheidender Unterschied zwischen der West-Country-Griffwicklung und der Schlaufenwicklung ist, dass die West-Country-Wicklung flacher und fester ist. Es ist viel schwieriger, diese Wicklung korrekt auszuführen und benötigt mehr Kraft auf den Seilen. Es gibt Lücken zwischen den Überhandknoten auf der Griffseite.

4.4 Gewöhnliche Militär- oder Schlaufenwicklung

Diese Griffwicklung ist eine der einfachsten und kann relativ schnell ausgeführt werden. Strider Knives ist eine der bekanntesten Firmen, die diese Wicklung für ihre Messer verwenden. Sie gibt dem Griff ein gutes Volumen, mit oder ohne untere Lage. Die Wicklung besitzt eine offene Struktur und wird daher am besten mit einer flachen, darunterliegenden Wicklung gemacht. Auf diese Weise wickelt auch Strider die Griffe.

Die Griffwicklung braucht nur eine begrenzte Anzahl von Löchern in der Angel. Bohrungen mit einem Durchmesser zwischen 5,5 und 6,3 mm sind ideal. Ein Loch am Anfangspunkt der Wicklung und zwei Löcher beim Knauf runden das Bild ab. Die Bohrungen sind wichtig, um zu verhindern, dass die Wicklung sich auf dem Griff nach vorne oder hinten bewegt. Wenn die Griffwicklung sich gegen einen Handschutz stützt, braucht man vorne kein Loch. Zusätzliche Bohrungen können für die untere Wicklung oder zum Ausbalancieren des Messers sinnvoll sein. Die folgenden Fotos zeigen die Ausführung der Schlaufen auf einem blanken Messer (ohne untere Lage). Anschließend zeige ich Ihnen noch einige Beispiele für Messer mit Schlaufenwicklungen.

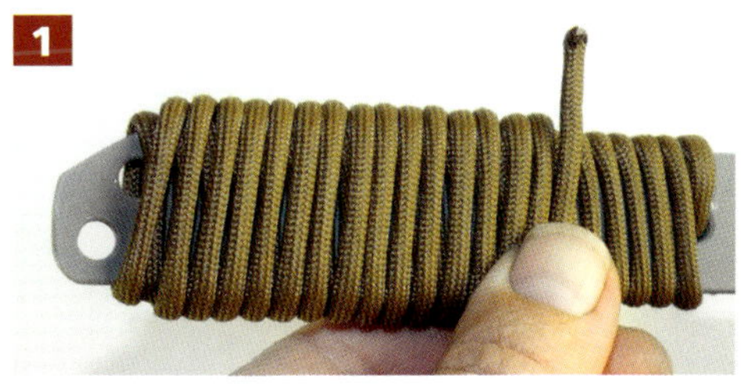

Umwickeln Sie den Griff eineinhalb Mal, bevor Sie das Seil von der Spule abschneiden.

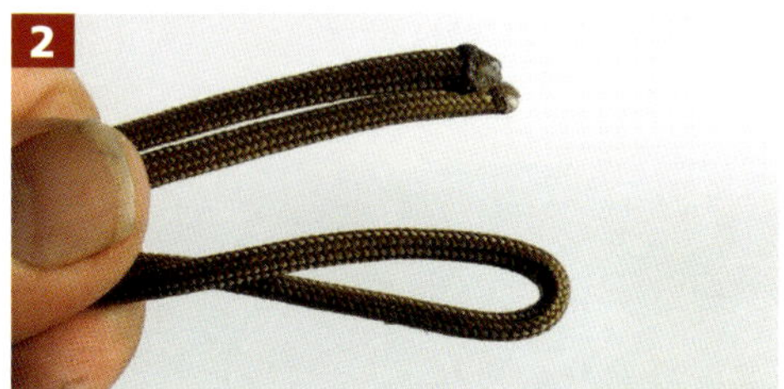

Falten Sie das Seil, um die Mitte zu bestimmen, und schmelzen und verschweißen Sie die Enden, damit sie nicht ausfransen.

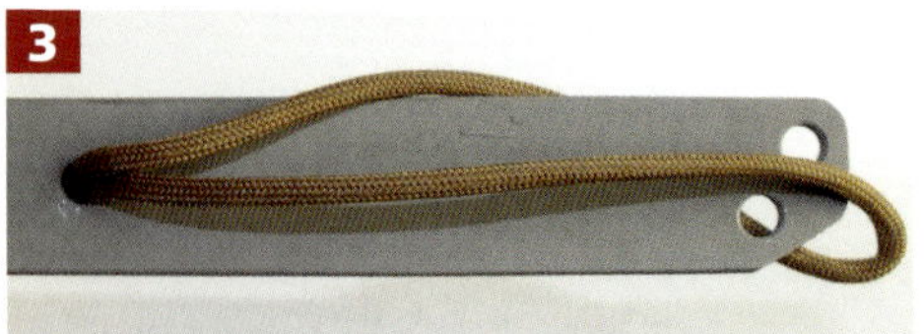

Machen Sie eine Schlaufe mit gleich langen Seilstücken und stecken Sie die Enden durch das Loch auf der Klingenseite der Angel.

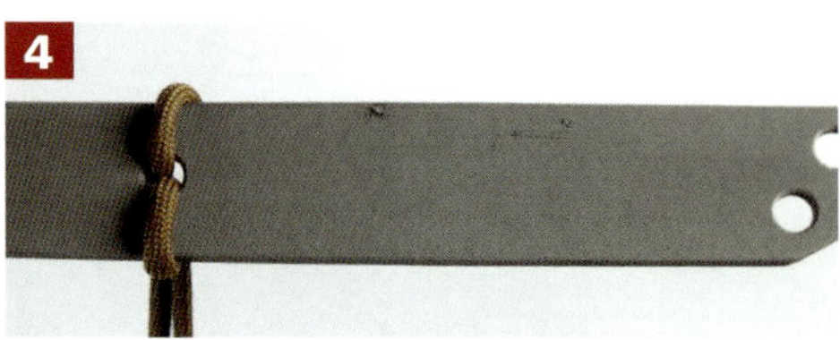

Ziehen Sie das Seil fest.

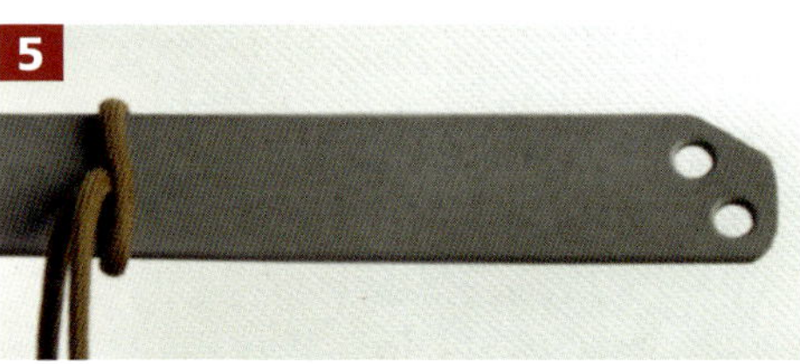

Überprüfen Sie die Position des Seils auf der Rückseite der Angel. Es sollte gerade und nicht verdreht liegen.

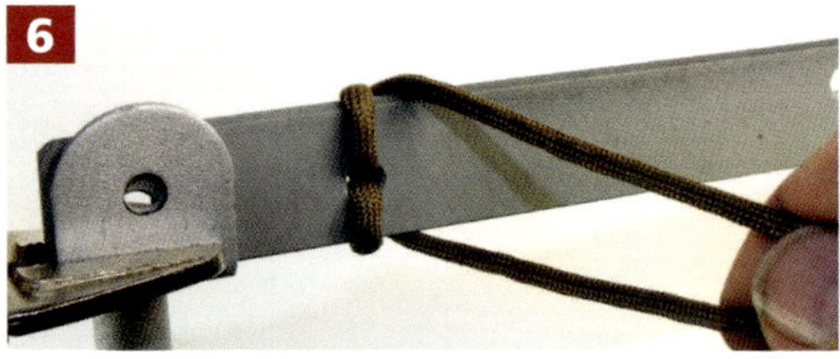

Bringen Sie beide Arbeitsenden wieder auf die andere Seite zurück. Ziehen Sie fest an, damit das Seil straff aufliegt!

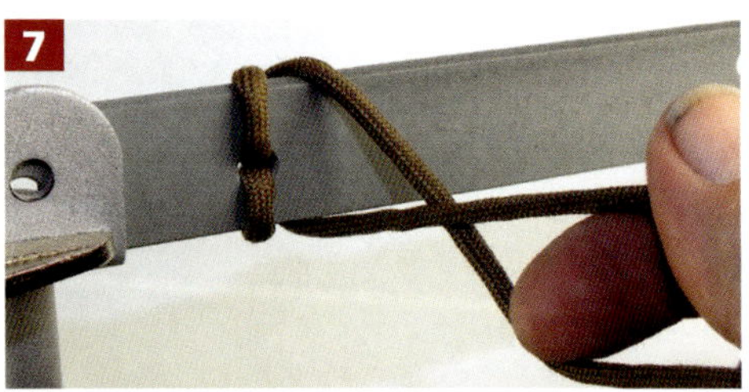

Überkreuzen Sie die Seilenden als ersten Schritt der Verdrillung.

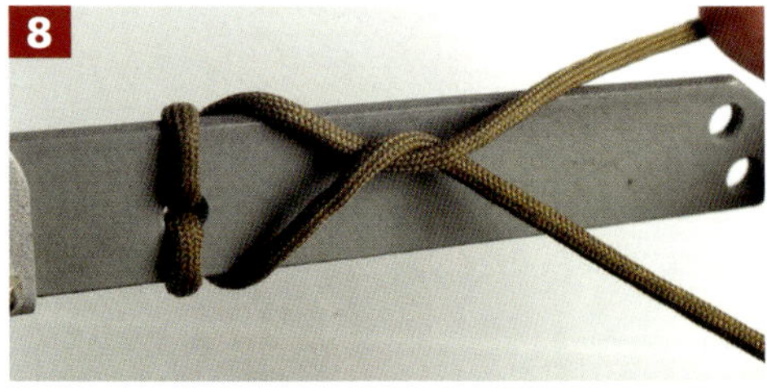

Drehen Sie die Seilenden weiter, um die Verdrillung zu vollenden.

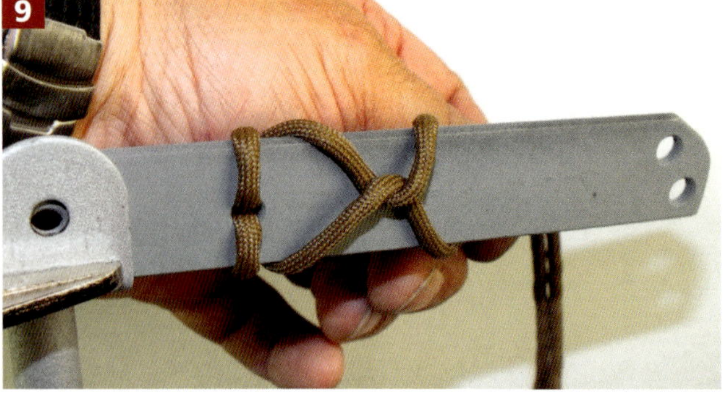

Legen Sie die Seilenden auf die andere Seite und schieben Sie die Schlaufen eng zusammen.

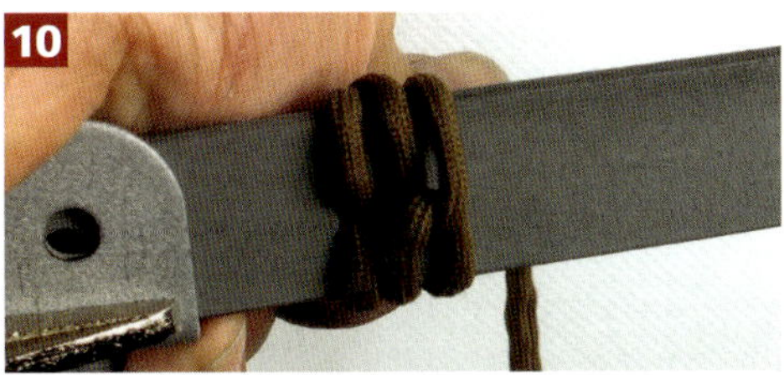

Ziehen Sie die Seilenden (wieder) straff und überprüfen Sie, ob die Schlaufen in der Griffmitte positioniert sind.

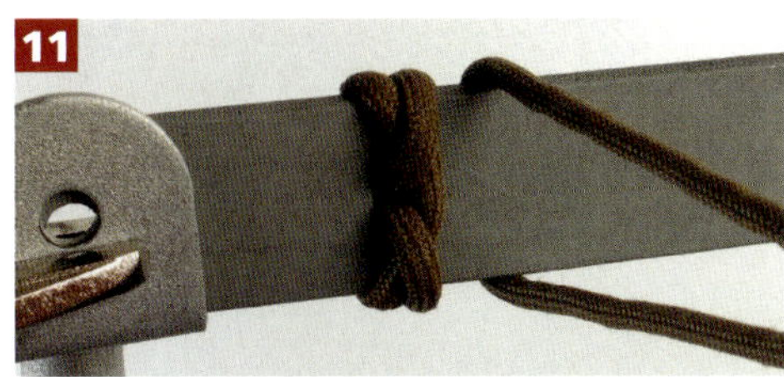

Drehen Sie das Messer herum, während Sie die Spannung am Seil aufrechterhalten.

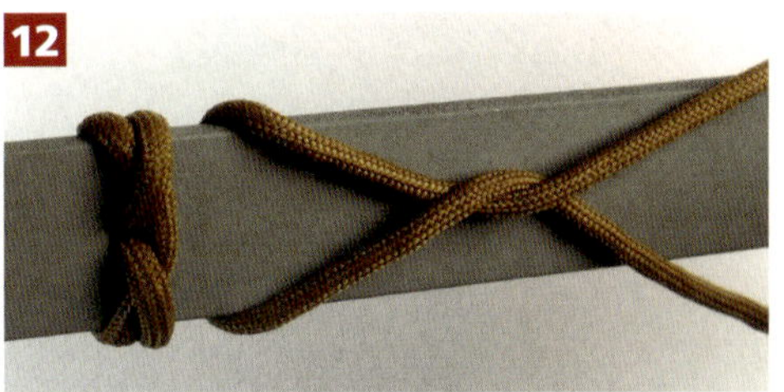

Verdrehen Sie die Seilenden in dieselbe Richtung wie bei der ersten Verdrillung.

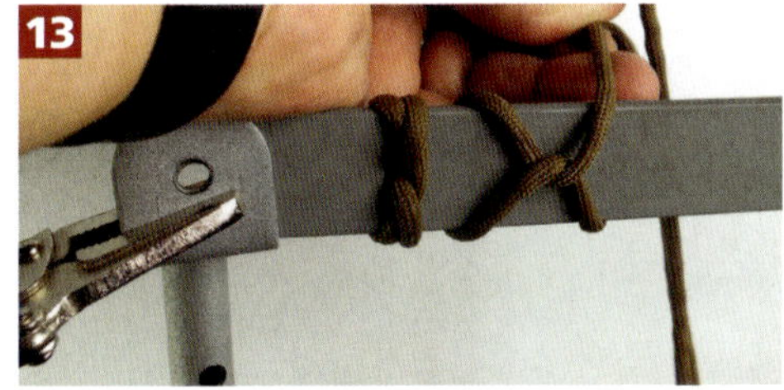

Bringen Sie die Seilenden wieder auf die Rückseite des Griffs.

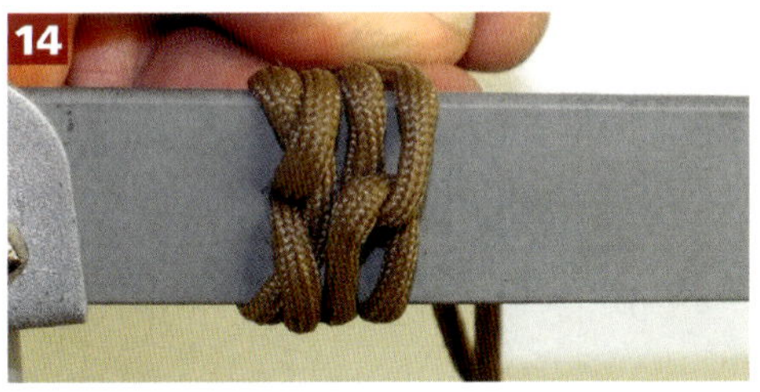

Hier liegen die ersten beiden Schlaufen nebeneinander.

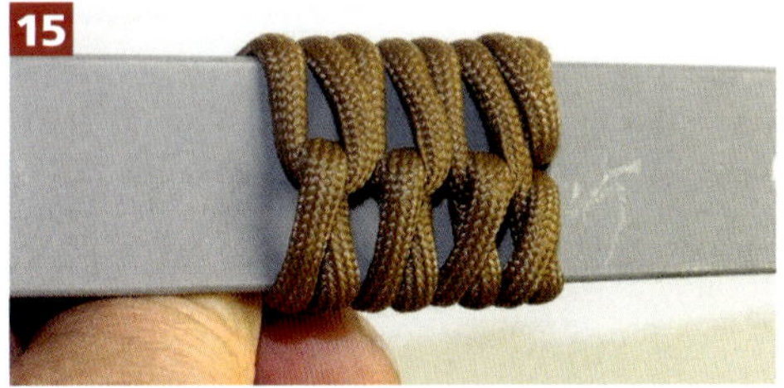

Machen Sie in gleicher Weise weiter, bis Sie das innere Knaufloch erreichen.

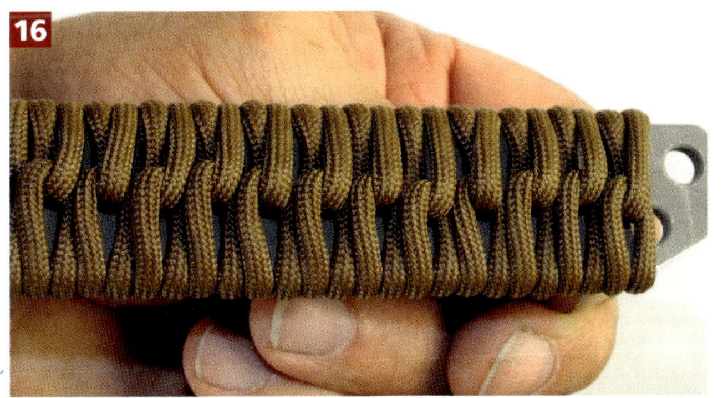

Sobald das innere Knaufloch teilweise bedeckt ist, drücken Sie die Schlaufen noch einmal zusammen. Falls genügend Platz übrig ist, machen Sie noch eine Schlaufe, bevor Sie das Messer herumdrehen.

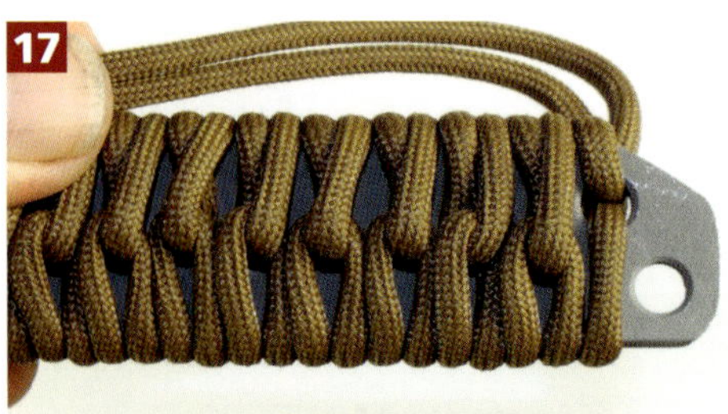

Behalten Sie die Spannung bei, indem Sie die Arbeitsenden an die Griffseiten klemmen und ziehen Sie beide Enden durch das innere Loch.

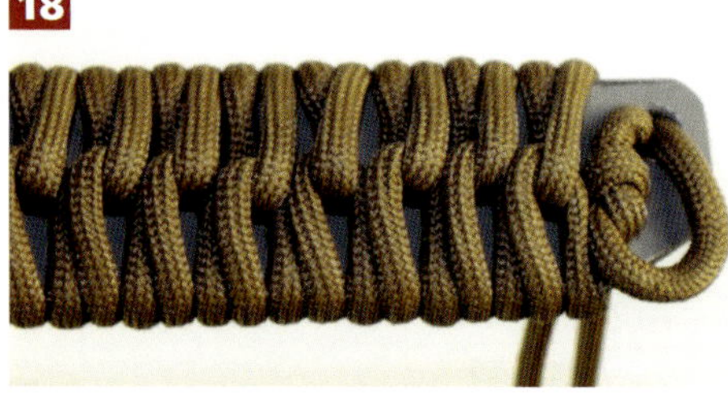

Machen Sie einen Überhandknoten und führen Sie beide Arbeitsenden durch das letzte Loch.

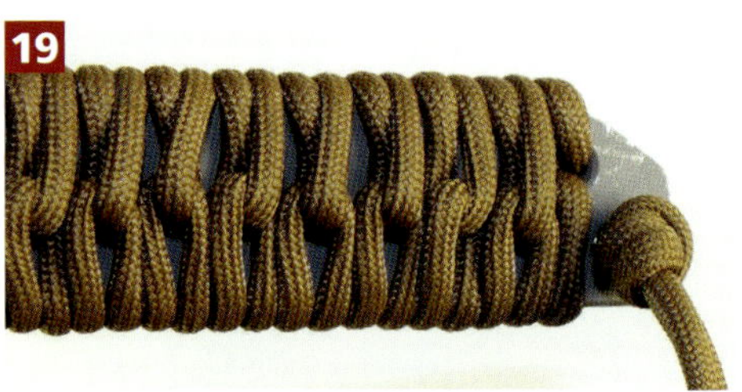

Legen Sie beide Enden zusammen und machen Sie einen Überhandknoten, den Sie gegen den Knauf drücken. Mit den beiden Arbeitsenden können Sie einen Lanyard formen.

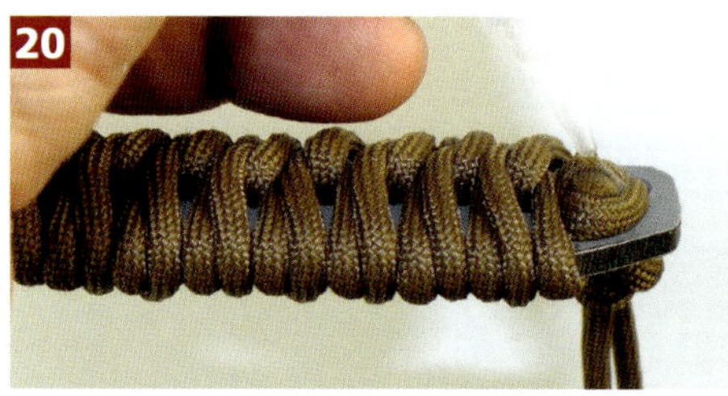

Versiegeln Sie zur Sicherheit den ersten Knoten mit einem Tropfen Klebstoff.

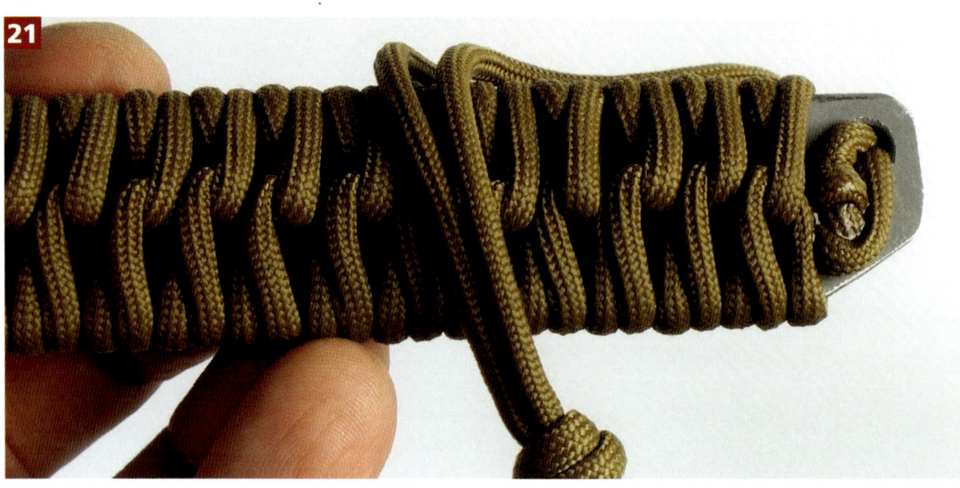

Die Schlaufenwicklung und der Lanyard sind fertig.

PARACORD-TSUKAMAKI

5.1 Was ist Tsukamaki?

Tsukamaki ist die Kunst, einen *tsuka* zu umwickeln, den japanischen Schwertgriff. Die japanischen Schwertmacher perfektionierten das System der Schwertgriffe über Hunderte von Jahren hinweg. Die Griffe können von der Klinge entfernt werden, indem man den *mekugi* (Bambusstift) herausdrückt. Auf diese Weise kann die im feuchten Klima Japans nötige Pflege der Schwertangel erfolgen. Das komplette System übersteht die Kräfte, die während eines Kampfes auftreten.

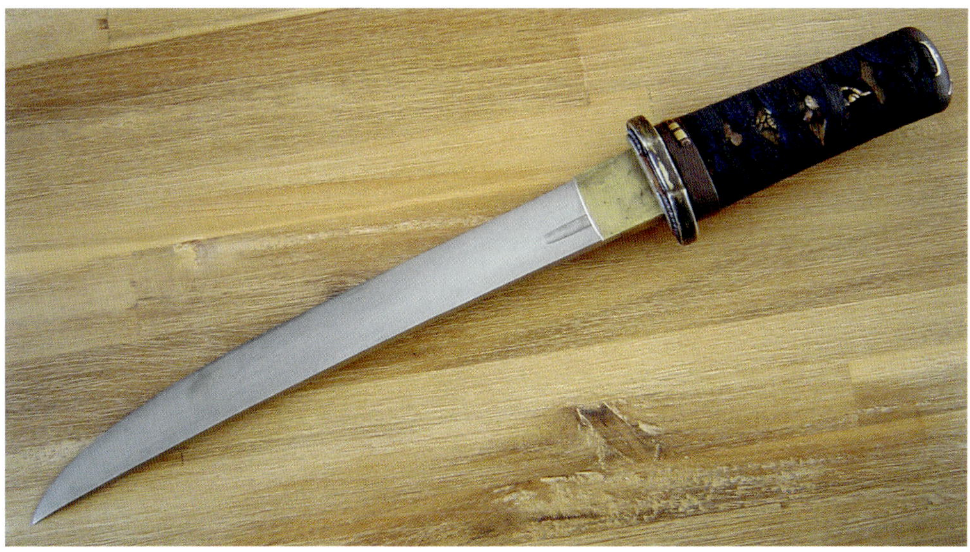

Ein historischer *tanto* zeigt die traditionelle Griffstruktur (mit freundlicher Genehmigung von Alessio Salsi).

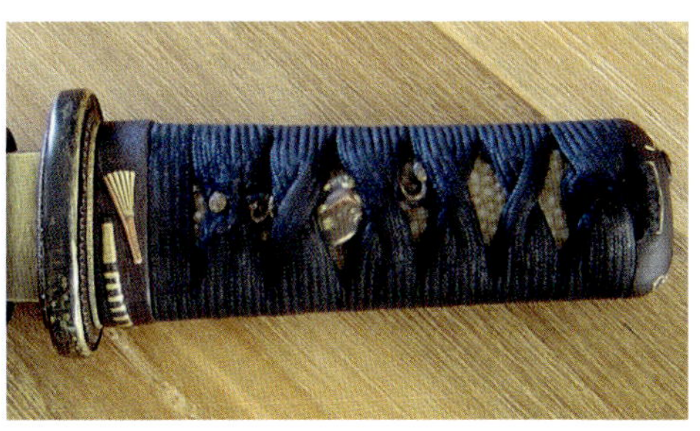

Hier sieht man schön die verschiedenen Teile des Griffs.

Die Wicklung wird traditionell mit *ito* gemacht, einem flachen, gewobenen Band aus Seide oder Baumwolle. Auch verschiedene Lederarten, Papier oder gewebtes/geflochtenes Hanf wurden benutzt. Ein spezieller Typ des *ito* ist *jabara-ito*, Schnüre aus Seide mit einem Durchmesser von einem und eineinhalb Millimetern. Oft wurden zwei Schnüre *jabara-ito* zusammengenäht, um das Umwickeln des Griffs zu erleichtern und das *ito* stabiler zu machen.

DIE TEILE EINES JAPANISCHEN SCHWERTGRIFFS

habaki	Zwinge vor dem Handschutz, die für einen Reibschluss im Scheidenmund sorgt, um Schwert und Scheide zusammenzuhalten. Meistens aus Kupferlegierungen, aber auch aus Silber und Gold gefertigt.
seppa	Distanzstück (aus Kupfer oder Messing); die Distanzstücke zwischen *habaki* und Handschutz bzw. zwischen Handschutz und *fushi* halten den Holzgriff (*tsuka*) unter Spannung, wenn das *mekugi* eingesetzt wird. Sie beseitigen jegliches Spiel in der Konstruktion.
tsuba	Handschutz bzw. Stichblatt, meistens aus Eisen und sehr oft reich verziert. *Tsuba* sind selbst zu Sammelobjekten geworden.
seppa	Distanzstück (zweites Set; manchmal ist mehr als ein *seppa* notwendig, um das Spiel im Griff zu beseitigen.
fushi	Metallzwinge um den Holzgriff direkt hinter dem Handschutz; hilft das Splittern des Griffs zu verhindern.
tsuka	Der Holzkern des Griffs.
same	Rochenhaut. Sie ist unter der Griffwicklung sichtbar oder überzieht den gesamten *tsuka* ohne Griffwicklung.
ito	Flaches, gewebtes Band aus Seide oder Baumwolle, Leder oder Papier. Im letzteren Fall wurde die Griffwicklung oft stark lackiert.
menuki	Glücksbringer am Griff, manchmal aus Gold oder vergoldet. In Abhängigkeit von der Länge des Griffs sind entweder ein (beim *tanto*) oder zwei (beim *katana*) Glücksbringer vorhanden.
mekugi	Bambusstift, um das *tsuka* auf dem *nakago* (Schwertangel) zu halten.
mekugi ana	Das Loch durch Griff und Angel für die Aufnahme des *mekugi*.
kashira	Knaufabdeckung, oft mit einem Loch von der *omote*- zur *ura*-Seite (von vorne zur Rückseite). Hier geht das *ito* durch, zwischen den Endknoten der Wicklung. *Gunto*-Monturen haben kein *kashira* mit Löchern.
shito dome	Hülse im Loch durch das *kashira*. Dekorativ bei gleichzeitigem Schutz des *ito*, das durch das Loch läuft.

Ein wichtiger Teil von *tsukamaki* ist das *hishi-gami*: gefaltete Papier-Keile, die unter das *ito* geschoben werden, um die Form der Überkreuzungen des *ito* perfekt zu halten und das Verschieben und Verformen der Griffwicklung zu verhindern. Diese Kunst liegt auf einem höheren Niveau als dieses Buch vermitteln kann. Aber wenn Sie dazu inspiriert werden, sich tiefer in dieses Thema einzuarbeiten, dann ist eine der besten Quellen dazu am Ende des Buchs aufgelistet.

Das Seiden- oder Baumwoll-*ito* ist in verschiedenen Breiten erhältlich. Je länger der Griff, desto breiter das verwendete *ito*. Hier ist eine der grundlegenden Regeln für die am besten bekannten Griffwicklungen mit verdrehter Überkreuzung und flacher Überkreuzung:

- *katana*-Griffe haben eine Länge von 23 cm, für sie wird *ito* mit 10 mm Breite benutzt.

- *wakizashi*-Griffe sind ungefähr 15 cm lang und werden mit 8-mm-*ito* umwickelt.

- Für *tanto* und *aikuchi* mit einer Grifflänge von 10 cm wird *ito* mit einer Breite von 4 bis 6 mm benutzt.

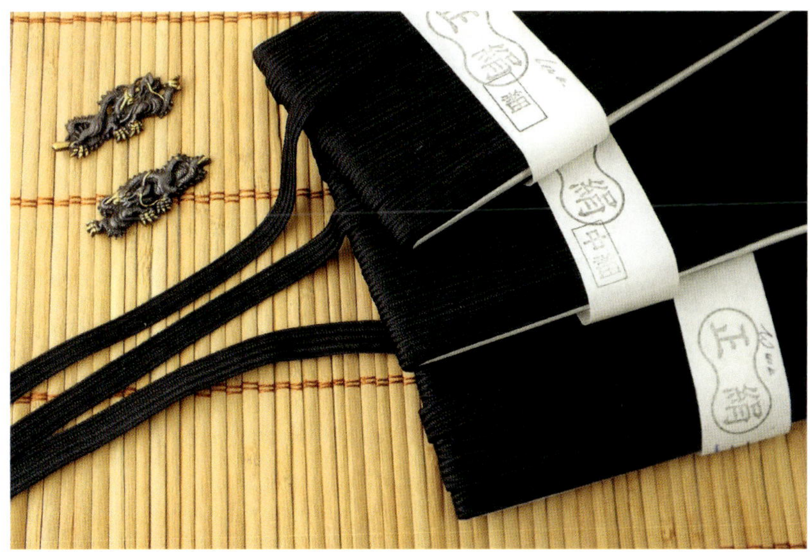

Original japanisches Seiden-*ito* mit 6 mm, 8 mm und 10 mm Breite. Zwei Drachen-*menuki* in Schwarz und Gold.

Das 4 mm breite *ito* wird auch für kompliziertere *tsukamaki*-Muster verwendet. Hier kommt das vielseitige Paracord ins Spiel: Die leere Hülle von Paracord kommt den Dimensionen der schmalen *ito*-Typen, die für Schwert- und Messergriffe benutzt werden, ziemlich nahe. Die Hülle des Typ-IV-Paracord kommt dem 6 mm breiten *ito* am nächsten und führt zu den besten Ergebnissen bei der klassischen, verdrehten Griffwicklung.

Griffe, die im japanischen Stil umwickelt werden, lassen sich in drei Kategorien einteilen:

- traditionelle Griffe mit allen Verzierungen.

- flache, moderne Varianten, bei denen in den meisten Fällen die Flachangel auf beiden Seiten mit *same* (Rochenhaut) oder anderen exotischen Lederarten bedeckt ist und die Wicklung mit Schnürsenkeln, echtem Baumwoll- oder Seiden-*ito* oder Paracord gemacht wird.

- die dritte Kategorie, die zwischen den beiden anderen liegt. Hier bekommt die Angel mehr Volumen durch Holz oder ein anderes Material, bevor das *same* aufgetragen und der Griff umwickelt wird. Holzgriffe mit feiner Maserung werden so umwickelt, dass die Maserung unter der offenen Struktur der Wicklung zu sehen ist.

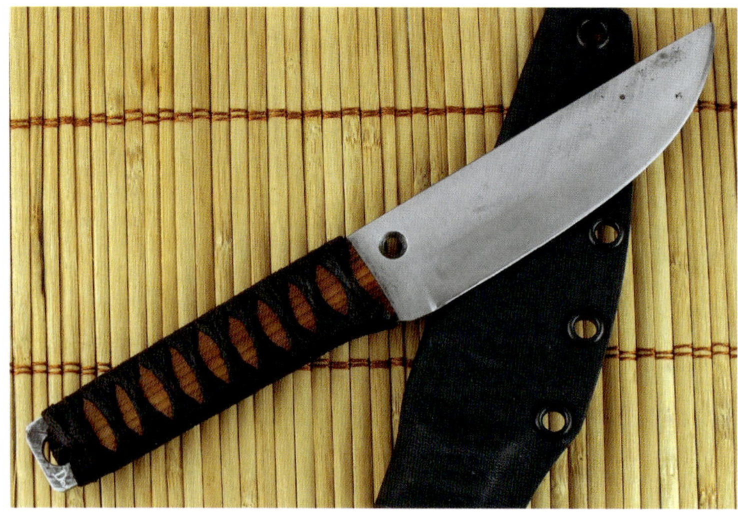

Verdrehtes *maki* über Eibenholz.

Ein wichtiger Unterschied zwischen echtem *ito* und Flatline besteht darin, dass Flatline eine hohle Hülle ist, während *ito* ein flaches, gewobenes Band ist. Flatline hat die Tendenz zu verrutschen oder wegzurollen. Daher ist es viel schwerer, damit perfekte Verdrehungen und Falten hinzubekommen.

Zur Vorbereitung des Griffs messen Sie die Breite der Flatline und die Länge des Griffs. Teilen Sie die Grifflänge durch die Breite der Flatline. Runden Sie die Zahl auf und markieren Sie die Zahl der Umwicklungen auf den Seiten des Griffs. Im Idealfall haben wir eine ungerade Anzahl auf beiden Seiten (den Kanten) des Griffs. Wenn nötig, können Sie entweder eine andere Breite der Flatline wählen, oder Sie schieben das Seil auf dem Griff etwas mehr zusammen (das ist zu bevorzugen, um Lücken zwischen den Windungen zu verhindern, falls das Seil später schrumpft).

Es ist wichtig, dass der abschließende Endknoten, der *omote*-Knoten, auf der Vorderseite des Griffs zu liegen kommt. *Tsukamaki*-Kunsthandwerker kleben Papierstreifen auf die Vorder- und Rückseite des Griffs, um die Breite des *ito* zu markieren. Dadurch haben sie die Gelegenheit, der Breite des *ito* zu folgen und sie gegebenenfalls anzupassen, während sie sich am Griff vorwärts arbeiten.

Wenn wir eine Unterlage aus Flatline machen, können wir die Breite der Flatline so anpassen, dass wir die benötigte ungerade Anzahl von Windungen erzielen. Das ist zwar keine unbedingte Notwendigkeit, aber es hebt unseren umwickelten Griff auf ein höheres Niveau. Japanische *tsukamaki*-Experten benutzen ein Gestell, um am Schwertgriff zu arbeiten. Oft benutzen sie auch eine Schwertattrappe mit kurzer „Klinge“ und *nakago* (Angel), an dem der Griff (*tsuka*) während der Arbeit befestigt ist. Auf diese Weise wird das Risiko vermieden, eine sehr wertvolle Klinge zu ruinieren.

5.2 Griffwicklungen

5.2.1 Klassische verdrehte Diamant-Griffwicklung: *Mepu maki* (Thomas Buck)

Einige Messermacher nennen diese Wicklung die Samurai-Wicklung oder die Diamantwicklung (weil bei der Wicklung die Lücken die Form von Diamanten annehmen). Wir wählen dafür das breiteste Flatline-Paracord, das wir kriegen können, um das schönste Muster zu erzeugen.

Die Flatline wird nach innen gedreht, während wir von einer Griffseite auf die andere wechseln. Dadurch wird die Mitte der Überkreuzung erhöht und so die Griffigkeit des umwickelten Griffs verbessert.

Beginnen Sie, indem Sie die Klinge mit Klebeband und Papiertüchern abdecken. Wie bei den meisten japanischen Griffwicklungen umwickeln wir den Griff eineinhalb Mal, bevor wir das Seil auf die richtige Länge zuschneiden.

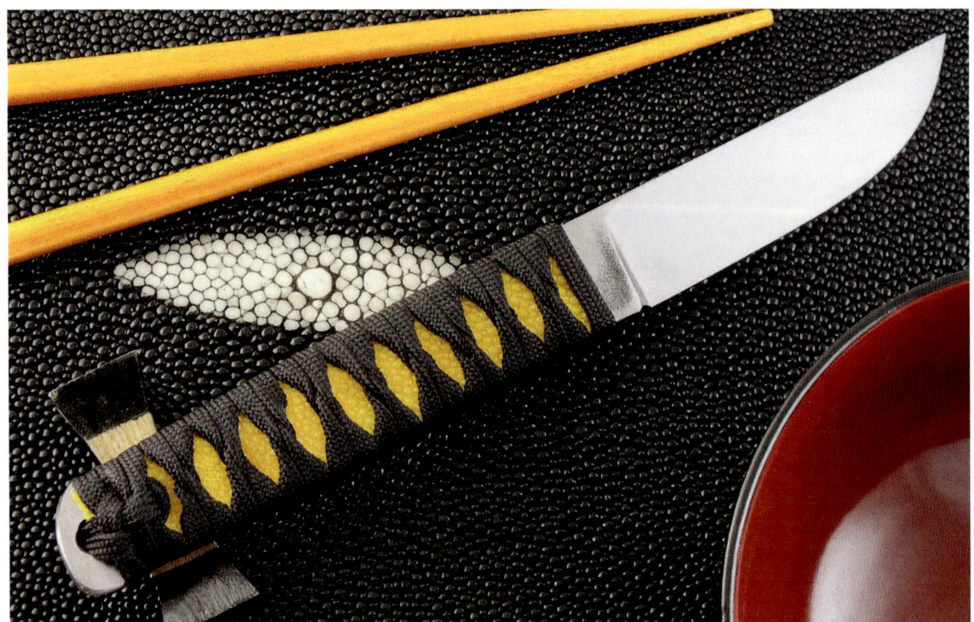

***Kaiken* aus A2-Stahl mit traditioneller, verdrehter Wicklung mit Typ-IV-Flatline über gelber Rochenhaut.**

Leeren Sie die Hülle, indem Sie alle inneren Schnüre entfernen. Schmelzen und formen Sie dann die Enden zu einem schlanken, flachen Gebilde. Das verhindert das Aufdröseln des Seils. Wenn alles stramm genug sitzt, ist es sinnvoll, die harten Kanten des verschmolzenen Plastiks abzuschneiden, damit sie nicht unter den letzten Überkreuzungen hängenbleiben, wenn sie unter ihnen durchgezogen werden.

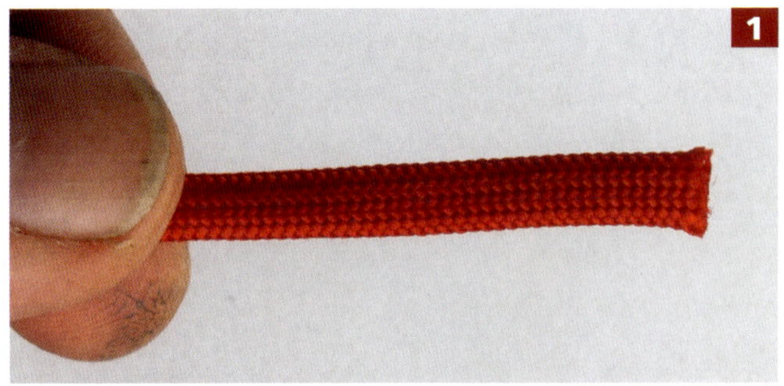

1 **Schneiden Sie die Enden sauber und rechtwinklig ab.**

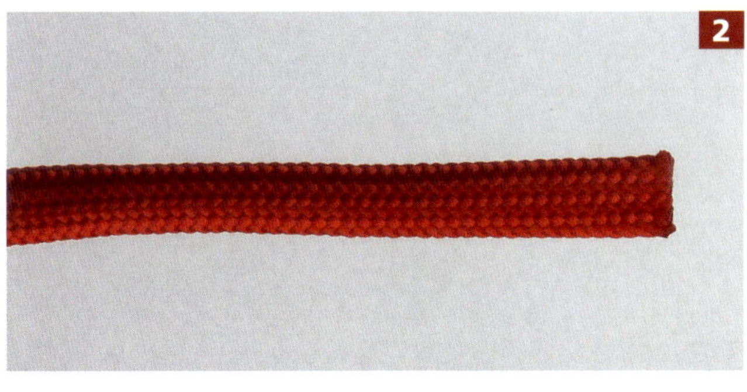

2 **Schmelzen Sie das Ende leicht an und drücken Sie es flach.**

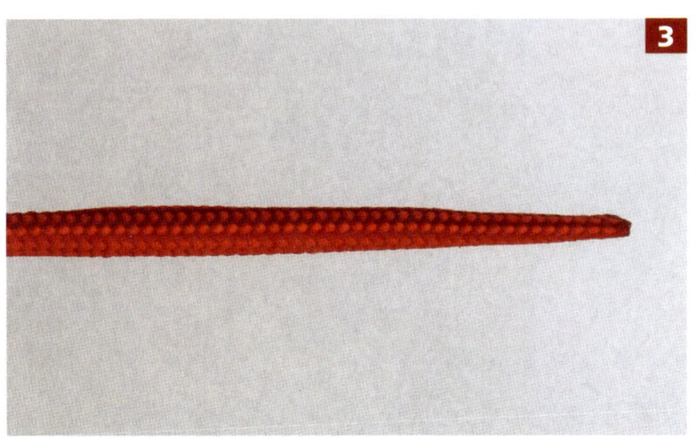

3 **Manchmal ist es besser, ein solches hartes Ende abzuschneiden, unmittelbar bevor man mit den traditionellen Endknoten beginnt, um zu vermeiden, dass das Seil hängenbleibt, während man es durch die Endknoten zieht.**

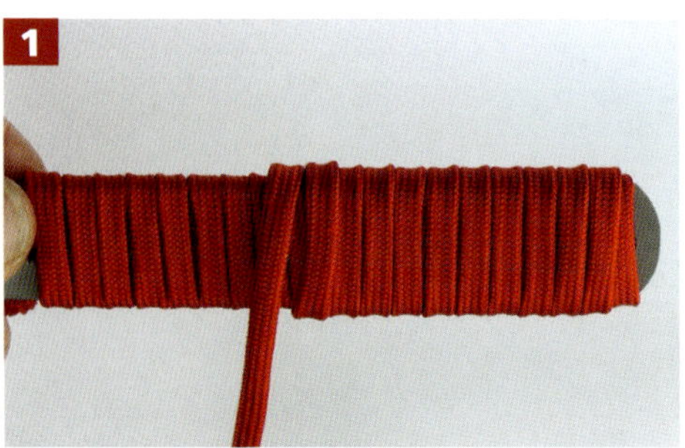

Bestimmen Sie die Länge des Seils, indem Sie den Griff eineinhalb Mal umwickeln. Schneiden Sie das Seil ab, entfernen Sie die Schnüre im Kern und schmelzen und formen Sie die Enden.

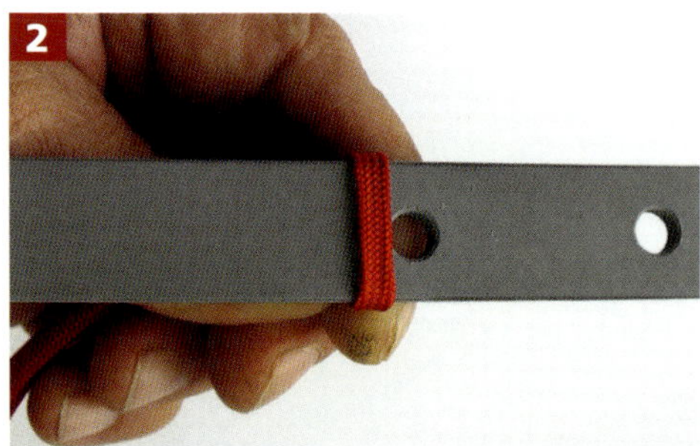

Legen Sie die Mitte des Seils an das vordere Griffende (zur Klinge hin) auf der *omote*-Seite. Das ist die Seite, die sichtbar ist, wenn Sie das Messer in der Scheide tragen.

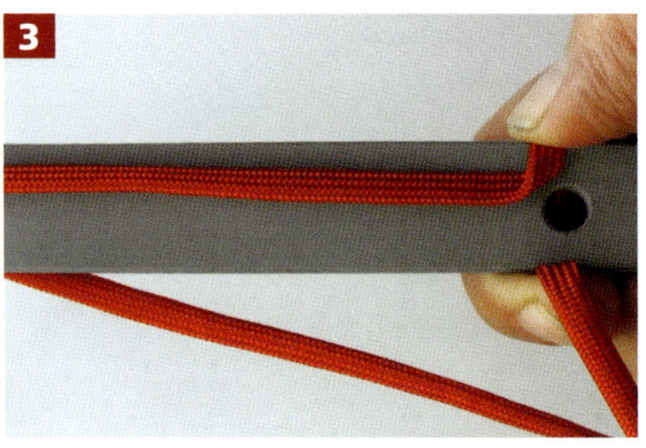

Wir drehen das Messer um und legen das obere Ende (wir nennen es zur Vereinfachung „rechtes Seil") längs der Angel.

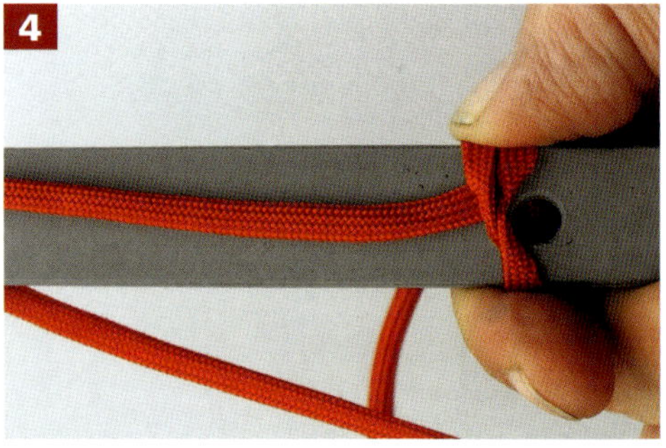

Verdrehen Sie das linke (untere) Seil zweimal in sich, legen Sie es oben über die Angel und halten Sie es per Daumen fest.

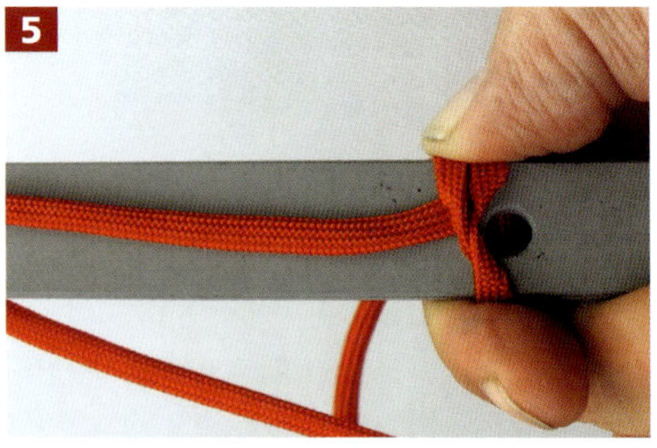

Das linke Seil muss hinter dem rechten liegen, also in Richtung zum Knauf (im Foto auf der linken Seite).

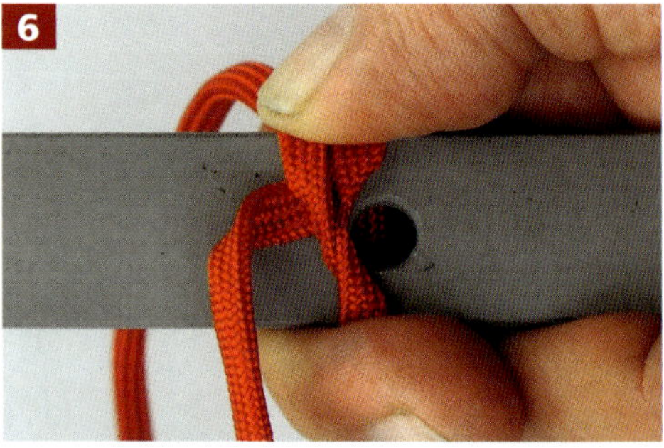

Verdrehen Sie nun das rechte Seil (um 90° nach unten) und führen Sie es nach unten um die Angel herum.

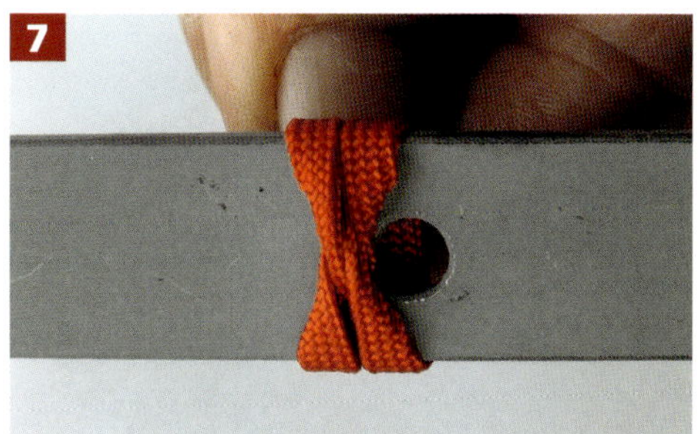

Ziehen Sie beide Seile straff und korrigieren Sie die Position und den „Faltenwurf" gegebenenfalls mit einem Marlspieker oder einer Nadel.

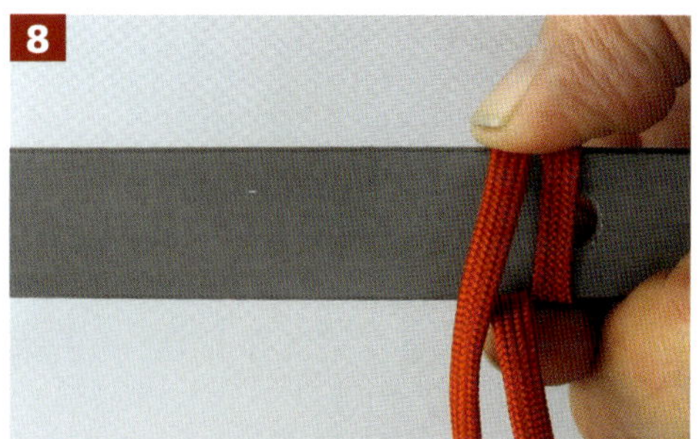

Drehen Sie den Griff herum, aber halten Sie alles gut fest. Klemmen Sie beide Seilenden mit Daumen und Zeigefinger gegen die Kanten der Angel.

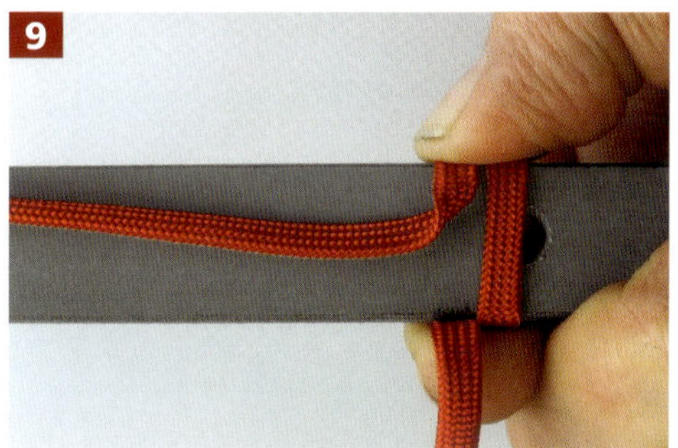

Verdrehen Sie wieder das obere Seil um 90° nach innen und legen Sie das Arbeitsende längs zum Griff.

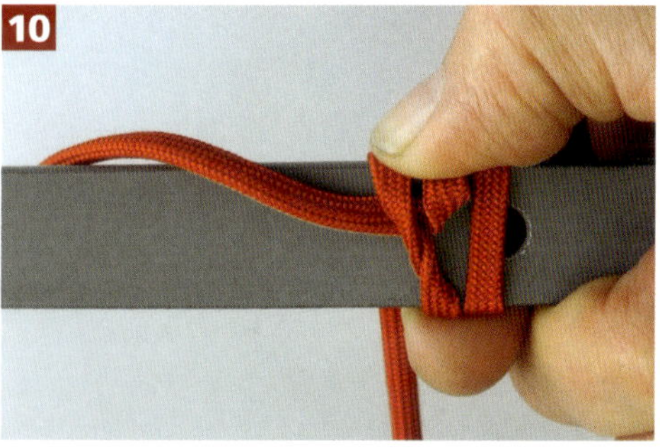

Verdrehen Sie das untere Seil zweimal (das sind volle 360°) und legen Sie es über das andere Ende.

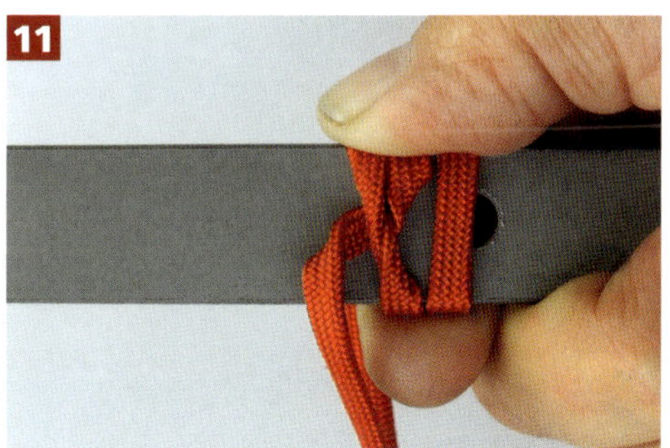

Verdrehen Sie das rechte Ende um 90° und führen Sie es nach unten, um die Bewegung zu vollenden.

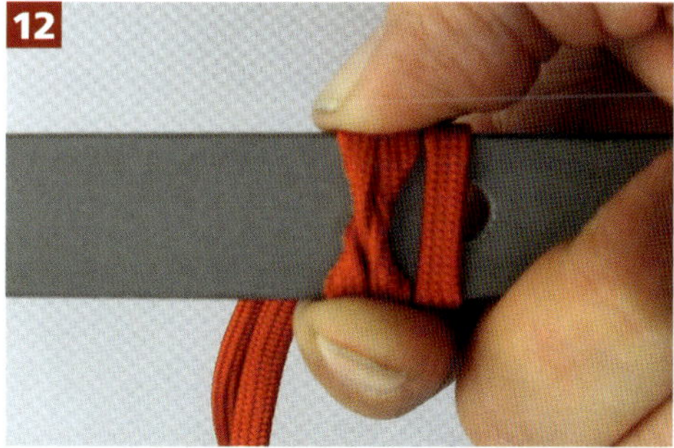

Ziehen Sie beide Enden stramm, korrigieren Sie die Lage, falls notwendig, und drehen Sie den Griff herum.

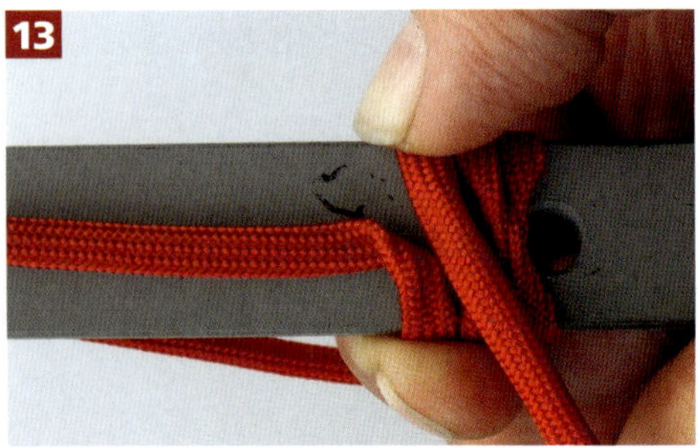

Starten Sie die nächste Überkreuzung mit dem Ende auf der linken Seite (das ist jetzt das untere Seil).

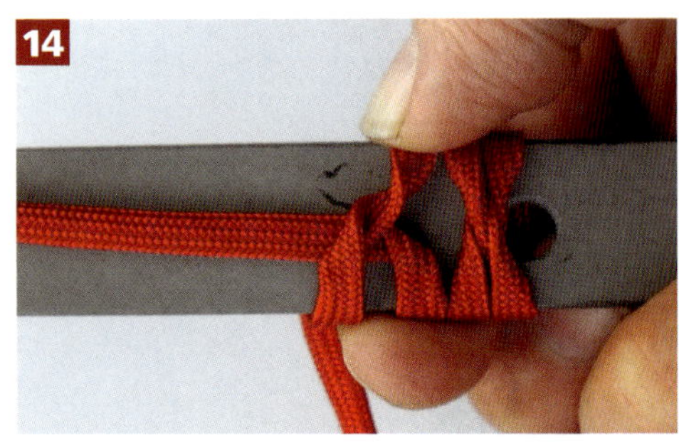

Verdrehen Sie das obere Ende um 360° und legen Sie es nach unten über das andere Ende.

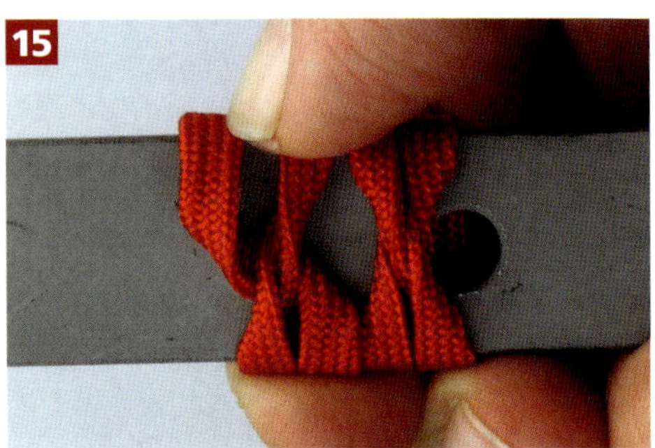

Falten Sie das linke (untere) Ende zum zweiten Mal um 90° und führen Sie es nach oben, um die Überkreuzung zu vervollständigen.

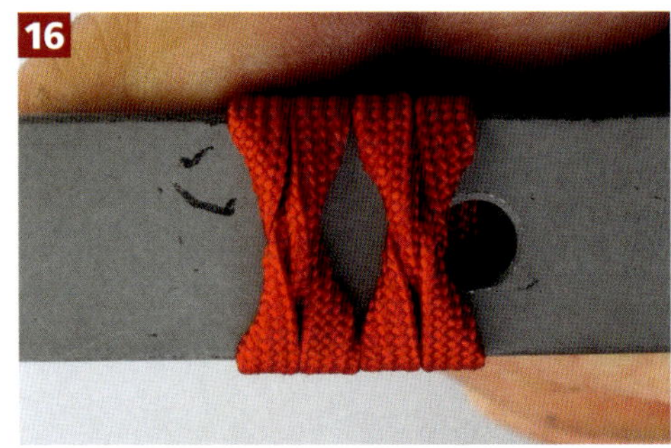

Ziehen Sie beide Enden auf die Rückseite. Korrigieren Sie die Lage des Knotens. Überprüfen Sie, ob alle Falten in Ordnung sind und die Seile auf den Seiten des Griffs eng zusammenliegen.

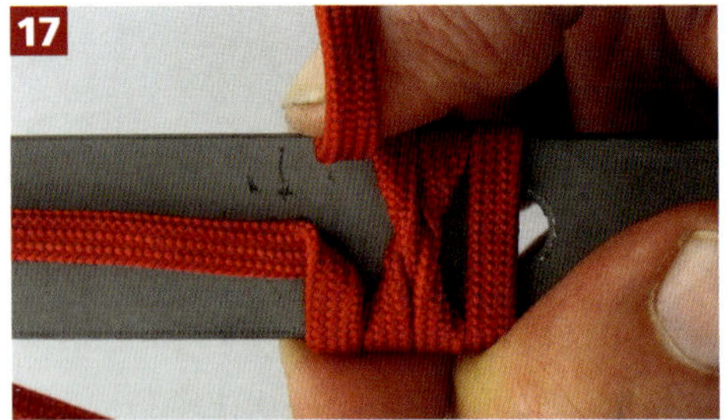

Auf der anderen Seite (*omote*), beginnt die Überkreuzung dieses Mal ebenfalls mit dem linken (unteren) Ende.

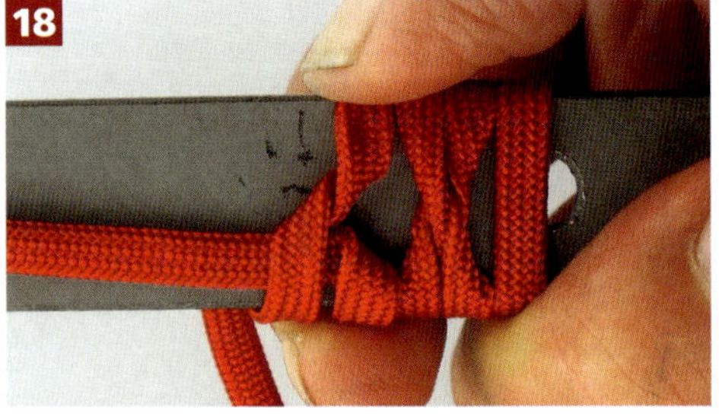

Das rechte Ende wird (wie bereits gewohnt) um 360° verdreht und nach unten über das andere Ende geführt.

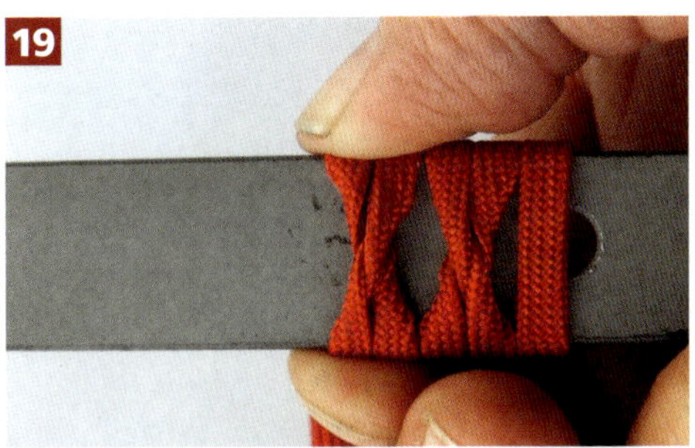

Wenn das andere Ende nochmal um 90° verdreht und nach oben gelegt ist, ist die Überkreuzung beendet.

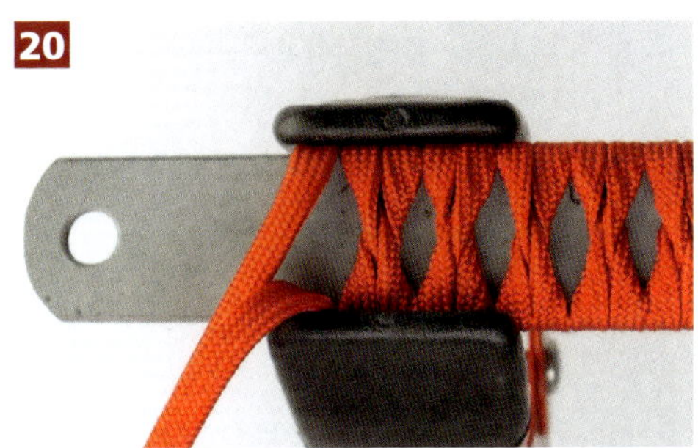

Falls Sie eine Pause benötigen (was gut sein kann), benutzen Sie am besten eine Klammer.

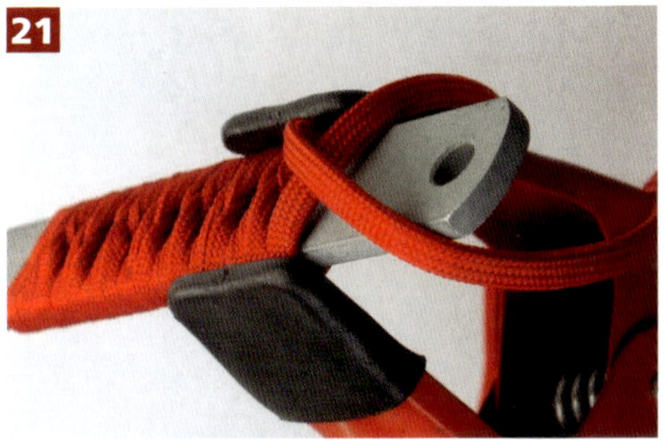

Der Blick auf die Klammer von der anderen Seite. Wichtig ist, dass sie beide Seilenden sicher in Position hält.

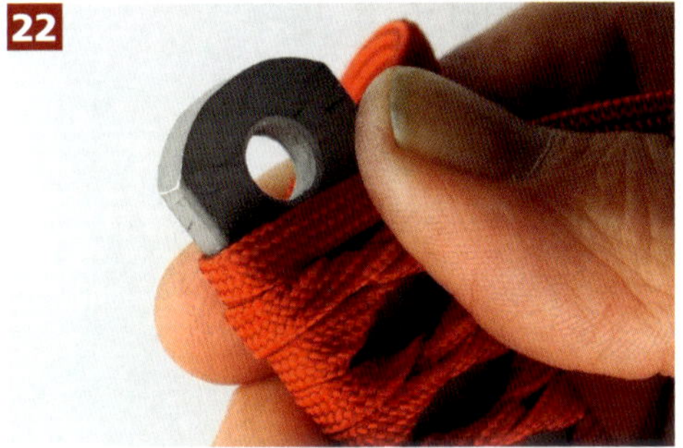

Wenn Sie das Ende des Griffs erreicht haben, können Sie einen Tropfen Klebstoff unter das Seil geben, um die Wicklung zu sichern.

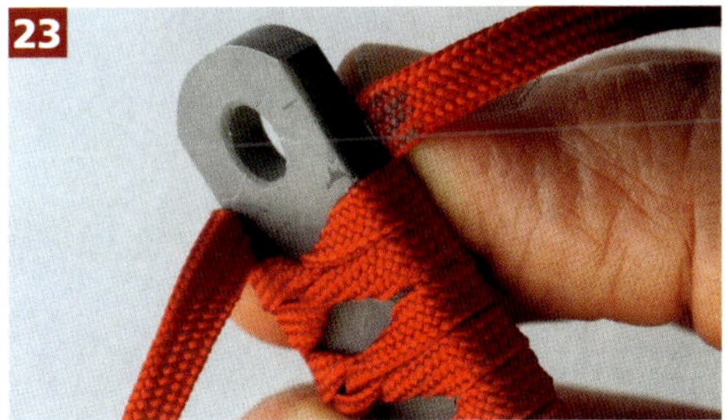

Das andere Ende wird ebenfalls angeklebt.

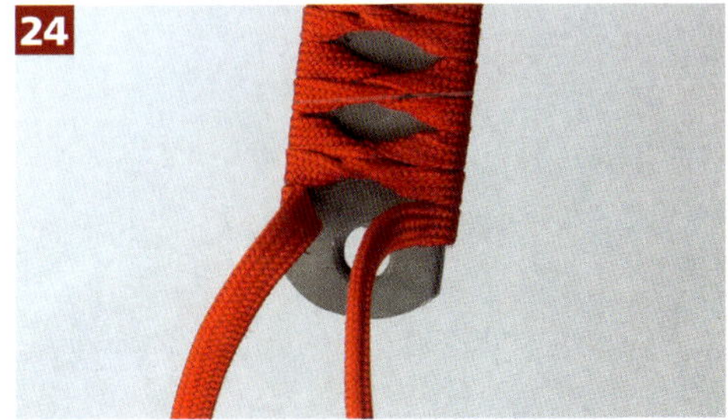

Der Kleber erlaubt es uns, zu entspannen. Es besteht keine Notwendigkeit mehr für eine Klammer, und das macht das Erstellen der Endknoten viel einfacher.

Es gibt zwei Grundtypen von Endknoten. Die traditionellen Knoten sind typisch für die *ura-* und *omote*-Seite des Griffs. Bei klassischem tsukamaki befindet sich die letzte Überkreuzung beim Knauf auf der *omote*-Seite des Griffs. Auf die Endknoten gehen wir gleich noch ausführlich ein.

Beachten Sie, dass ich die erste Verdrehung des Endes auf der rechten Seite in zwei Schritten gemacht habe, anstatt alles auf einmal zu machen. Wenn diese Verdrehung in einem Schritt gemacht wird und die Spannung auf das Seil über die Griffkante hinweg ausgeübt wird, dann wird es schwierig, die Verdrehung des zweiten Endes zwischen die Falten des ersten einzusperren. Sehr oft können wir Wicklungen sehen, bei denen das zweite Ende des Seils auf dem ersten liegt und dabei vor- und zurückrutscht. Das Überkreuzen in zwei Schritten sieht viel besser aus und ist im Endeffekt stabiler.

Es ist harte Arbeit, die Spannung auf die Flatline mit Daumen und Zeigefinger aufrechtzuerhalten. Aber die Spannung ist sehr wichtig, wenn man einen gut gewickelten Griff machen will. Wenn Sie eine Pause machen, können Sie eine Klammer an den Kanten des Griffs befestigen, um ein Verrutschen der Griffwicklung zu verhindern.

Wenn wir ein *menuki* unter der Wicklung anbringen wollen, dann ist es am besten, es auf der *omote*-Seite und – bei Benutzung eines breiteren *ito* – nach der zweiten oder dritten Überkreuzung zu platzieren. Aber da wir relativ schmales Flatline-Material benutzen, können wir eine Platzierung näher zur Griffmitte auswählen, weil die Gesamtanzahl der geformten Diamanten höher wird.

5.2.2 Endknoten

Die Endknoten sind keine exakte Wissenschaft. Einige Faktoren, wie zum Beispiel die Griffbreite, die Dicke eines einzelnen oder mehrerer Seile, der Typ der Griffwicklung und die Größe des Lochs im Knauf (falls vorhanden), können beeinflussen, wie der Knoten gemacht wird. Manchmal kann auch eine Alternative gefunden werden, die ein hübsches Ergebnis liefert – einen Knoten, der am Griffende Ihres Messers gut aussieht.

Wir benutzen eine spezielle Technik mit zwei Nadeln und einem Faden aus der Seele des Seils (oder Forellengarn, das oft zum Nähen von Lederscheiden benutzt wird), um das Seil unter die ziemlich engen Überkreuzungen zu ziehen. Das funktioniert am besten, wenn die Wicklung auf einer harten Unterlage oder *same* (Rochenhaut) gemacht wird.

Mit der „Ein-Nadel-Technik" wird die Schnur in mehreren Schlaufen durch das Nadelöhr geführt. Dabei braucht man im Vergleich zur Technik mit zwei Nadeln eine schwerere Nadel mit einem größeren Nadelöhr.

Anstelle der Technik mit Nadel und Faden kann man auch einen gebogenen Stahldraht dazu benutzen, die Flatline unter die letzte Überkreuzung zu führen. Das ist leichter, wenn die Unterlage aus weichem Material, wie zum Beispiel Flatline, besteht. Mit Nadeln bleibt man zu oft im weichen Untergrund stecken. Der Draht muss mit einer Zange unter die Überkreuzungen geschoben werden, wenn die Wicklung schön fest ausgeführt wurde. Der Draht wird sich unter der benötigten Kraft biegen und verdrehen, aber er ist eine gute Alternative zur Nadel-Technik.

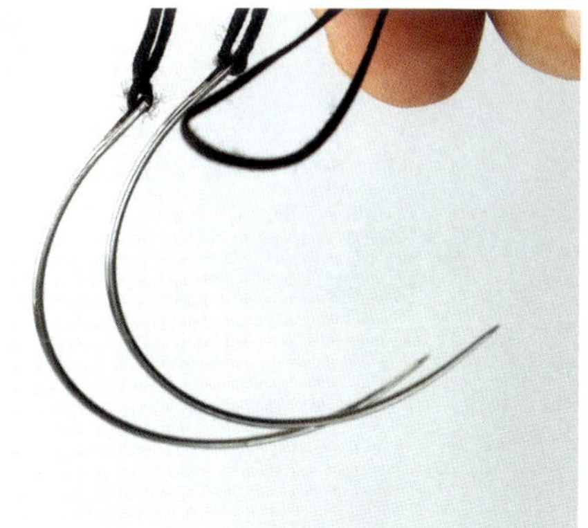

Ein Stück Forellengarn und zwei gebogene Nadeln sind die am besten geeigneten Werkzeuge, um das Seil unter die Überkreuzungen zu bekommen.

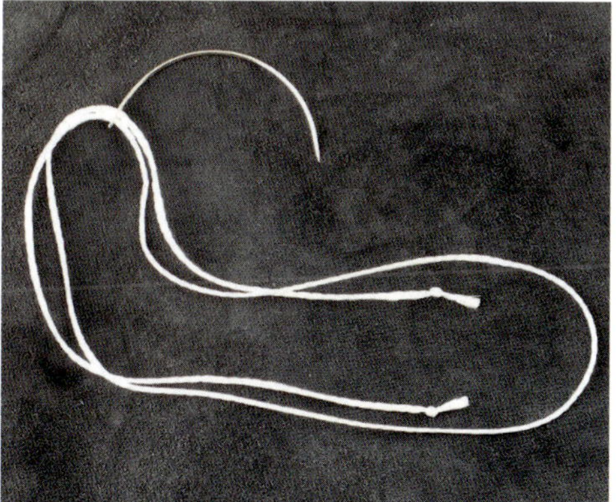

Die Technik mit einer Nadel und Schnur: Das Garn wird zweimal durch das Nadelöhr geführt. Die Schlaufe ist gerade lang genug, um das *ito* unter die Überkreuzungen zu führen.

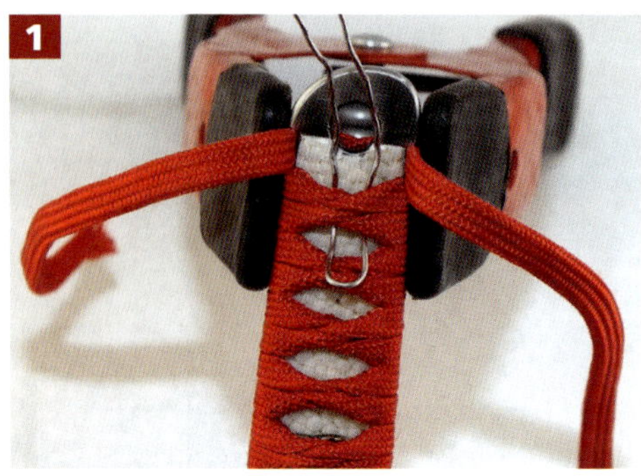

Technik mit gebogenem Draht: Der Draht wird unter die letzte Überkreuzung geführt, um einen *ura*-Knoten zu beginnen, der eine Griffwicklung im *gunto*-Stil abschließt.

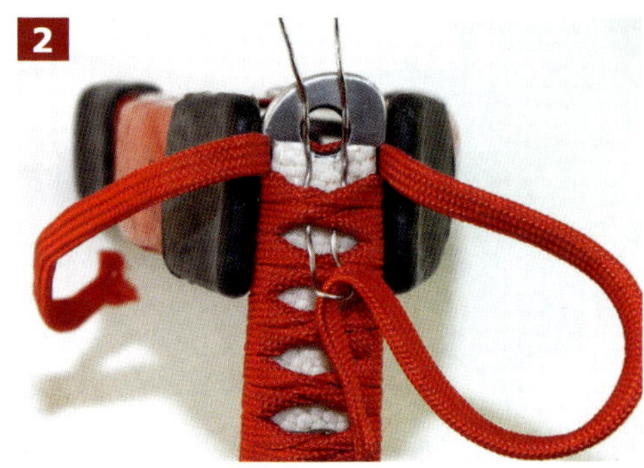

Das richtige Seilende wird in die Schlaufe gelegt und ist bereit dazu, unter die Überkreuzung gezogen zu werden.

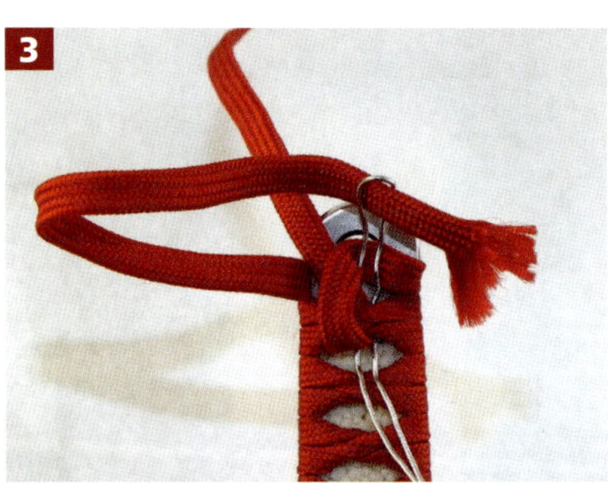

Der Draht wird rechts in Richtung Knauf eingeführt. Das linke Seilende ist in Position, um durchgezogen zu werden.

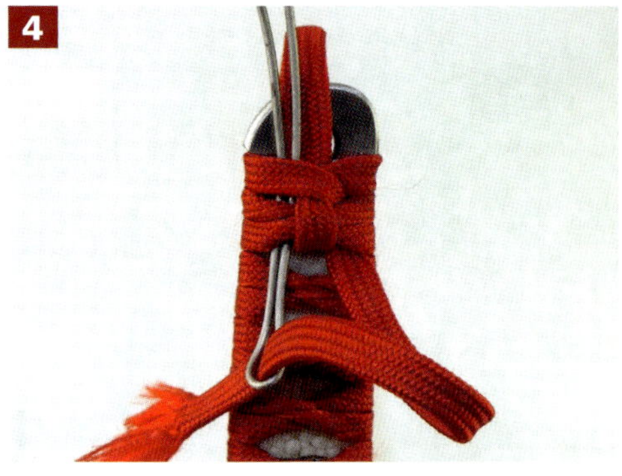

Die Seilenden wurden fest angezogen. Das untere Seilende wird auf der linken Seite unter die letzte Überkreuzung gezogen.

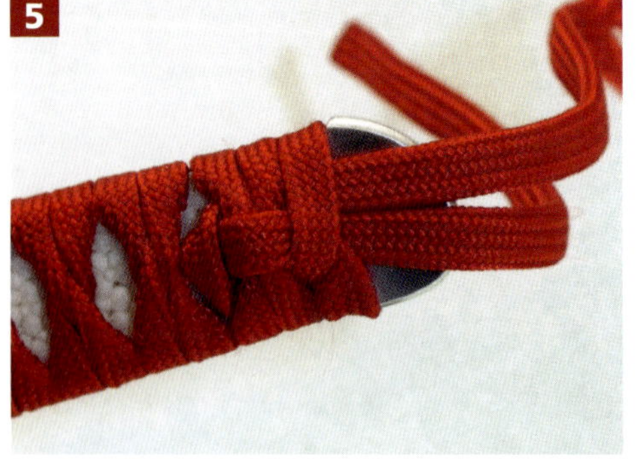

Beide Seilenden sind fest. Man sieht hier, wie schön die Seilkurve unter den Knoten passt. Die zwei Seilenden werden abgeschnitten und mit einem Tropfen Klebstoff in Position gehalten.

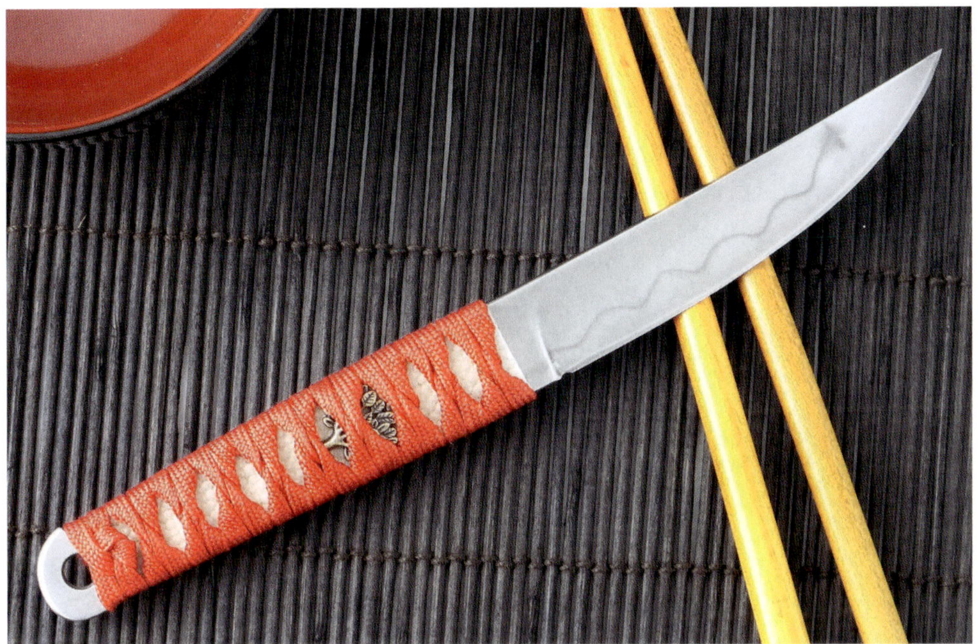

Die Rückseite des fertigen Messers.

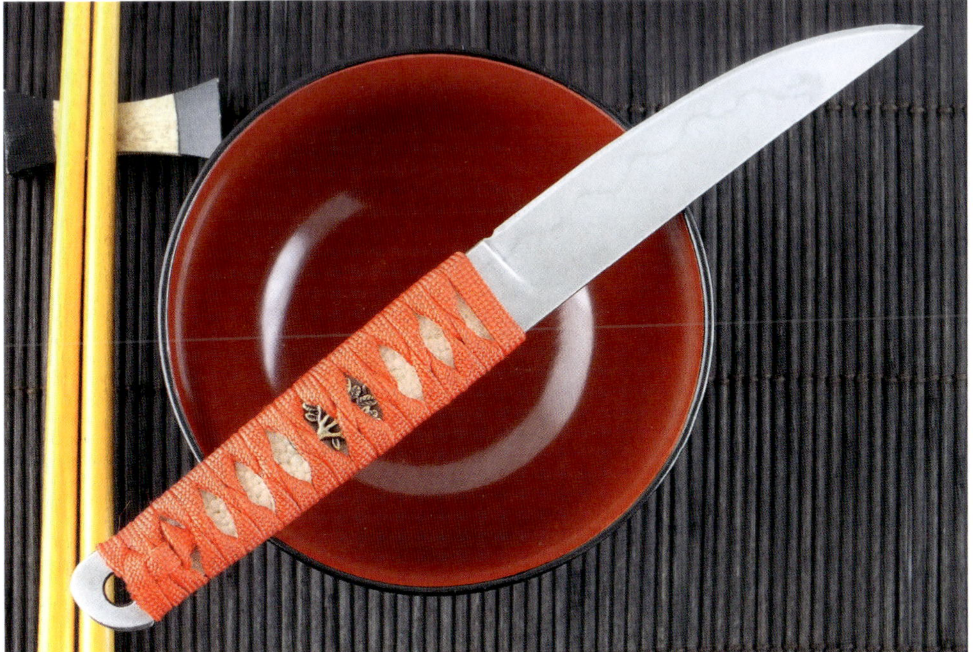

Die *omote*-Seite des *kaiken*.

Wenn die Anzahl der Wicklungen korrekt ist, kommen wir auf der *ura*-Seite heraus und können die Knoten richtig machen. Wir halten das Messer mit dem Knauf nach oben.

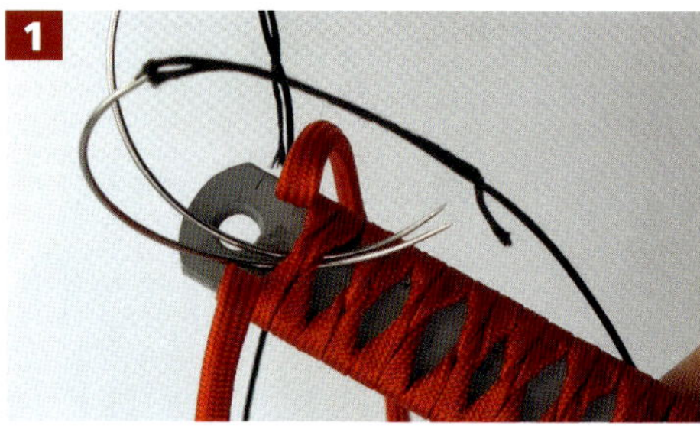

Führen Sie die Nadeln unter die letzte Überkreuzung ein.

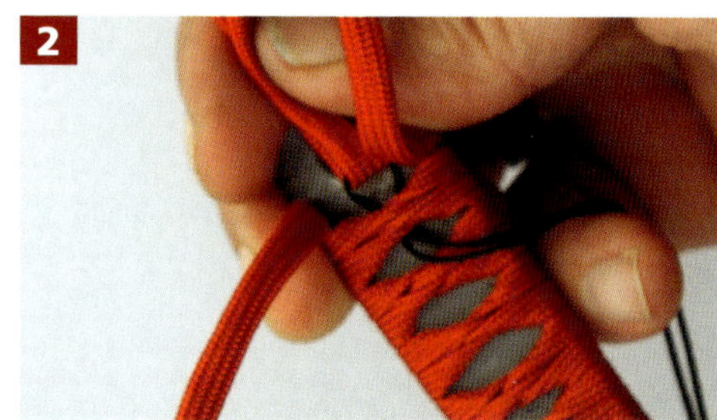

Ziehen Sie das rechte Seilende unter die Überkreuzung.

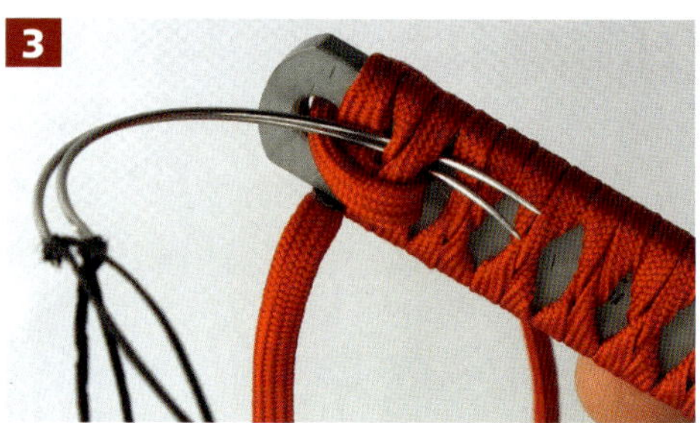

Parken Sie das rechte Ende oben, indem Sie es durch das Loch im Knauf führen. Führen Sie die Nadeln unter die letzte Überkreuzung auf der rechten Seite.

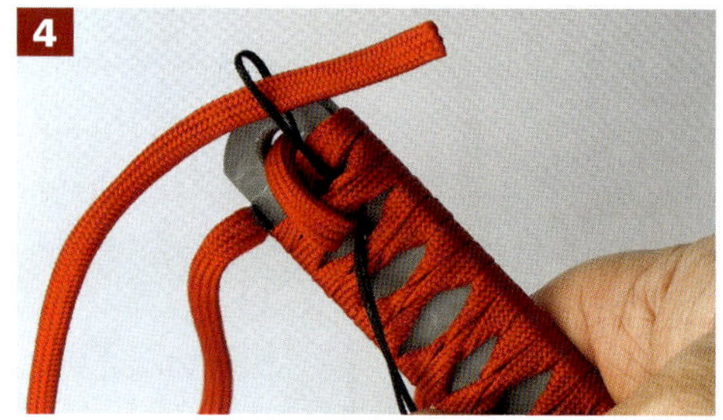

Führen Sie das linke Arbeitsende in die Schlaufe des Fadens ein und ziehen Sie den Faden stramm. Das Seil ist nun an der Überkreuzung positioniert.

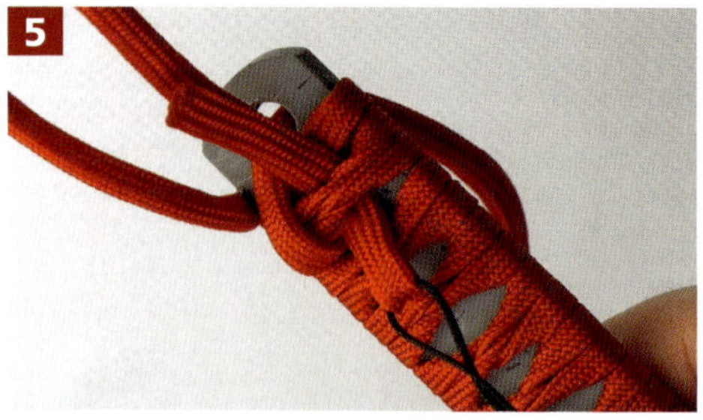

Ziehen Sie das linke Ende unter die Überkreuzung.

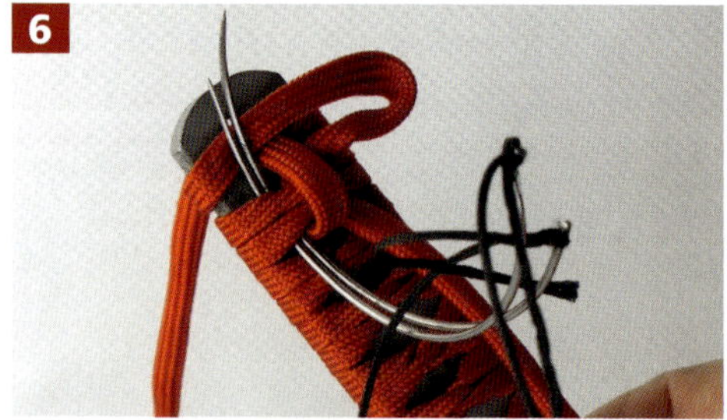

Hier werden die Nadeln aufwärts gerichtet auf der linken Seite des Knotens unter die Überkreuzung eingeführt.

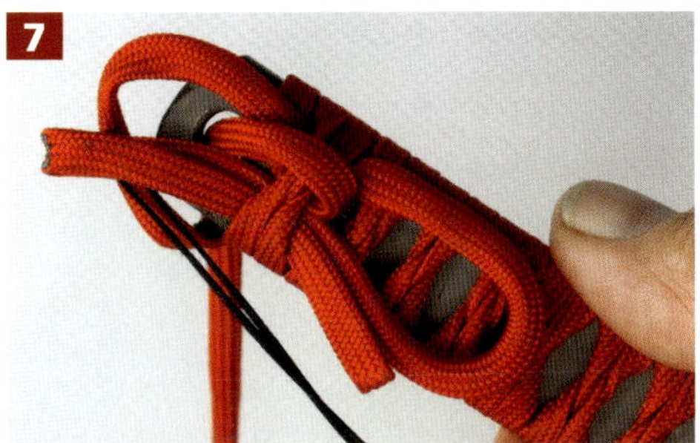

Ziehen Sie das Seil aufwärts. Das Arbeitsende kommt unter die letzte Überkreuzung. Stellen Sie sicher, dass das Seil nicht verdreht ist, dann wird sich die Biegung perfekt an die Unterseite des Knotens anschließen.

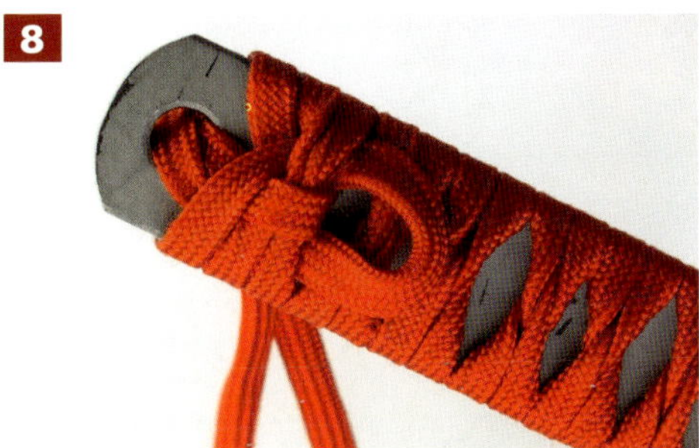

Das Seil wird komplett durchgezogen. Das Ende wird durch das Knaufloch auf die andere Seite gebracht.

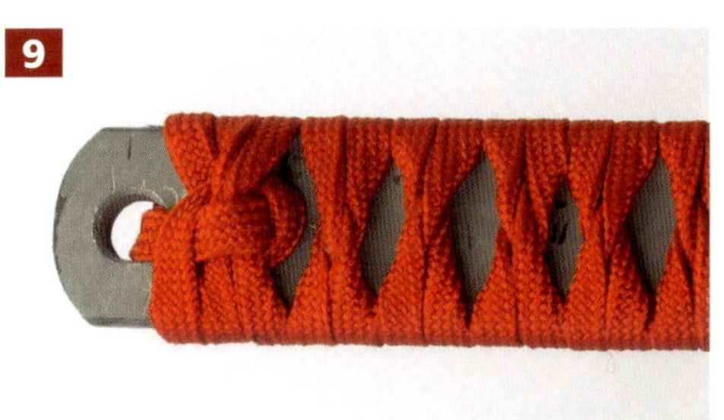

Korrigieren Sie den Knoten. Falls das Seil verdreht ist, kann es immer noch korrigiert werden, damit der Knoten schön aussieht.

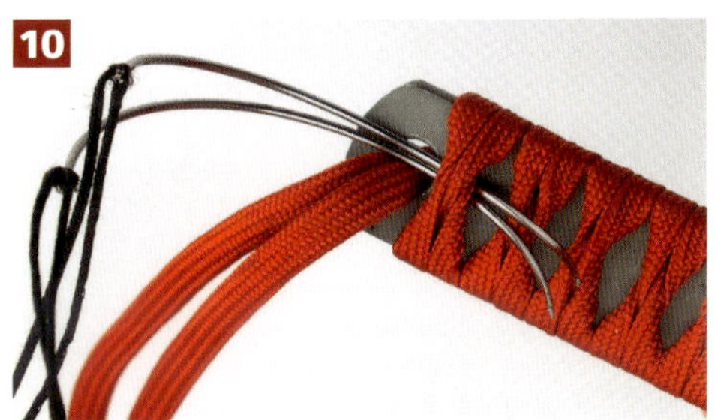

Drehen Sie den Griff herum. Führen Sie die Nadeln unter der letzten Überkreuzung ein.

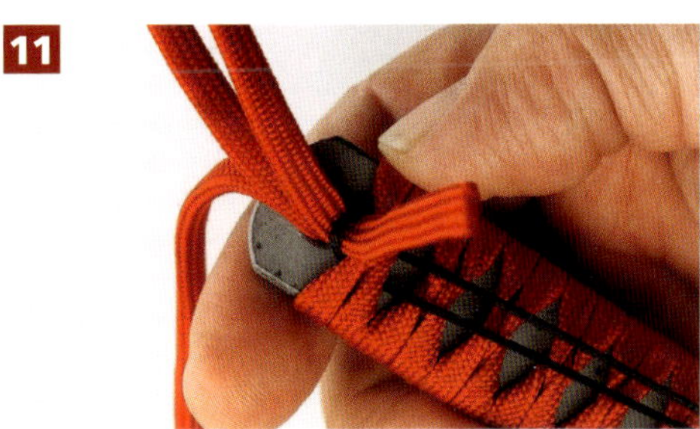

Ziehen Sie das erste Ende unter die letzte Überkreuzung und gehen Sie wieder aufwärts mit dem Ende durch das Knaufloch.

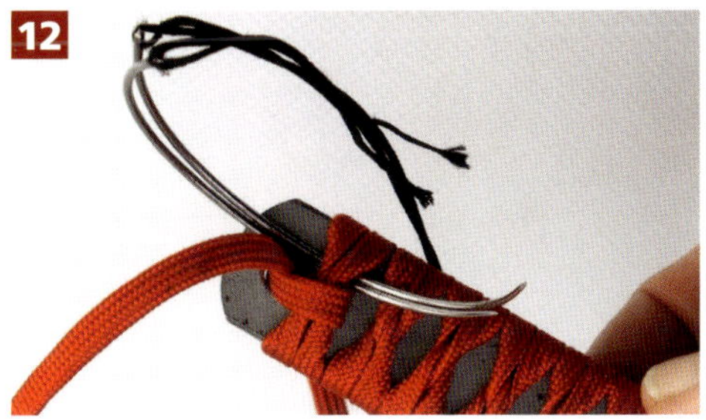

Führen Sie die Nadeln abwärts gerichtet auf der rechten Seite des Knotens unter die Überkreuzung.

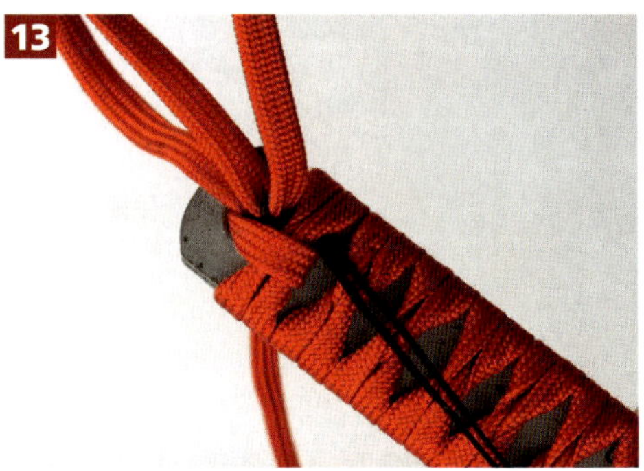

Benutzen Sie einen Faden, um das Seilende durchzuziehen.

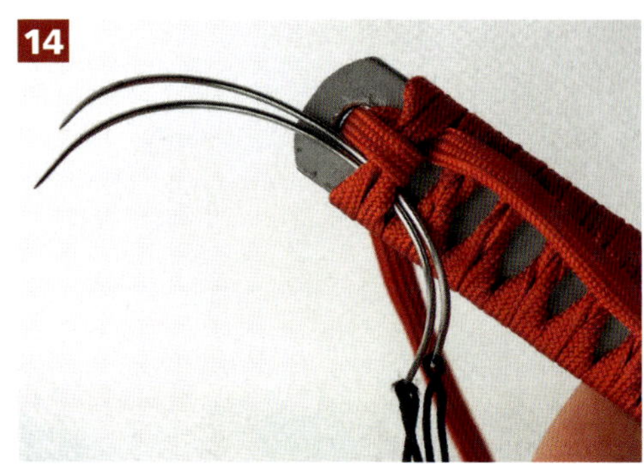

Führen Sie die Nadeln auf der linken Seite aufwärts gerichtet ein.

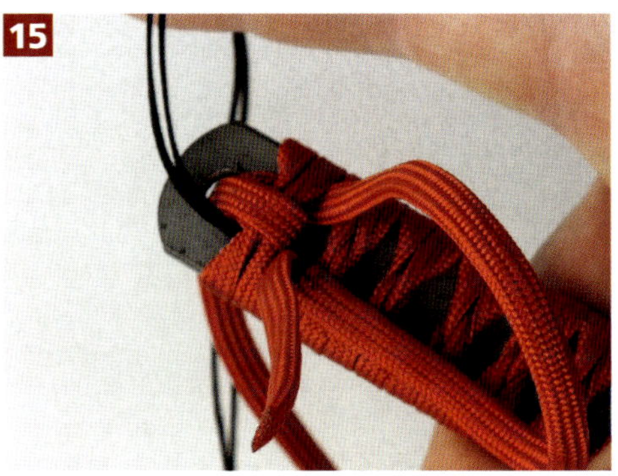

Das Seil wird unter die Überkreuzung gezogen.

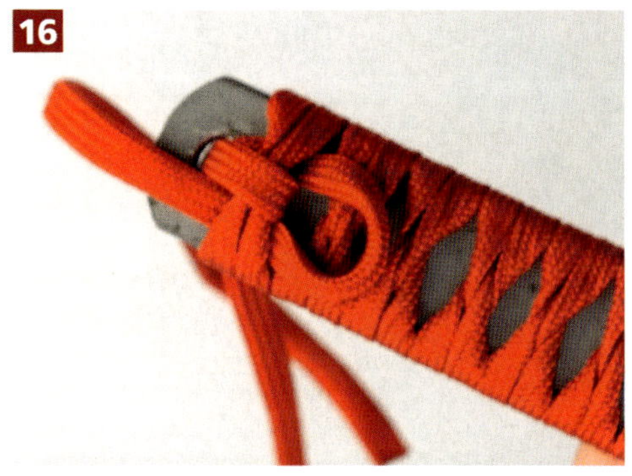

Die Schlaufe unter dem Knoten wird zurechtgerückt. Entfernen Sie alle Verdrehungen, bevor Sie die Schlaufe festziehen.

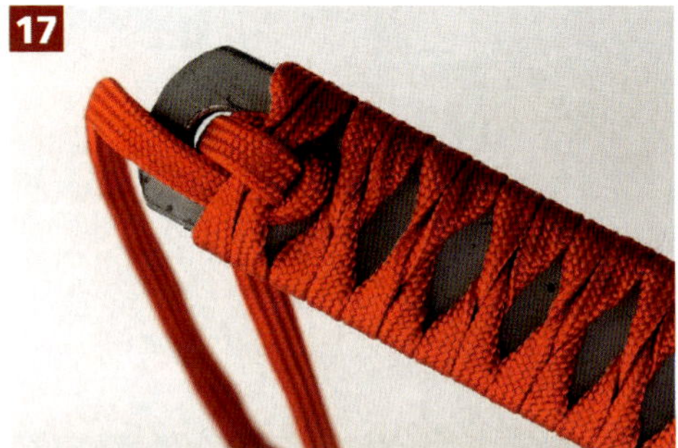

Der Knoten ist bereit dazu, vollendet zu werden.

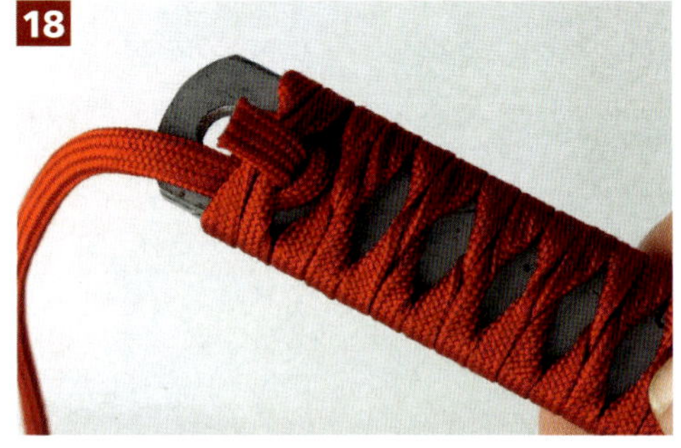

Schneiden Sie das erste Ende ab, das Sie durch das Knaufloch geparkt haben. Tragen Sie etwas Klebstoff auf und verstauen Sie das Ende unter der Überkreuzung.

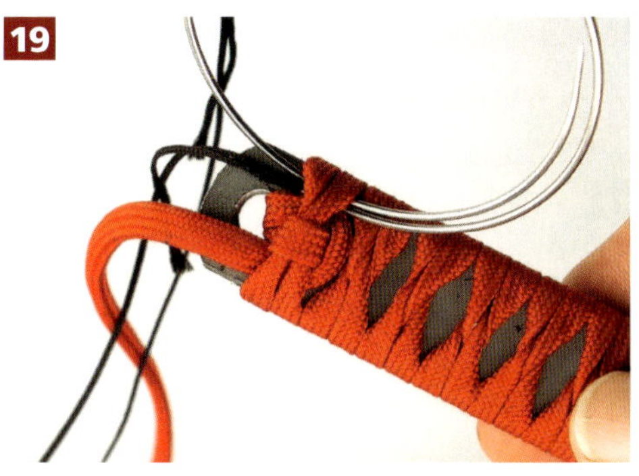

Um den Knoten abzuschließen, werden die Nadeln ein letztes Mal abwärts gerichtet auf der rechten Seite des Knotens eingeführt.

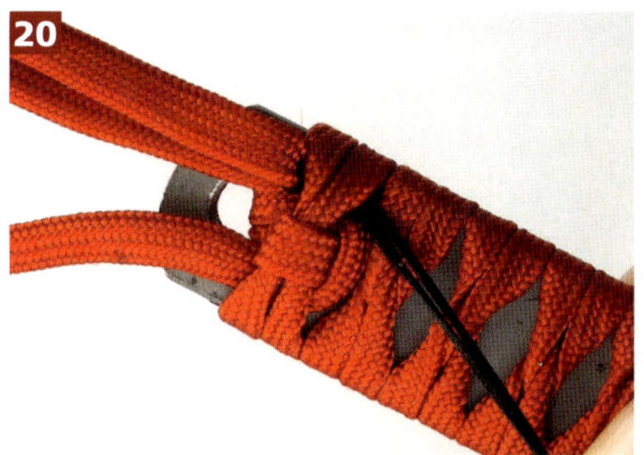

Stellen Sie sicher, dass alle Verdrehungen des Seils entfernt werden, bevor Sie es durchziehen.

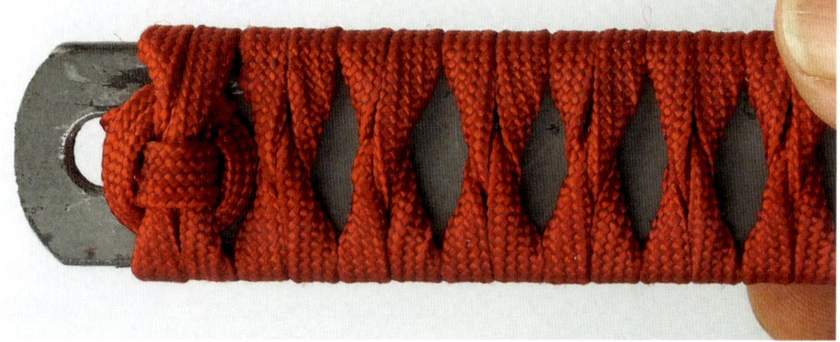

Rücken Sie die letzte Schlaufe zurecht. Schneiden Sie das Ende knapp unter dem Knoten ab und tragen Sie Klebstoff auf. Jetzt ist die Griffwicklung auf der *omote*-Seite beendet.

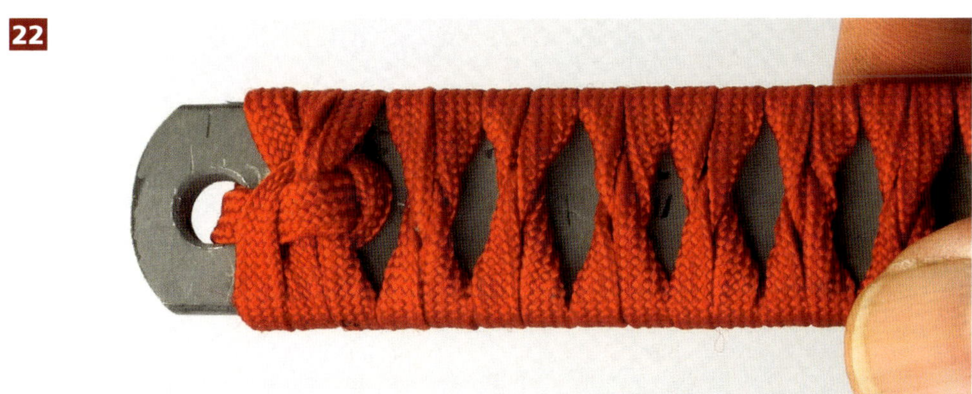

Ansicht der fertigen *ura*-Seite der Griffwicklung.

5.2.3 Die verdrehte Bastard-Wicklung

Ich nenne diese Wicklung die verdrehte Bastard-Wicklung wegen der Art, wie sie verdreht ist. Sie zeigt eine sehr schöne Struktur, ist aber weniger stabil als die verdrehte Standard-Wicklung (*menpu maki*). Ich habe diese Wicklung noch nie auf einem traditionellen japanischen Schwert oder Messer gesehen. Aber ich habe diese Wicklung mehrere Male auf handgemachten und serienmäßig gefertigten Messern im „modernen" japanischen Stil gefunden.

Die Wicklung ist relativ einfach zu machen: Die Verdrehung beim *ito* ist ebenfalls eine doppelte, aber sie erfolgt nach außen, nicht nach innen wie beim *menpu maki*. Das *ito* wird um ganze 360° gedreht. Manchmal sieht man auch Messer, die nur eine Drehung um 180° beim *ito* zeigen.

Mit Bändern, die zu dünn für ein *menpu maki* sind, kann diese Technik akzeptable Resultate bringen. Wenn die Wicklung imprägniert wird, wird sie stabil und kann effektiv genutzt werden.

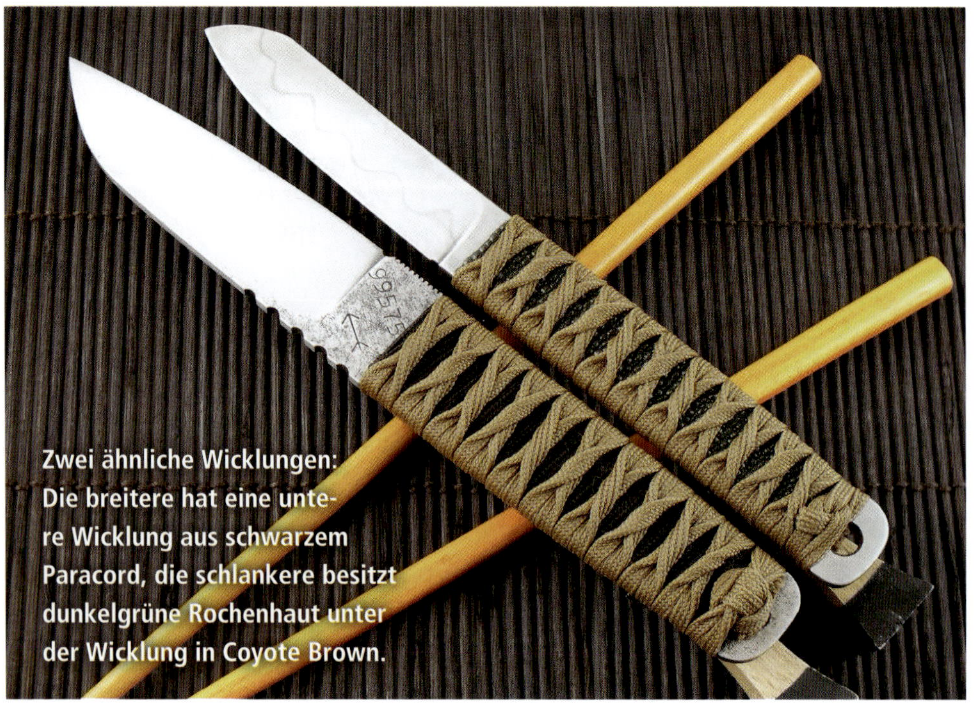

Zwei ähnliche Wicklungen: Die breitere hat eine untere Wicklung aus schwarzem Paracord, die schlankere besitzt dunkelgrüne Rochenhaut unter der Wicklung in Coyote Brown.

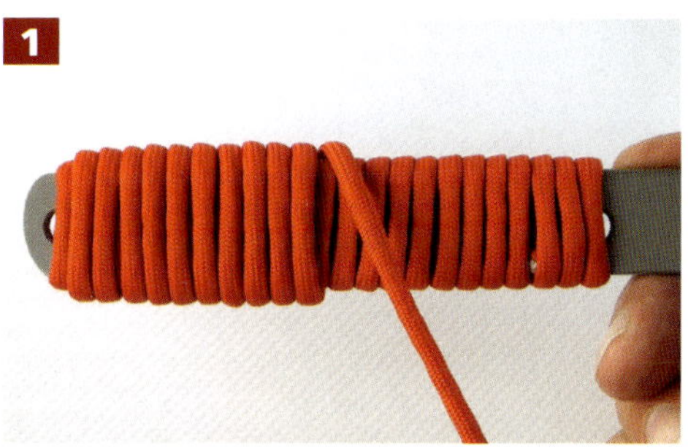

Wenn Sie das Seil eineinhalb Mal um den Griff wickeln, erhalten Sie die perfekte Arbeitslänge für das Paracord.

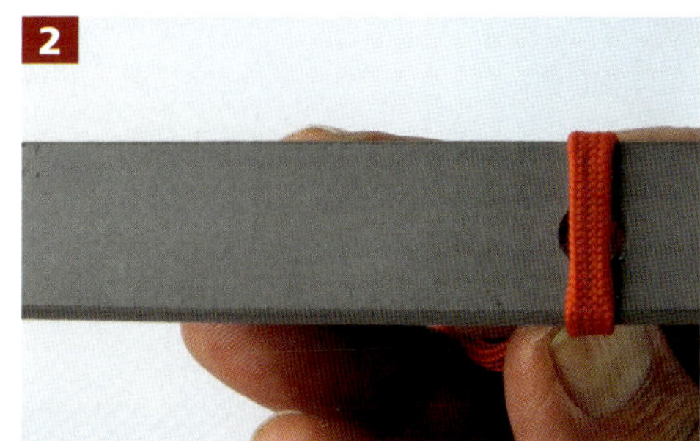

Nachdem Sie die Innereien des Seils entfernt haben, falten Sie es in der Mitte und beginnen mit der Mitte auf der *omote*-Seite des Griffs.

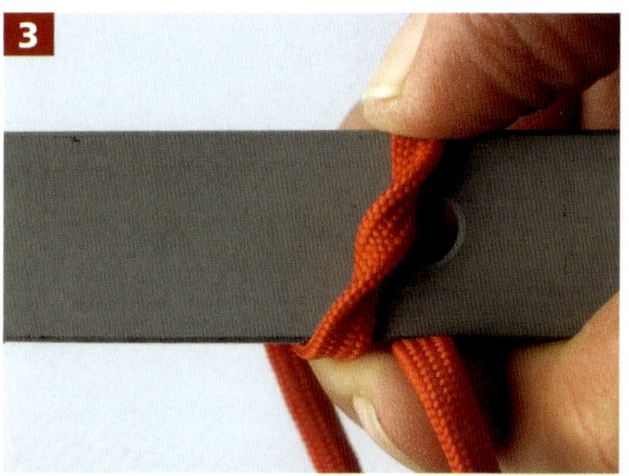

Verdrehen Sie das flache Band zweimal im Gegenuhrzeigersinn (um insgesamt 360°) und halten Sie es fest.

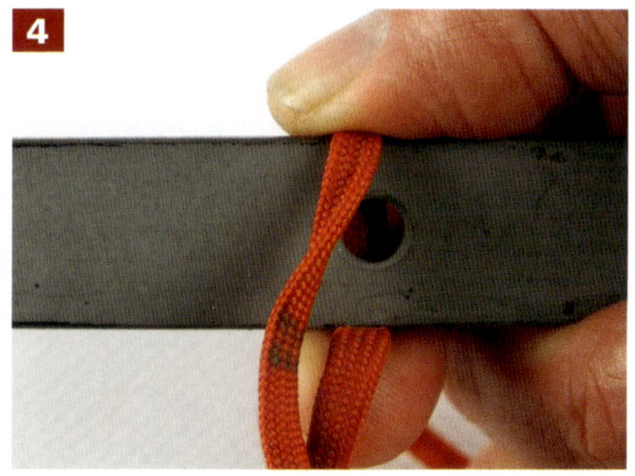

Drehen Sie das Messer herum. Verdrehen Sie auch hier das obere Ende in gleicher Weise.

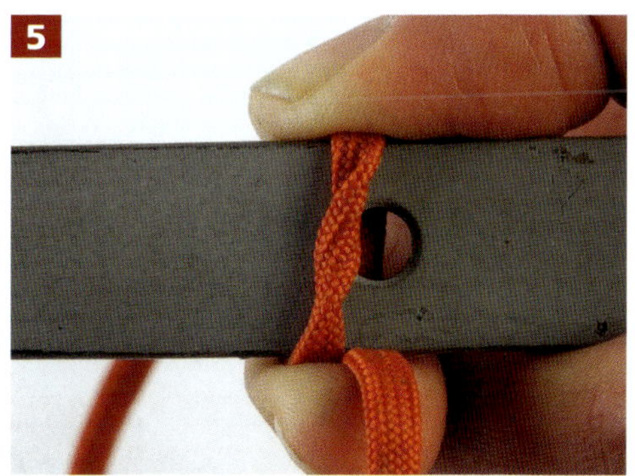

Drehen Sie weiter, bis die 360° voll sind, und ziehen Sie die Windung fest.

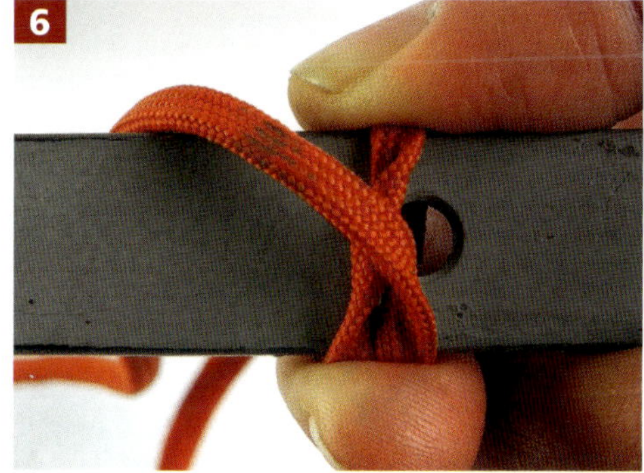

Falten Sie das zweite Ende über die erste Verdrehung.

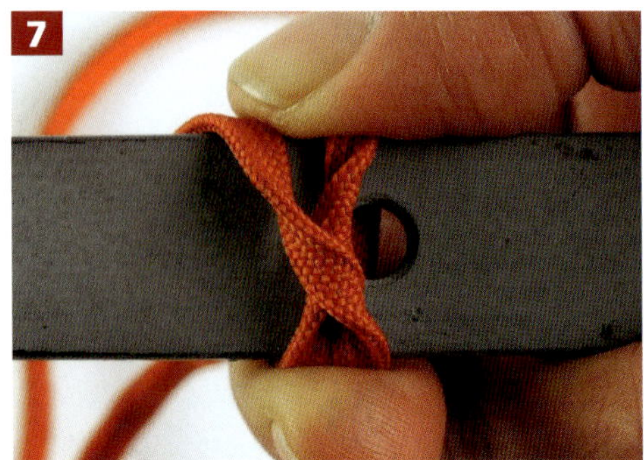

Verdrehen Sie das Arbeitsende nochmals (bis 360° im Uhrzeugersinn). Legen Sie es über die Kante und halten Sie es fest.

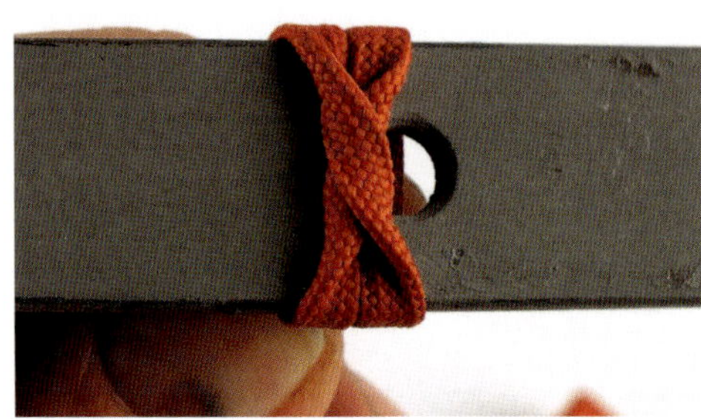

Ziehen Sie fest am Arbeitsende und halten Sie es stramm. Die erste Überkreuzung ist damit fertig.

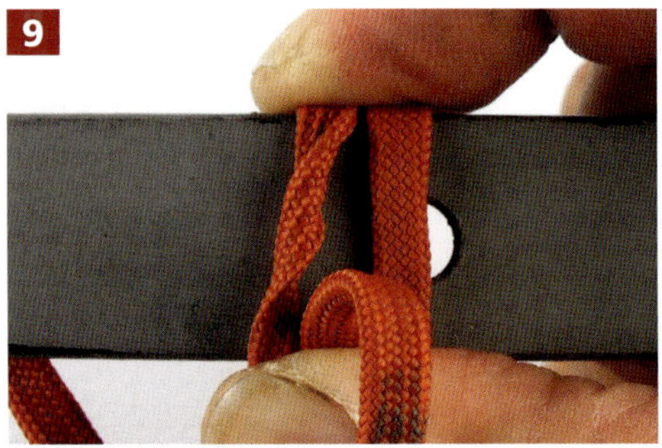

Drehen Sie das Messer herum, verdrehen das erste Ende und ziehen Sie es straff. Halten Sie es mit dem Daumen fest.

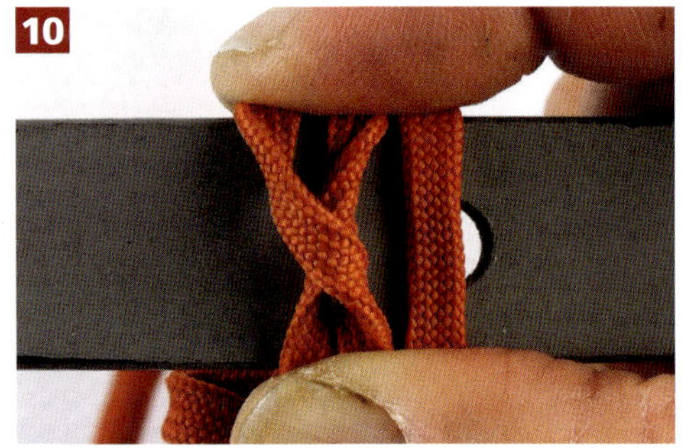

Legen Sie das zweite Ende verdreht über das erste Ende.

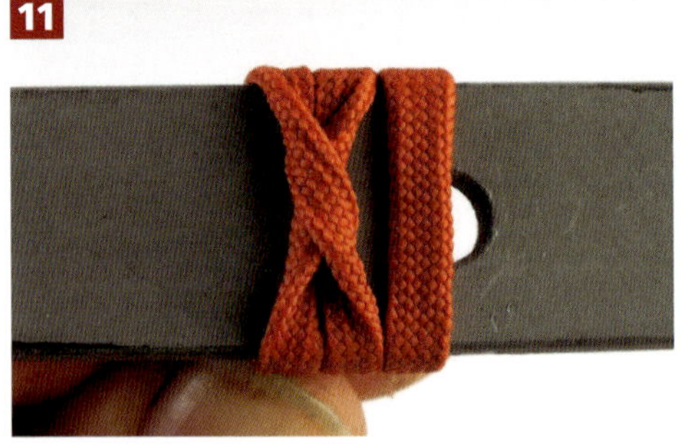

Die erste Überkreuzung auf der *omote*-Seite ist nun auch geschafft.

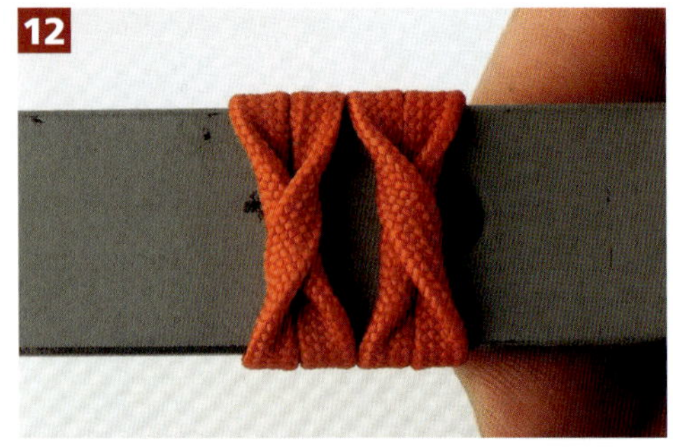

Die Richtung der Überkreuzungen muss abgewechselt werden, hier die *ura*-Seite.

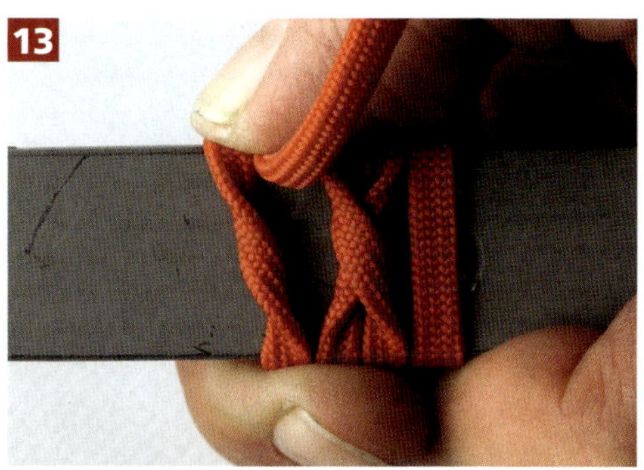

Die zweite Überkreuzung auf der *omote*-Seite.

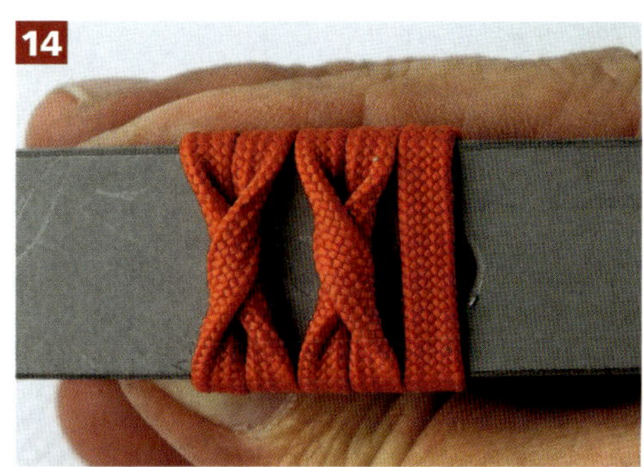

Überprüfen Sie laufend die Falten und die Richtung der Überkreuzungen.

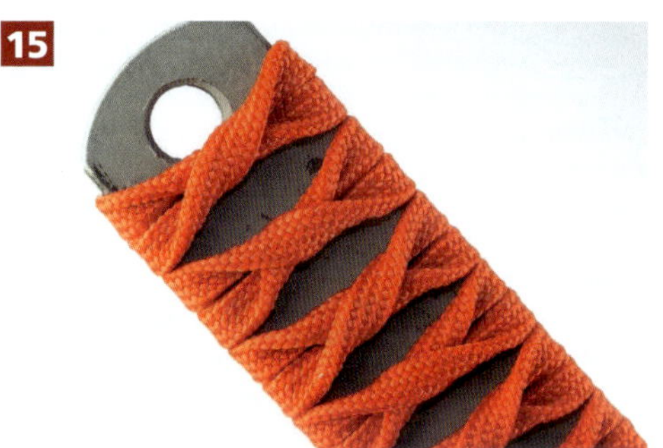

Auf der *omote*-Seite ist der Knauf erreicht.

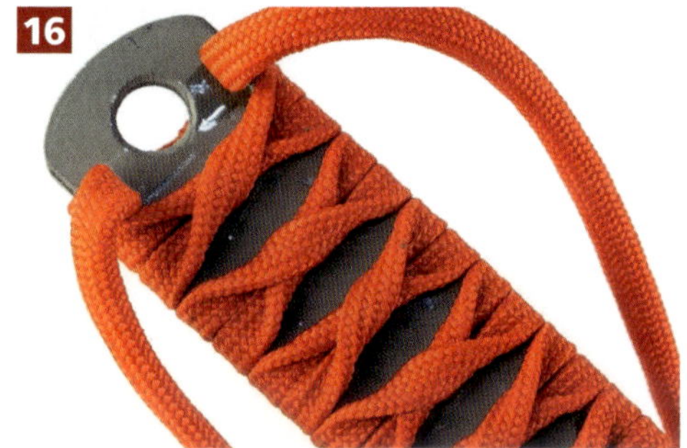

Auf der *ura*-Seite werden die beiden Arbeitsenden an ihrem Platz festgeklebt. Es ist keine Klammer notwendig, um alles in Position zu halten.

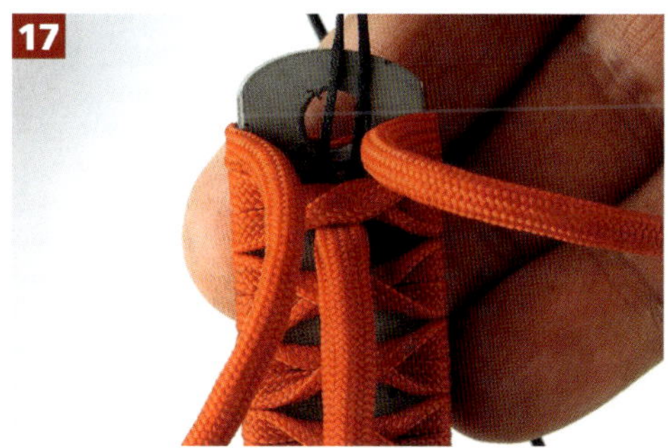

Das rechte Arbeitsende wird mit Hilfe von Nadel und Faden unter die letzte Überkreuzung gebracht.

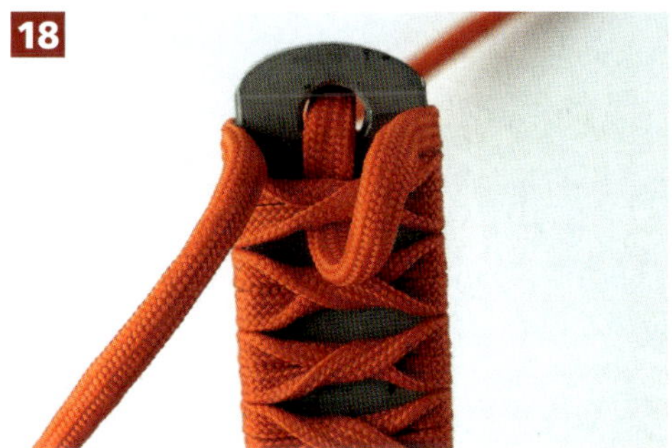

Es wird festgezogen und durch das Knaufloch weggeführt.

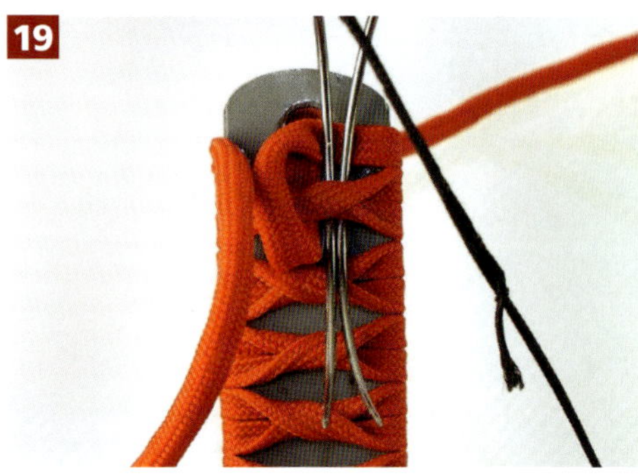

Die Nadeln werden rechts vom rechten Seilende unter die letzte Überkreuzung geführt. Dann wird das linke Ende unter die Überkreuzung gezogen.

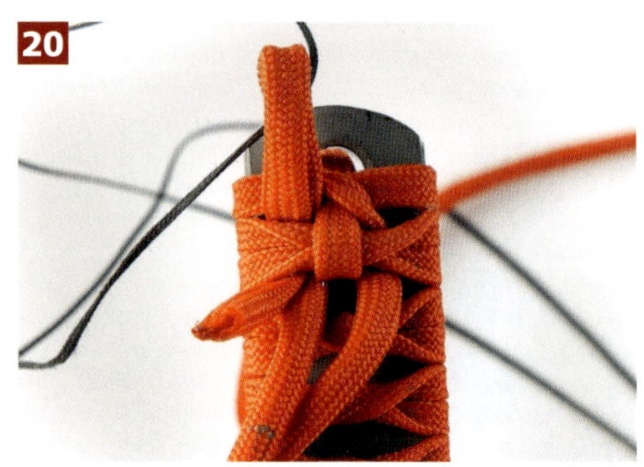

Das linke Ende wird festgezogen und geht auf der rechten Seite nach unten und auf der linken Seite wieder nach oben.

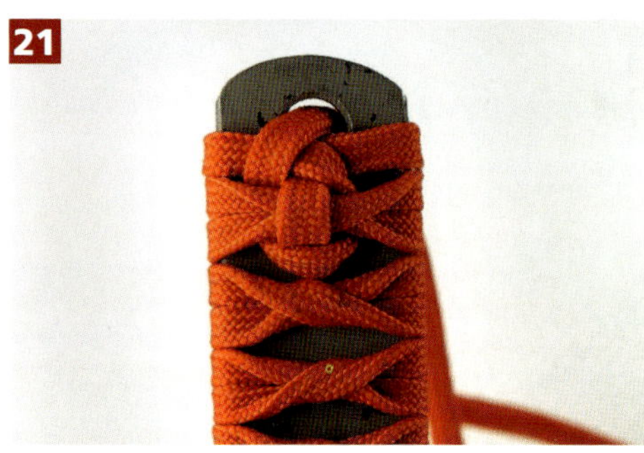

Der *ura*-Knoten ist fertig.

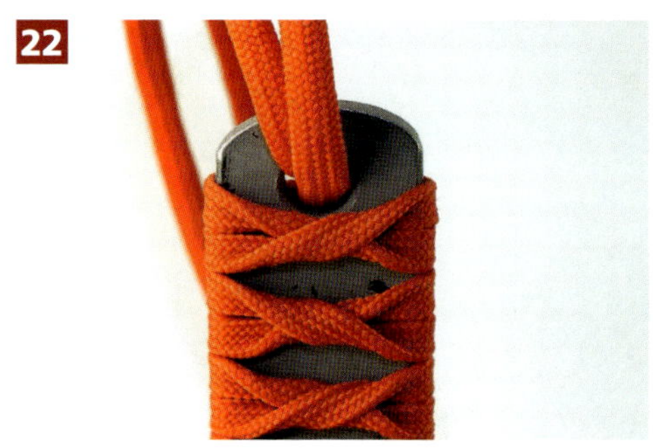

Die zwei Enden erscheinen auf der *omote*-Seite.

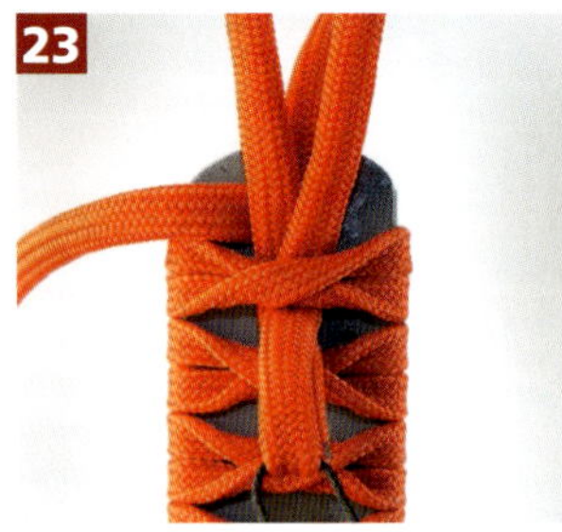

Ein Ende wird gerade nach unten unter die Überkreuzung gezogen.

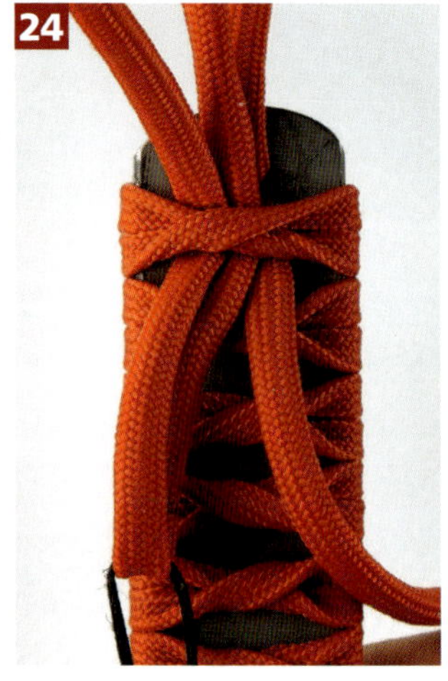

Das zweite Ende wird neben dem ersten Ende heruntergezogen. Das erste Ende wird über der letzten Überkreuzung durch das Loch in der Angel geführt.

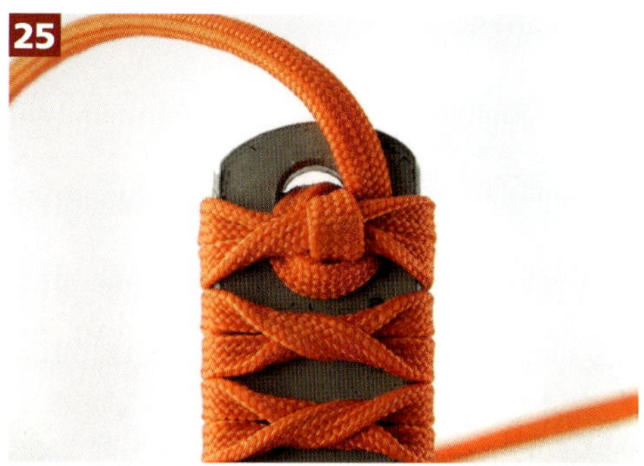

25

Das zweite Arbeitsende wird rechts unter der Überkreuzung nach oben gebracht. Das andere Ende wird abgeschnitten und auf der *ura*-Seite des Griffs festgeklebt.

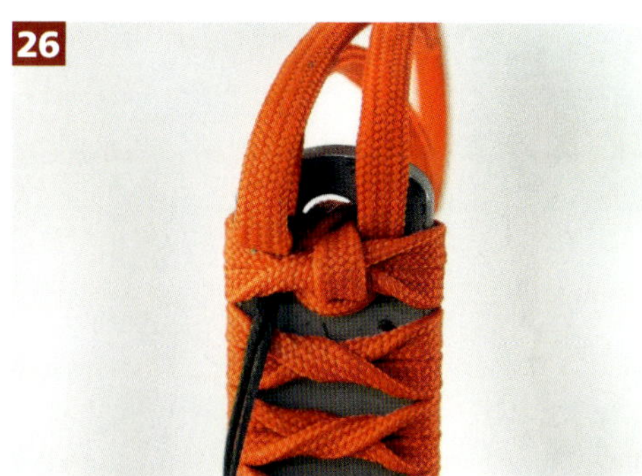

26

Das längere Arbeitsende wird auf der linken Seite zum letzten Mal unter die Überkreuzung gezogen.

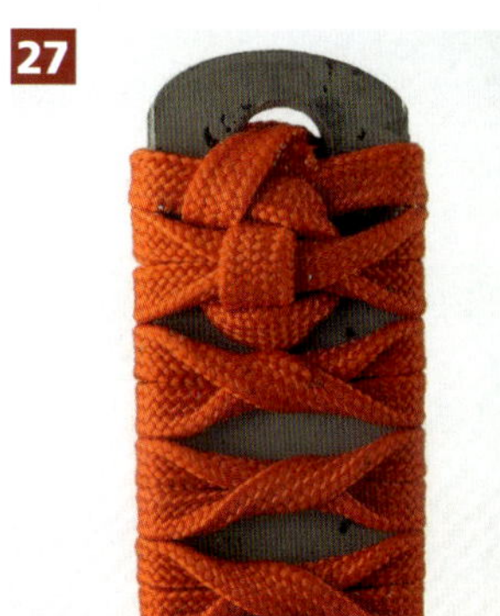

27

Das abgeschnittene Ende ist auf der *ura*-Seite unter dem oben liegenden Stück Band zu sehen.

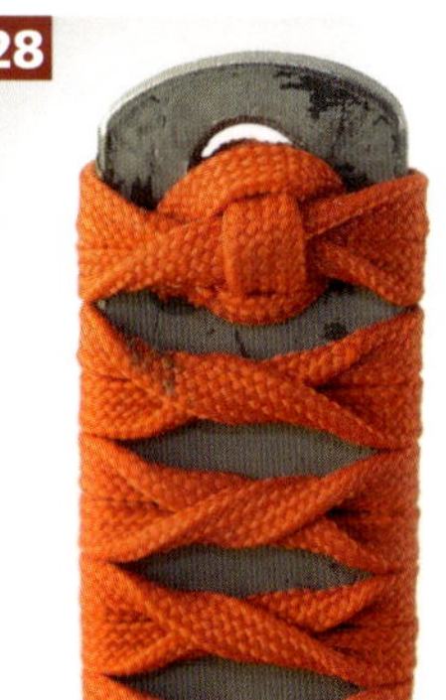

28

Das Ende wird straffgezogen und abgeschnitten. Ein Tropfen Klebstoff wird aufgetragen, um es in Position zu halten.

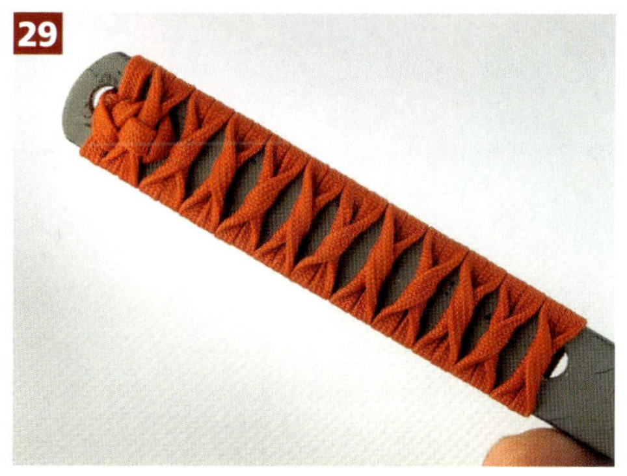

29

Die fertige *ura*-Seite.

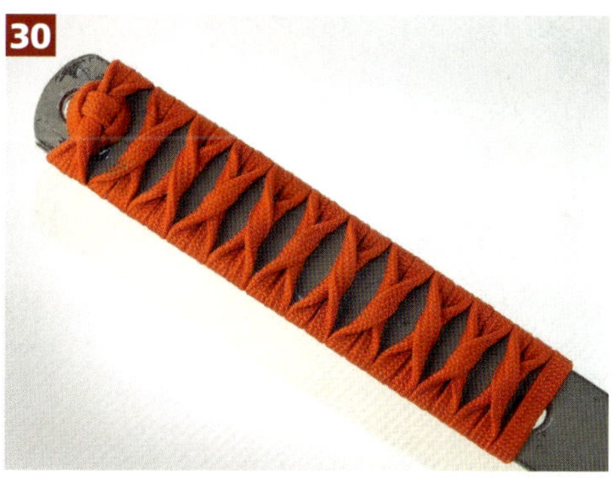

30

Die *omote*-Seite ist fertig. Die Wicklung kann jetzt mit Kunstharz imprägniert werden.

5.2.4 *Hira maki*, die flache Wicklung

Hira maki ist die einfachste der sogenannten Diamantwicklungen. Der Name stammt von der Figur zwischen den Wicklungen des *ito* oder, in diesem Fall, der Flatline. Im *hira maki* überkreuzen sich die Bandenden flach, ohne irgendeine Drehung. Daher ist die Breite des flachen Bands weniger wichtig und die Ummantelungen von Paracord Typ III und Typ IV sind gleichermaßen geeignet. *Hira maki* ist die flachste von allen Griffwicklungen im japanischen Stil. Wir nennen es auch einfach „die flache Wicklung“. Traditionelle japanische *tsukamaki*-Kunsthandwerker vermischen auch die verschiedenen Überkreuzungs-Stile, vor allem dort, wo das *menuki* (Griffamulett) unter die Wicklung gelegt wird.

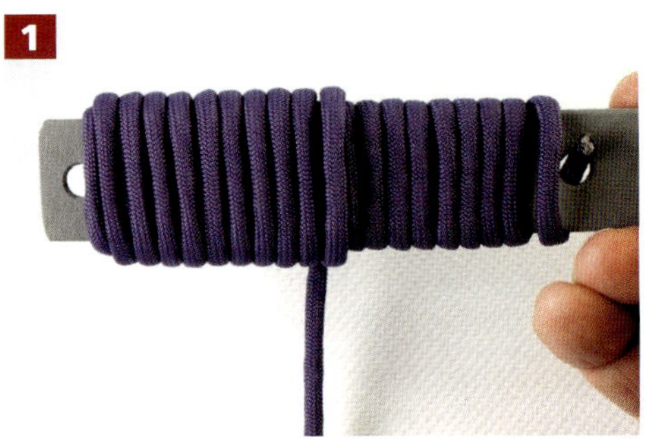

Flatline eineinhalb Mal um den Griff gewickelt, ergibt eine gute Arbeitslänge und minimiert den Abfall. Das funktioniert für alle Griffarten, von flach und schmal bis zu ausgewachsenen Schwertgriffen.

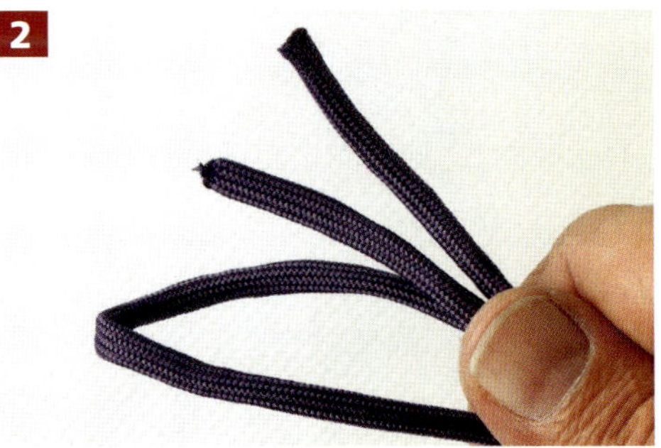

Das Seil wird abgeschnitten, die Seele entfernt, die Enden angeschmolzen und flach gedrückt. Das Seil wird gefaltet, um die Mitte zu bestimmen.

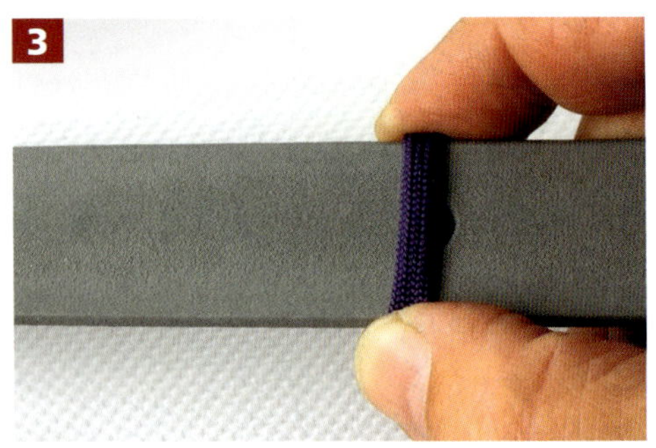

Legen Sie die Mitte des Seils auf die *omote*-Seite der Angel auf der Klingenseite.

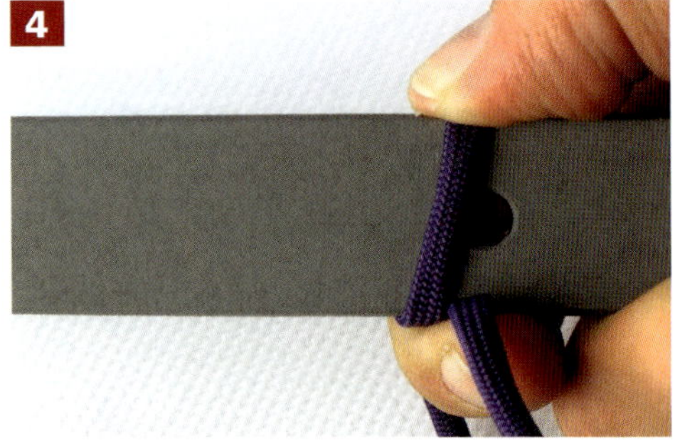

Drehen Sie das Messer herum und machen Sie die erste Überkreuzung.

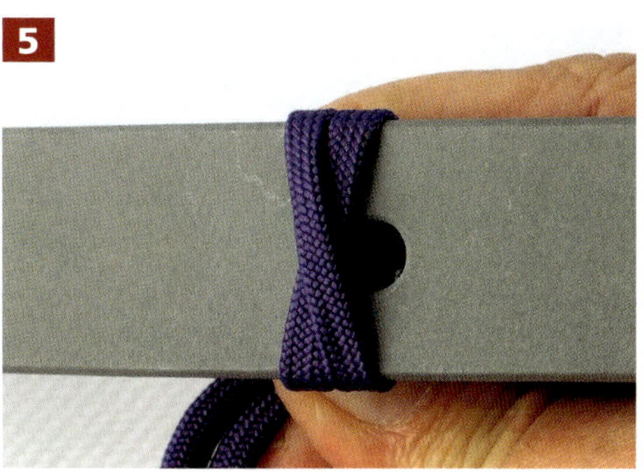

Legen Sie das andere Arbeitsende über das erste und ziehen Sie fest an.

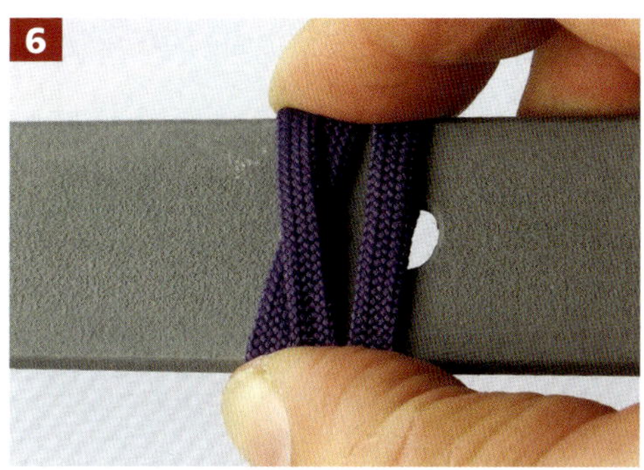

Machen Sie das selbe auf der anderen Seite.

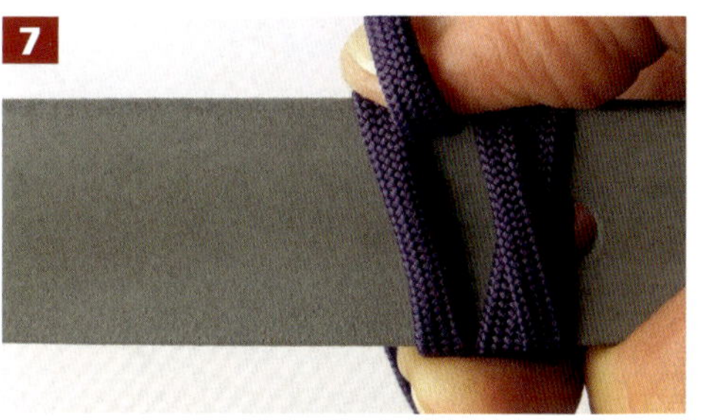

Zurück auf der *ura*-Seite beginnen wir mit dem anderen Arbeitsende als erstes.

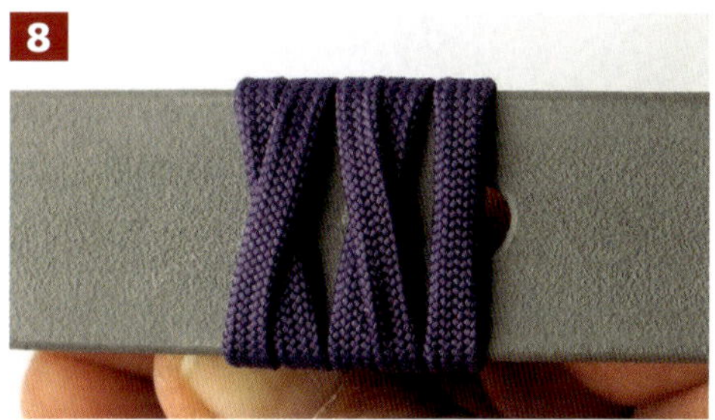

Zurück auf der *omote*-Seite ist die abwechselnde Richtung der Überkreuzungen klar. Wir wiederholen die Bewegungen, bis wir das Ende des Griffs beim Knaufloch erreichen.

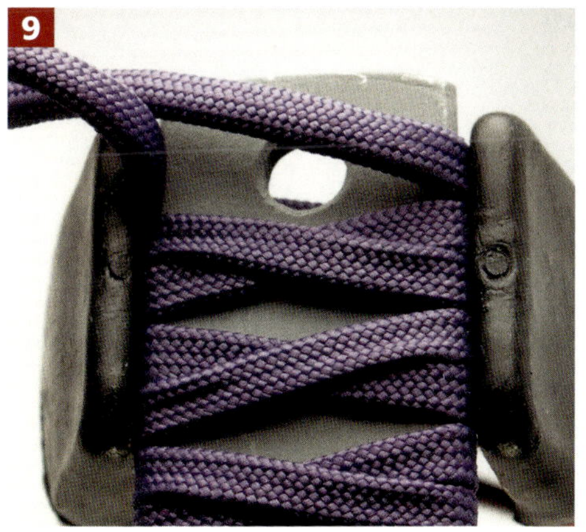

Das Ende des Griffs ist erreicht.

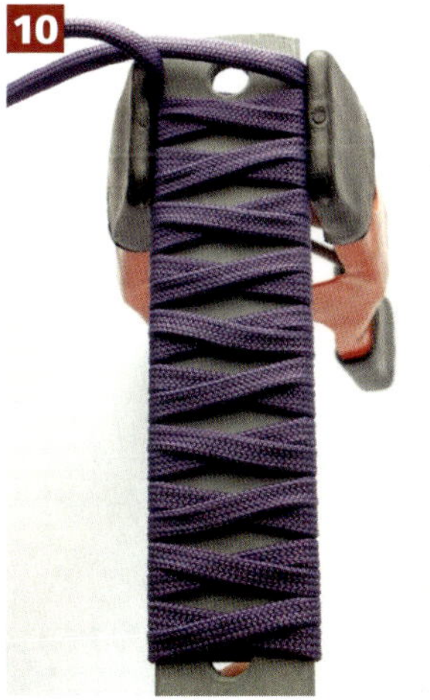

Der gesamte Griff auf der *ura*-Seite.

Ein kleiner Trick, um die Endknoten leichter machen zu können, ist die Fixierung der Arbeitsenden mit einem kleinen Tropfen Sekundenkleber. Denken Sie nicht, dass Sie schummeln: Die japanischen *tsukamaki*-Kunsthandwerker benutzten Reisleim, um ihnen bei einem Großteil der Arbeit zu helfen. Seien Sie besonders vorsichtig, wenn Sie eine Klammer benutzen: Falls die Klammer versagt, müssen Sie die letzten paar Überkreuzungen nochmal machen.

Warum wird die Richtung bei den Überkreuzungen abgewechselt? Das hat nicht nur ästhetische Gründe, sondern auch funktionale. Falls das obere *ito* oder die Flatline einer der Überkreuzungen reißt oder durch den Hieb eines Gegners durchgeschnitten wird, wird sich nicht gleich die gesamte Griffwicklung lockern. Wenn ich ein Samurai wäre, würde ich das sehr schätzen, denn es kann in einem Schwertkampf mein Leben retten.

Eine wichtige Variation der Endknoten gab es bei japanischen Militär-Schwerten in der Zeit des Zweiten Weltkriegs (*gunto*). Bei diesen Schwertern hat der Knauf (*kashira*) kein Langloch für das *ito*. Für diesen Typ benötigt man gerade genug Platz für eine letzte Querung der Flatline auf der rechten und linken Griffseite vor dem *kashira*.

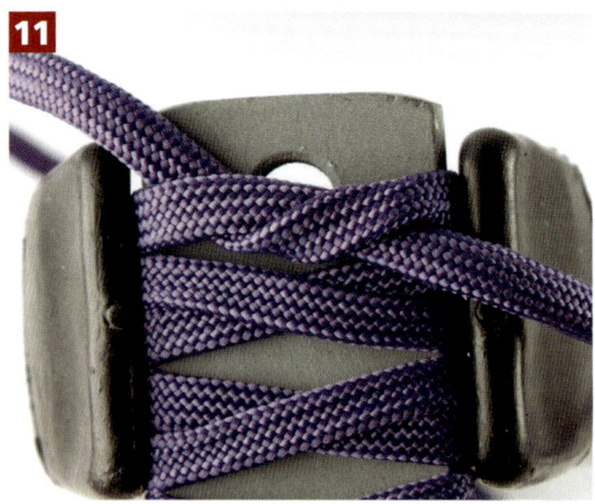

Der Endknoten beginnt mit einem Überhandknoten. Machen Sie den Knoten rechts über links.

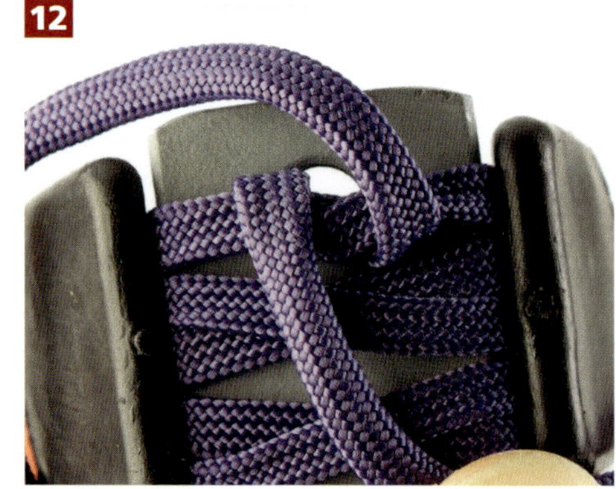

Nehmen Sie das rechte Ende nach links und das linke Ende nach rechts über das andere und zurück um den Griff.

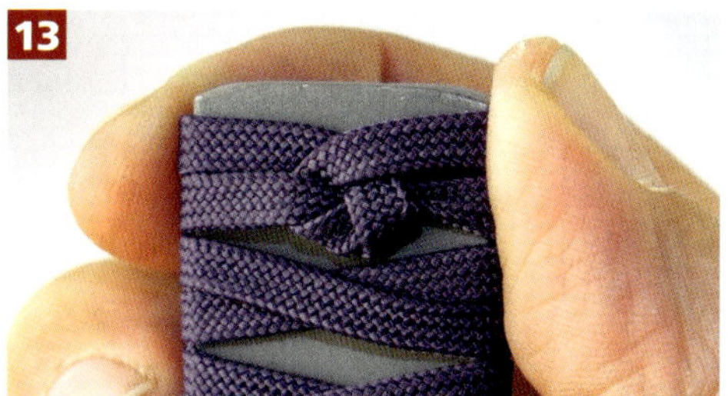

Die Enden werden auf die Rückseite gezogen. Überprüfen Sie die Position des Knotens und halten Sie die Flatline stramm. Benutzen Sie eine Klammer und drehen Sie den Griff herum, mit der anderen Seite nach oben. Sie können einen Tropfen Sekundenkleber verwenden, um die Flatline in Position zu halten.

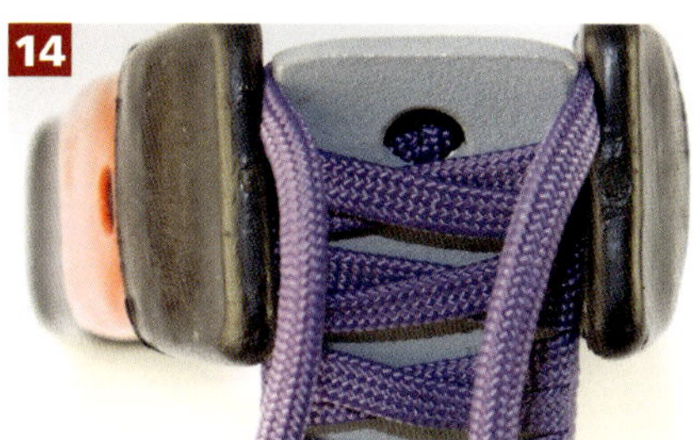

Sie sind nun bereit, eine Mischung zwischen einem *ura*-Knoten und einem *omote*-Knoten zu machen, wie er am Ende der verdrehten Griffwicklung gezeigt wird. Die Arbeitsenden kommen von den Seiten, genau wie beim *ura*-Knoten des ersten Typs.

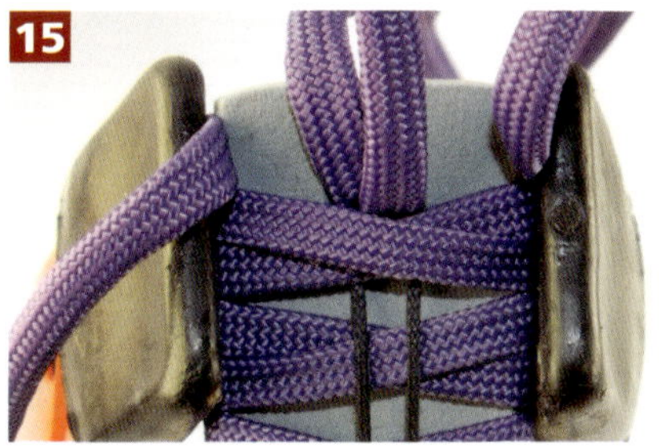

Mit den gebogenen Nadeln und Schnur wird das rechte Ende unter die letzte Überkreuzung gezogen.

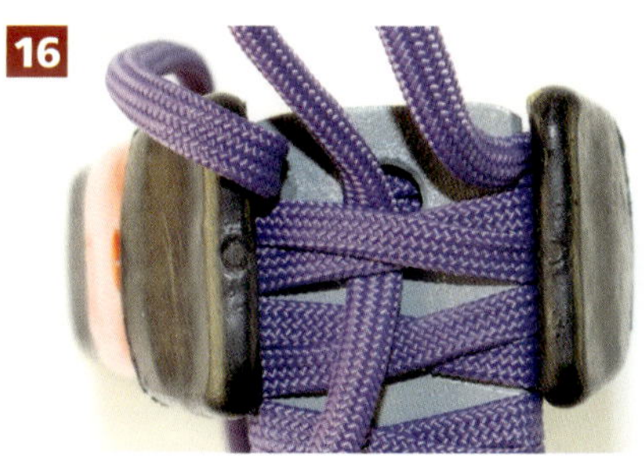

Das rechte Seilende wird beinahe komplett unter die letzte Überkreuzung gezogen.

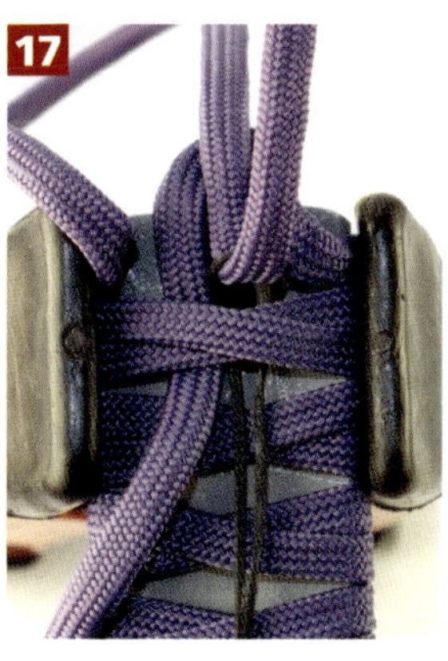

Nehmen Sie das linke Arbeitsende über das rechte und ziehen Sie es unter die letzte Überkreuzung, aber ziehen Sie noch nicht straff!

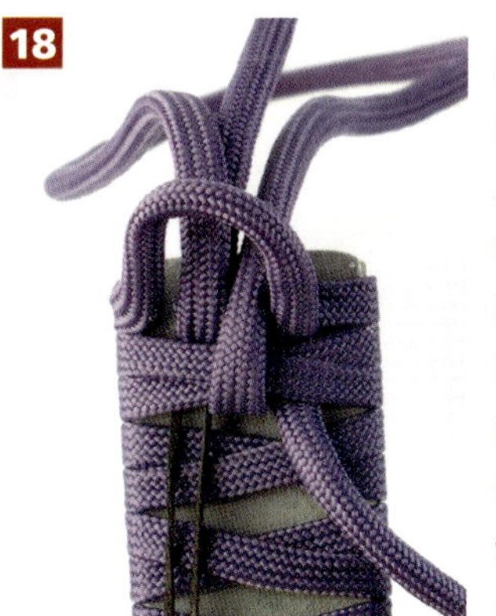

Bringen Sie das erste Arbeitsende nach oben und ziehen Sie es hinter der letzten Überkreuzung wieder nach unten.

19

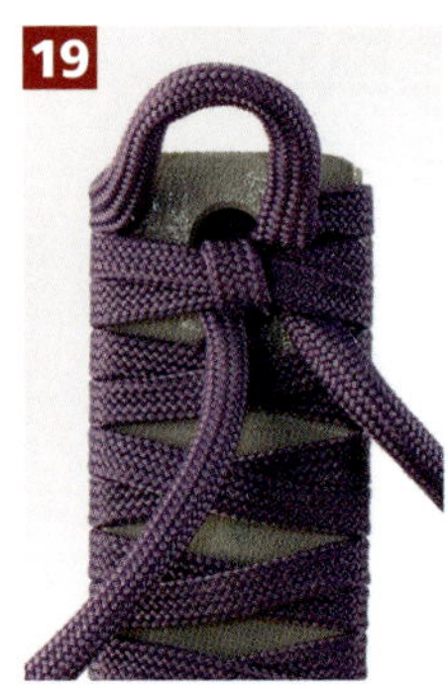

Der Hauptunterschied zur traditionellen Wicklung ist, dass die Enden hier abgeschnitten und weggesteckt werden, anstatt durch das Loch in der Angel gezogen zu werden.

20

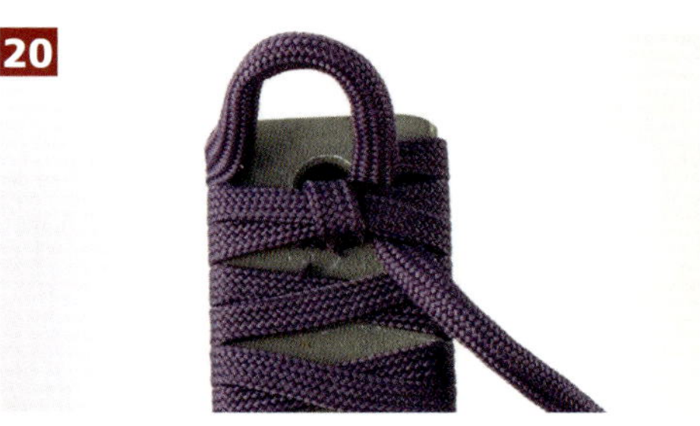

Das Ende wird abgeschnitten. Ein Tropfen Klebstoff wird aufgetragen.

21

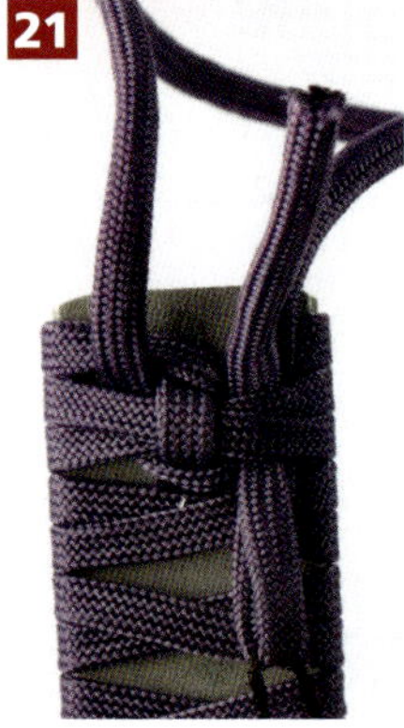

Das rechte Arbeitsende wird fest nach unten gezogen. Dann bringen Sie es unter der linken Seite der Überkreuzung wieder nach oben, dann auf der rechten Seite zurück nach unten.

22

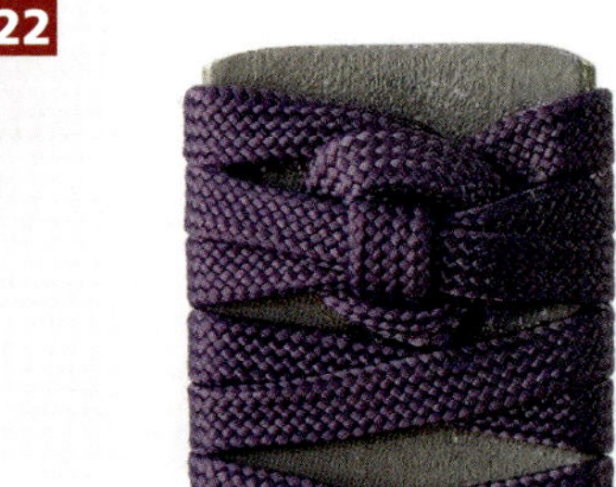

Ziehen Sie das Ende komplett nach unten und schneiden Sie es ab. Tragen Sie auch hier Klebstoff auf.

23

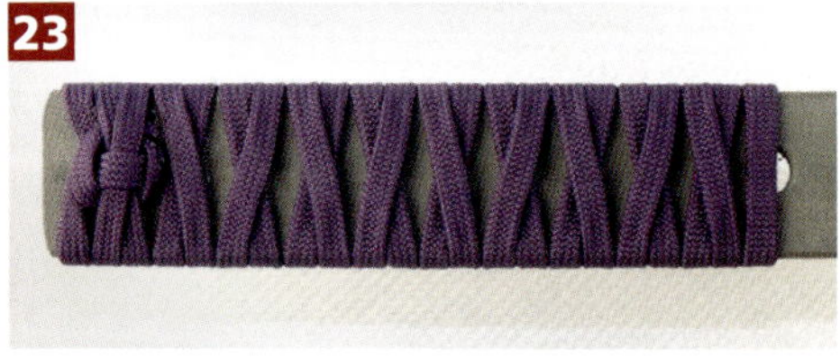

Der Griff mit der fertigen *omote*-Seite.

24

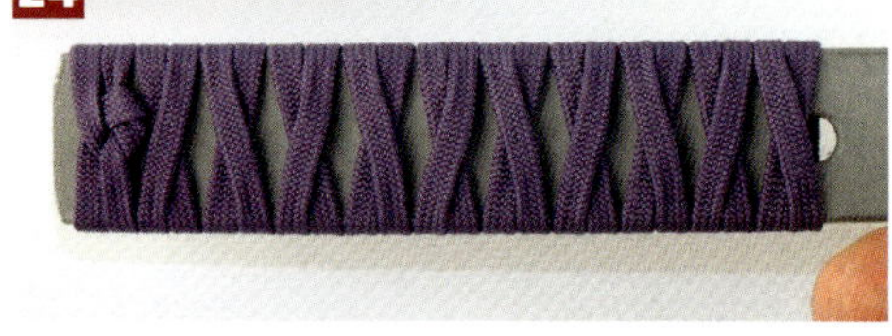

Die fertige *ura*-Seite mit dem angepassten Überhand-Knoten.

Dazu eine Anmerkung: Diese Variation des Knotens beginnt mit dem Seil hinter der letzten Überkreuzung. Sie gibt dem Knoten eine hübsche, runde Erscheinung, während sie gleichzeitig das Volumen des Knotens nicht zu groß werden lässt. Der Knoten beginnt von den Seiten, wie der *ura*-Knoten, und endet mit dem Seil herumgelegt wie beim *omote*-Knoten. Oft ist der Endknoten bei einer Griffwicklung mit Ende vom *gunto*-Typ der reine „*ura*-Knoten“ wie im Beispiel mit dem gebogenen Draht gezeigt.

5.2.5 *Tsukaito* mit drei eingewebten Streifen

Der christliche Einfluss durch die portugiesischen Jesuiten (und andere) war im Japan des späten 15. und frühen 16. Jahrhunderts wichtig. Er erreichte sogar das Schwertschmieden: Ein Beispiel ist das *gyu kawa kumiage maki*. Die drei Streifen von *ito*, die in den *tsuka* gewoben wurden, repräsentierten die heilige Dreieinigkeit von Vater, Sohn und Heiligem Geist.

Die Grundlage für diese Wickeltechnik ist eine flache Wicklung. Flache, sich schlängelnde Wicklungen wurden immer mit dem *ito* schön senkrecht auf der *omote*-Seite gemacht. Die *ura*-Seite war in die Richtung der Wicklung geneigt. Bei Schwertern wurde die Wicklung mit dem Webmuster traditionell auf beiden Seiten ausgeführt. Wegen der Richtung des Webens auf der Rückseite ist das Webmuster auf der *ura*-Seite ein bisschen geneigt.

Diese Technik erfordert den Einsatz von Klebstoff. Meine bevorzugte Lösung ist es, die Griffwicklung nach der Fertigstellung mit Kunstharz zu stabilisieren.

Wenn Sie den Griff eineinhalb Mal umwickeln, ergibt das genügend Seil für die grundlegende Wicklung. Rechnen Sie sechs Seilstücke von jeweils einer Grifflänge für die Webarbeit dazu (drei pro Griffseite).

Schneiden Sie das Seil ab und entfernen Sie die Schnüre im Inneren. Schmelzen Sie die Enden leicht an, um ein Aufdröseln des Paracord zu vermeiden und pressen Sie die Enden flach und eckig. Bereiten Sie alle sechs Seilenden auf die gleiche Weise vor.

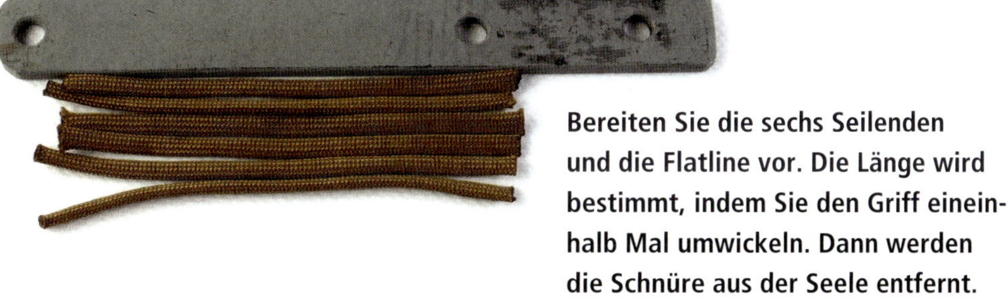

Bereiten Sie die sechs Seilenden und die Flatline vor. Die Länge wird bestimmt, indem Sie den Griff eineinhalb Mal umwickeln. Dann werden die Schnüre aus der Seele entfernt.

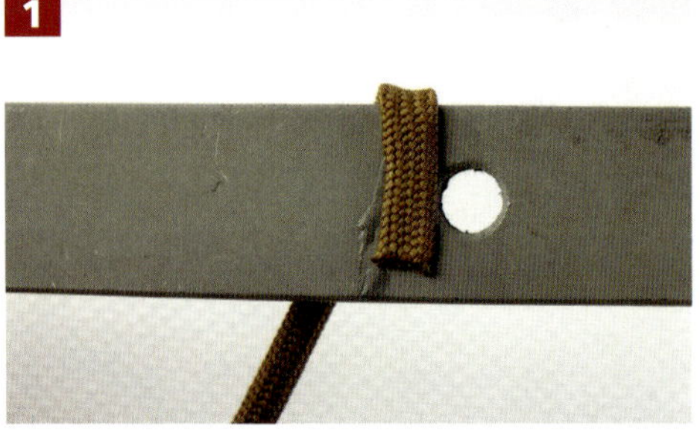

Kleben Sie das stehende Ende der Flatline beim Handschutz auf die *omote*-Seite des Griffs. Falls Sie die flache Wicklung als Unterlage machen, kleben Sie das Ende auf die *ura*-Seite.

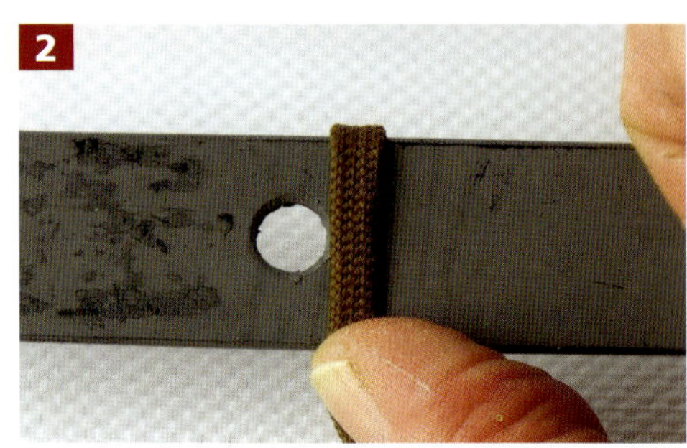

Gehen Sie mit der Flatline einmal um den Griff herum, um zu überprüfen, wo die Enden angeklebt werden müssen.

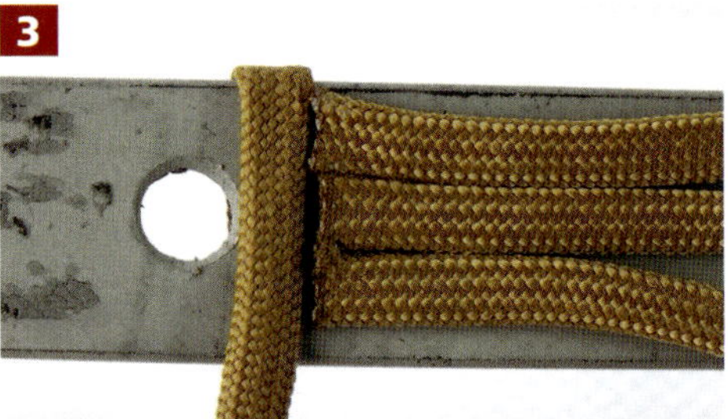

Kleben Sie die Enden der Webseile direkt neben das Arbeitsende auf der *ura*-Seite des Griffs.

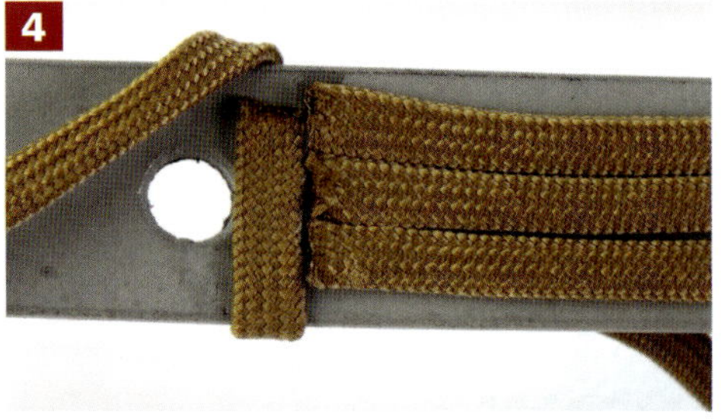

Kleben Sie die Enden der Webseile auf der *omote*-Seite ebenfalls direkt an den Start der Griffwicklung.

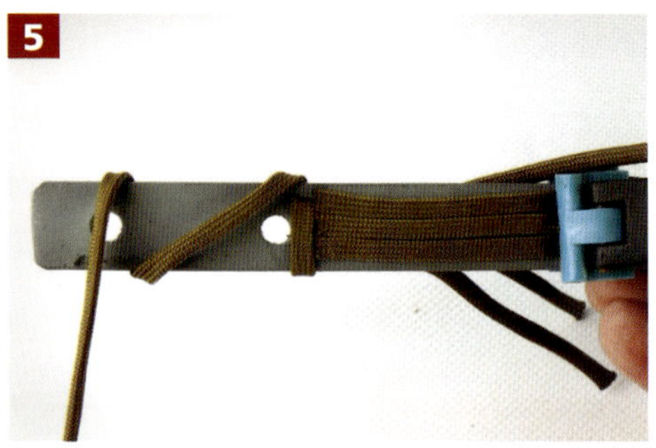

Jetzt ist alles am Platz, um die Griffwicklung zu beginnen.

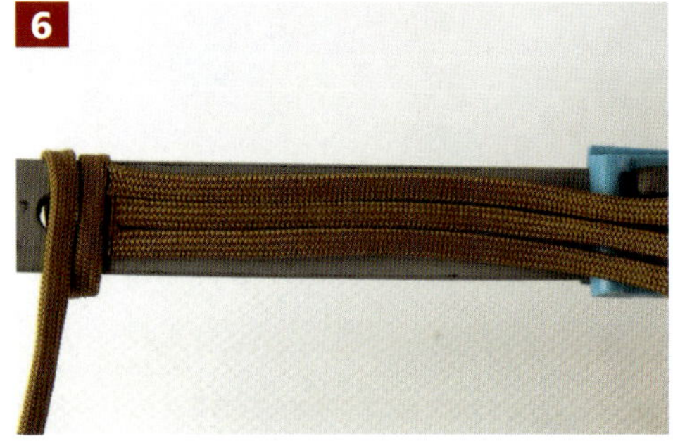

Wir sehen, dass auch auf der anderen Seite alles für die Wicklung vorbereitet ist. Alle Seilenden sind in Position.

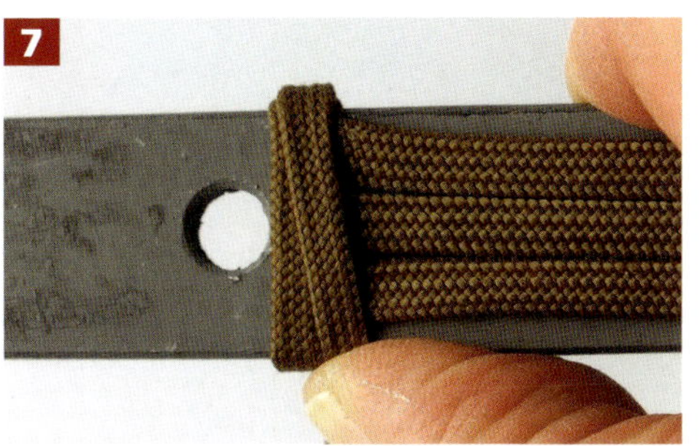

Das Seil wird zweimal um den Griff gewickelt und nochmal über es selbst, bevor wir auf die *ura*-Seite gehen. Das ist der Beginn der schrägen Wicklung auf der Rückseite bzw. *ura*-Seite.

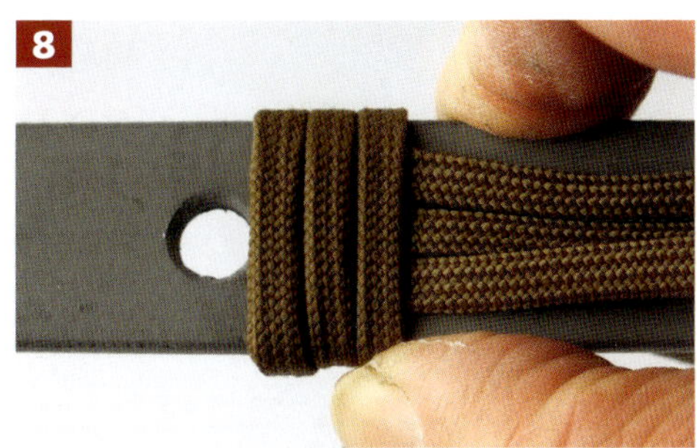

Weil wir mit einer doppelten Lage am Handschutz begonnen haben, behält die Wicklung dieselbe Dicke bei, wenn wir über die Webseile gehen.

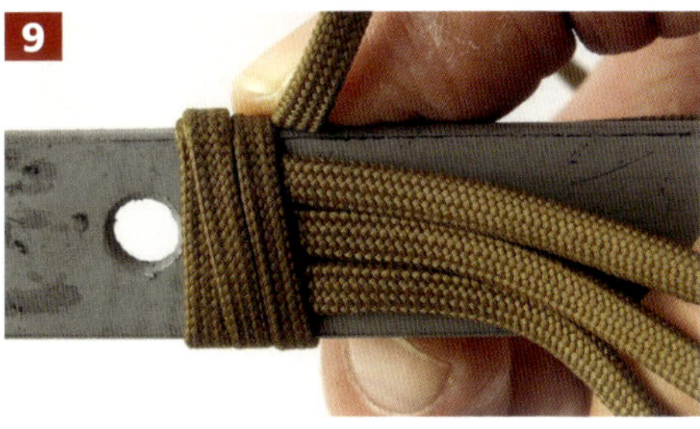

Auf der *ura*-Seite ist die schräge Ausrichtung der Wicklung deutlich sichtbar.

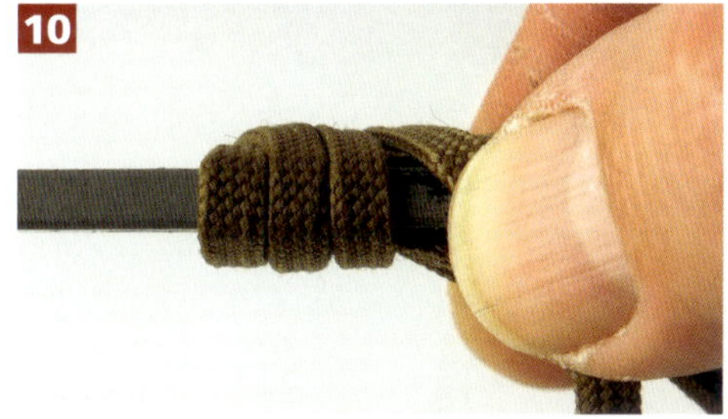

Die seitliche Ansicht des Griffs zeigt die flache Struktur und gleichmäßige Dicke der Wicklung.

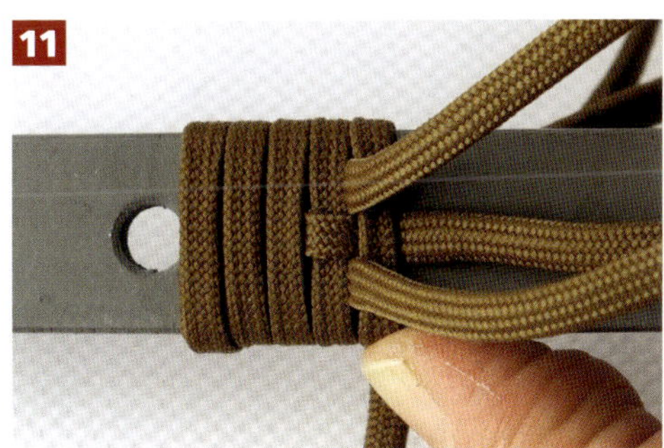

Beginnen Sie mit dem Weben beim mittleren Ende, dann mit den beiden äußeren Enden, dann wieder mit dem mittleren und so fort.

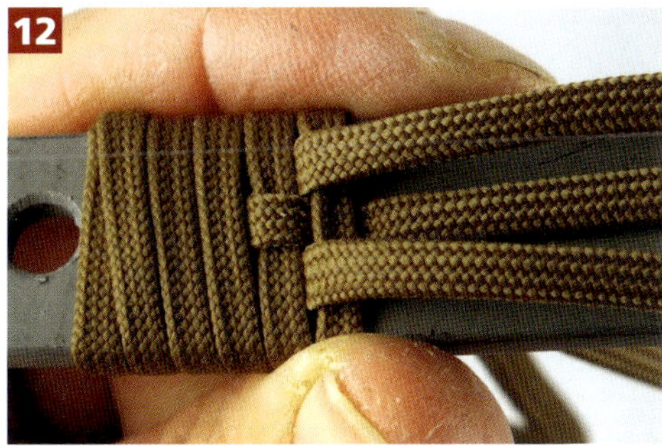

Auch auf der *ura*-Seite beginnt das Weben mit der vierten Seilwindung.

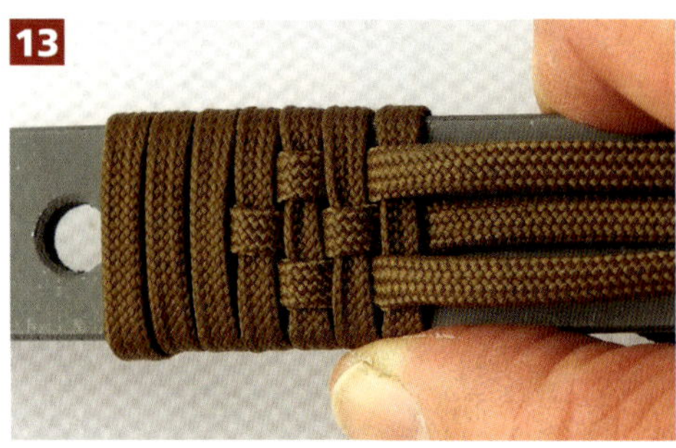

Ziehen Sie die Enden mit jedem Durchgang des Arbeitsendes straff.

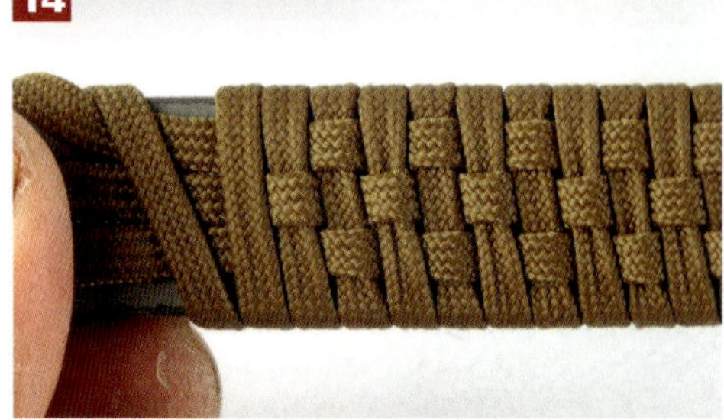

Hören Sie auf zu weben, wenn Sie sieben oder acht Durchgänge vom Ende entfernt sind. Stellen Sie sicher, dass Sie mit dem mittleren Ende aufhören.

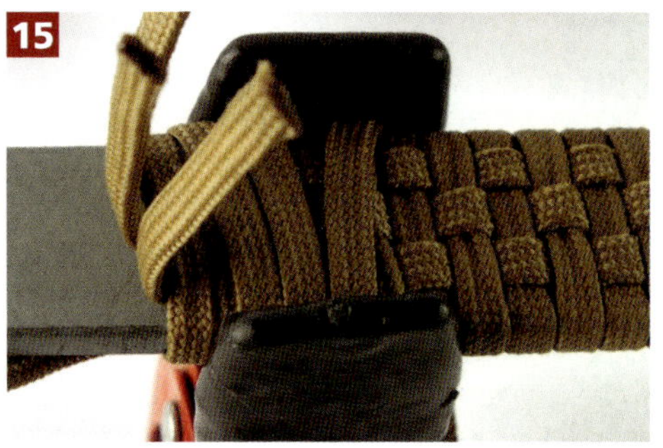

Wickeln Sie das Arbeitsende ein paar Mal über die Wicklung zurück und setzen Sie eine Klammer an.

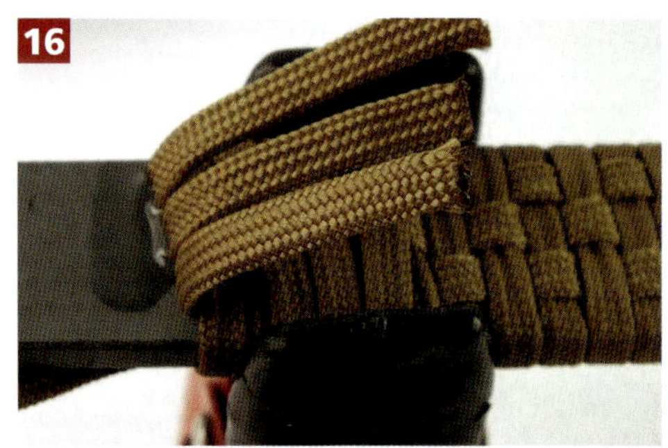

Verkleben Sie die Seilenden mit einem Tropfen Klebstoff.

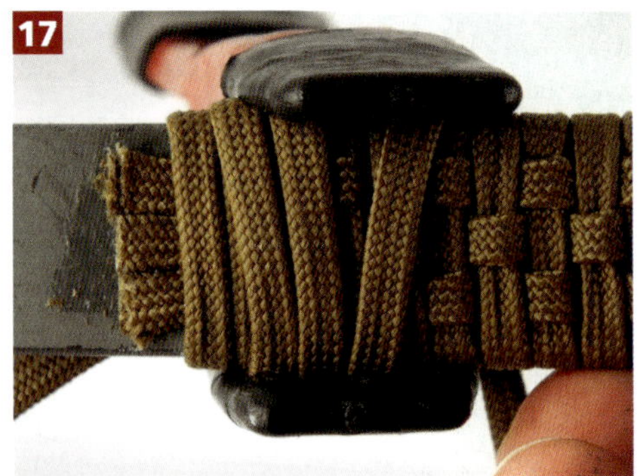

Schneiden Sie die Enden so ab, dass ihre Länge ungefähr der Breite eines leeren Paracord-Mantels entspricht.

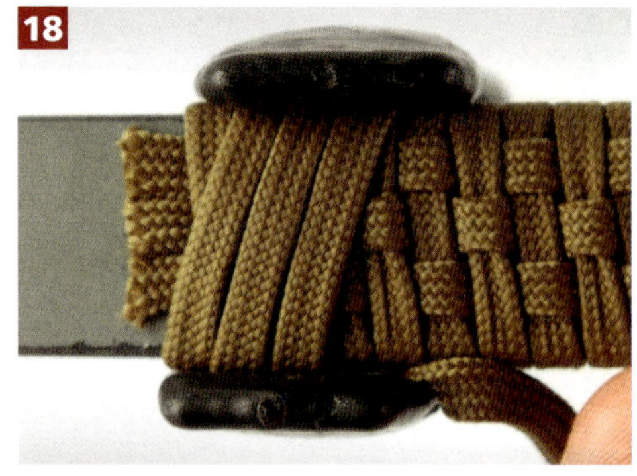

Schneiden Sie die Enden auf der anderen Seite des Griffs ab. Auch hier mit der gleichen Länge.

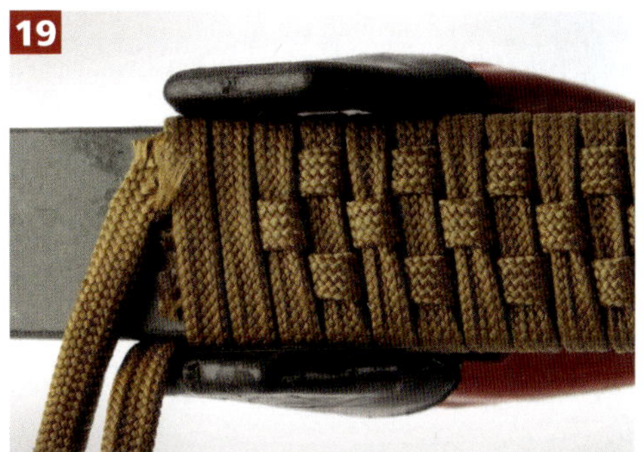

Nehmen Sie ein zweites Stück Flatline und schneiden Sie ein Ende in schrägem Winkel ab. Kleben Sie dieses Ende wie hier gezeigt an die Wicklung auf der *ura*-Seite.

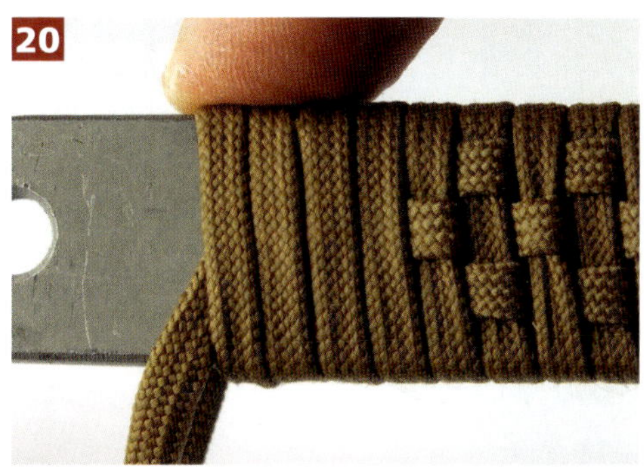

Darüber legen Sie zwei weitere Wicklungen des Seils. Nehmen Sie nun beide Arbeitsenden auf die andere Seite.

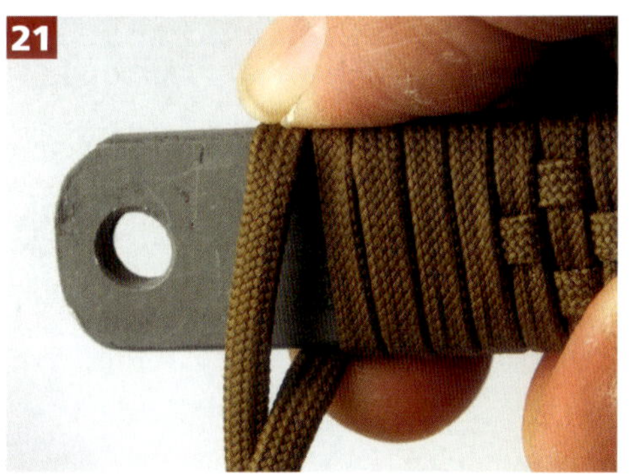

Auf der *omote*-Seite haben wir nun zwei Arbeitsenden, um mit der klassischen verdrehten Wicklung fortzufahren.

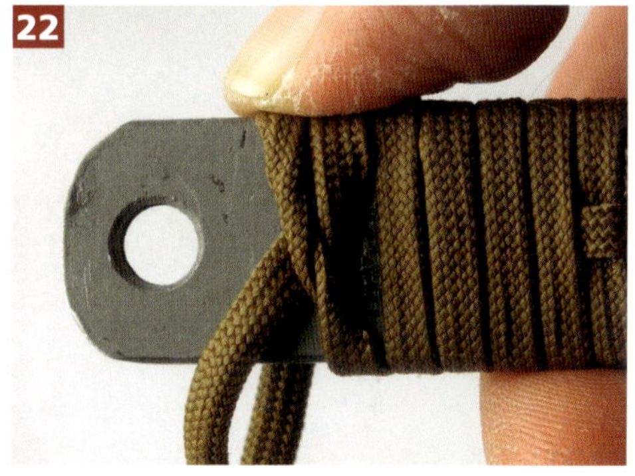

Die erste verdrehte Überkreuzung auf der *omote*-Seite.

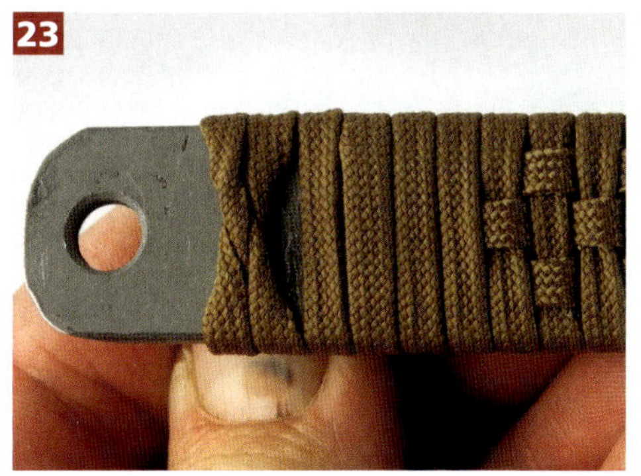

Die erste Überkreuzung ist fertig.

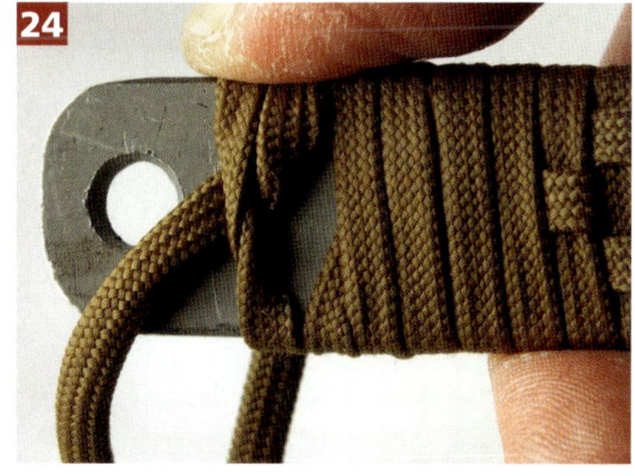

Die erste Überkreuzung auf der *ura*-Seite.

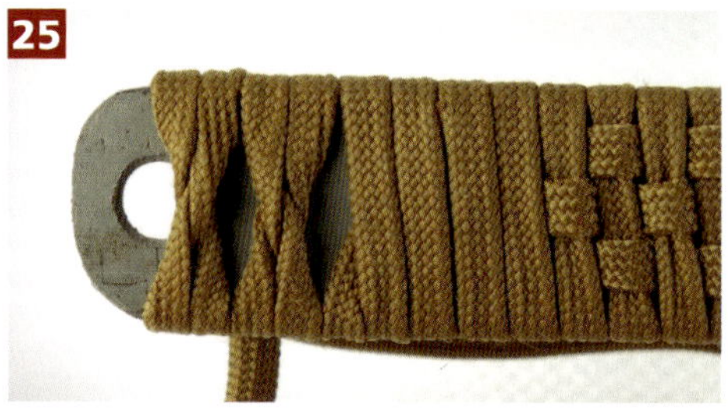

Die zwei entgegengesetzten Überkreuzungen auf der *ura*-Seite sind gemacht.

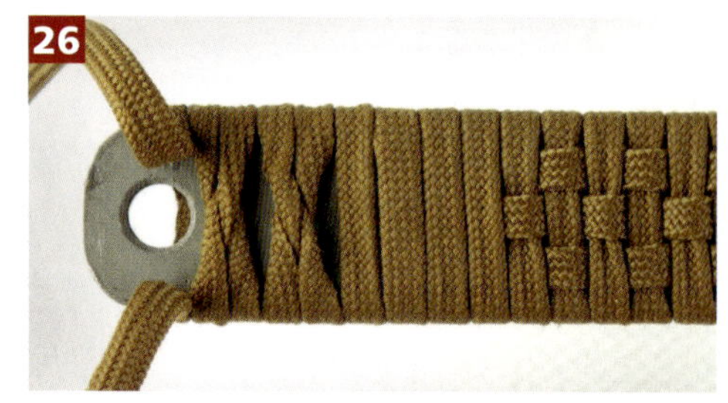

Die Arbeitsenden werden auf den Seiten der Angel angeklebt. Wir sind jetzt bereit für den traditionellen Endknoten (siehe 5.2.2 „Endknoten", S. 60 ff.)

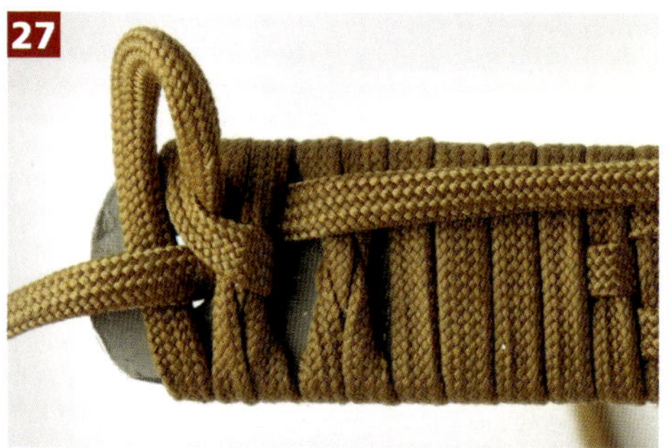

Der Endknoten in Arbeit.

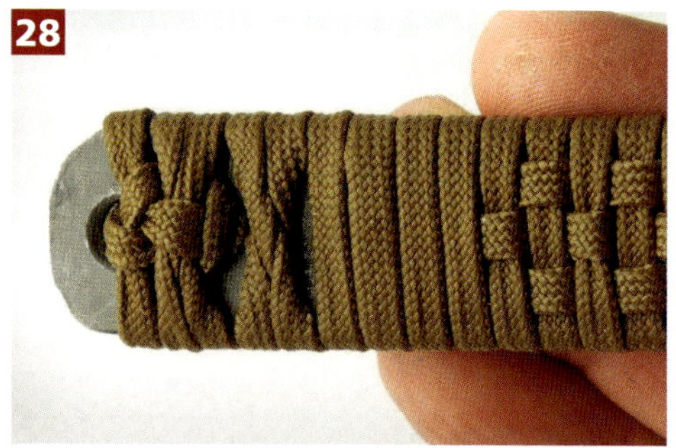

Der erste Knoten ist fertig, beide Arbeitsenden sind durch das Knaufloch auf die andere Seite geführt worden.

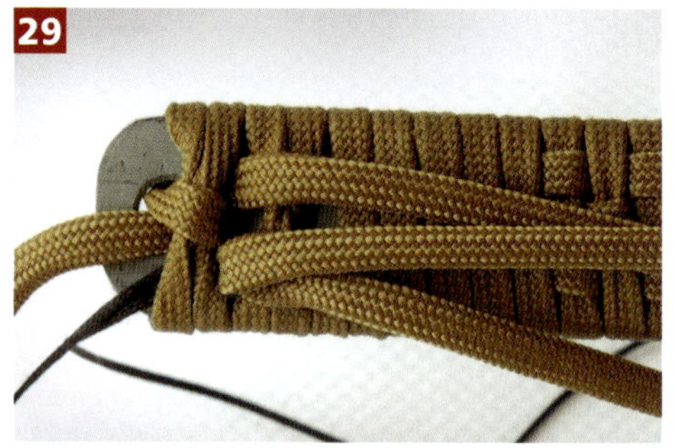

Der zweite Knoten in Arbeit.

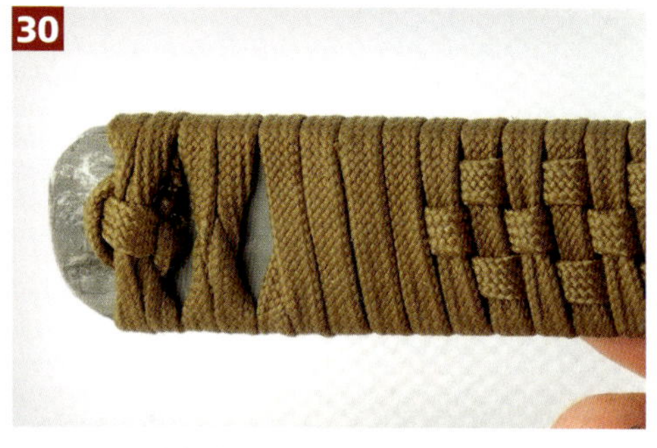

Dieses Mal haben wir den Knoten auf der *ura*-Seite beendet. Das hat den Vorzug, dass beide Arbeitsenden auf der Rückseite des Griffs abgeschnitten und verklebt werden.

31

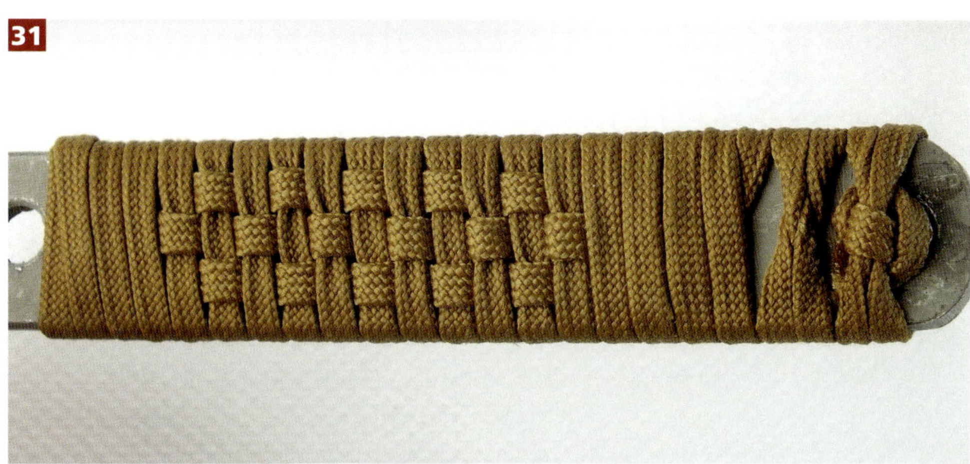

Die fertige Griffwicklung auf der *ura*-Seite.

32

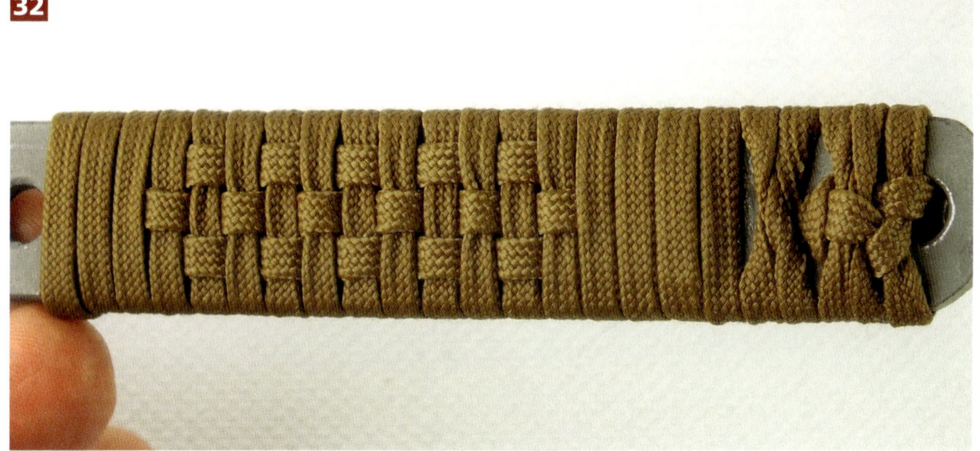

Die fertige Griffwicklung auf der *omote*-Seite.

Weil die meisten modernen Messergriffe, die wir mit Paracord umwickeln, relativ kurz sind, habe ich den traditionellen Beginn mit zwei verdrehten Überkreuzungen auf beiden Griffseiten weggelassen. Bei der traditionellen Arbeitsweise umwickelt man den Griff vier Mal, um den Anfangspunkt auf der *omote*-Seite zu bestimmen. Nach zwei Überkreuzungen auf beiden Seiten schneidet man das kurze Ende ab und klebt es an die Angel. Dann macht man mit dem langen Arbeitsende weiter. Der Rest der Wicklung bleibt unverändert.

Diese Griffwicklung kann auch mit dem Webmuster nur auf der *omote*-Seite ausgeführt werden. Das ist die Seite, die man sieht, wenn das Messer in der Scheide ist oder auf einem Ständer gezeigt wird. In diesem Fall ist die Rückseite völlig flach und dünn. Falls ein *kogatana* (kleines Beimesser) als Schreibtischmesser oder Brieföffner verwendet wird, kann es schöner sein, die Wicklung auf der Rückseite so flach wie möglich zu halten.

5.2.6 Geflochtene Überkreuzungen aus mehreren Strängen

Diese Art der Griffwicklung wird oft mit *jabara-ito*-Seidensträngen gemacht. Sie sind dünner (ca. 1,0 mm) oder dicker (ca. 1,5 mm) erhältlich und werden gewöhnlich als Paar zusammengenäht. Flatline kann diese Doppelstränge ersetzen. Flatline von Typ-II-Paracord ist ungefähr drei Millimeter breit und akzeptabel, aber ein bisschen dick im Vergleich zum originalen genähten *jabara-ito*. Flatline von Typ III und Typ I kann auch verwendet werden. Bei schmalerem Band kann man dieses Muster auch verdoppeln: zwei dünne Bänder ersetzen eine Flatline. Die inneren Stränge des Paracord haben oft einen Durchmesser von ungefähr einem Millimeter und eröffnen eine Vielzahl von Möglichkeiten.

Um die Länge des benötigten Paracord zu bestimmen, wird auch hier die eineinhalbmalige Umwicklung des Griffs angewendet. Schneiden Sie diese Länge des Flatline in zwei gleichgroße Teile. Schmelzen und pressen Sie die Enden zu feinen, flachen Formen.

Vier Enden in einer Farbe

Diese Wicklung ist eine ziemlich einfache Web- oder Flechttechnik, die auf breiteren Griffen am besten zur Geltung kommt. Auf schlankeren Griffen sieht sie mit breiter Flatline ein bisschen sperrig aus. Der Griff sollte mindestens 20 Millimeter breit sein, wenn man mit Flatline vom Typ III arbeitet.

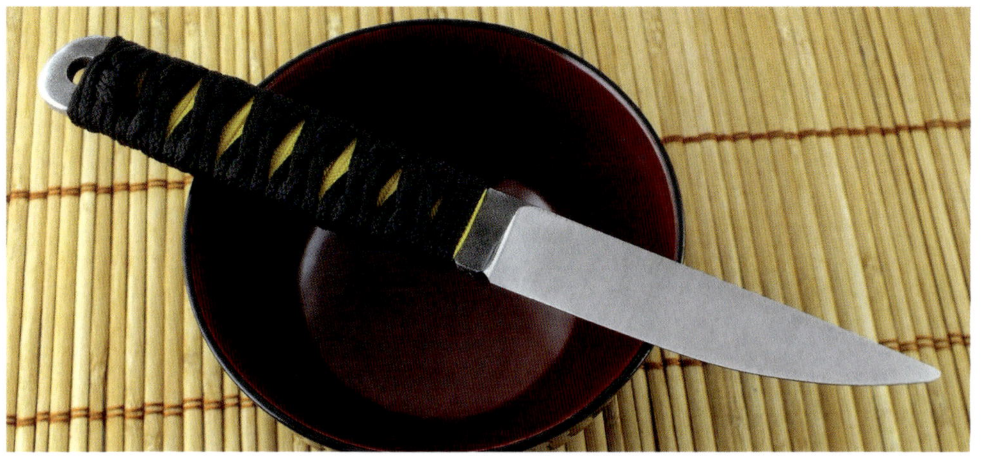

Kaiken mit 4-Enden-Kreuzwicklung mit Typ-II-Flatline über einer gelben Typ-III-Flatline.

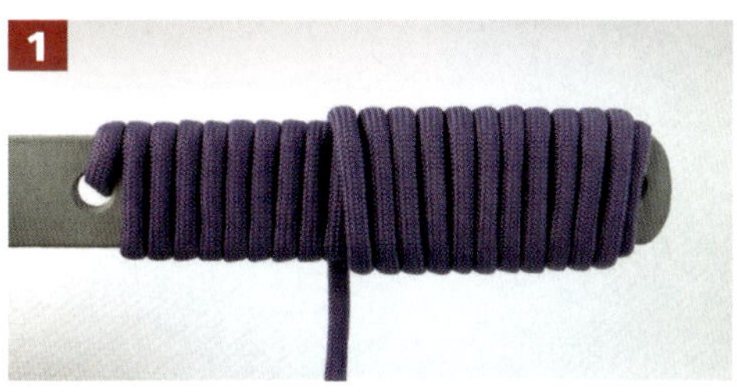

Umwickeln Sie den Griff etwas mehr als eineinhalb Mal und schneiden Sie dann das benötigte Seil ab.

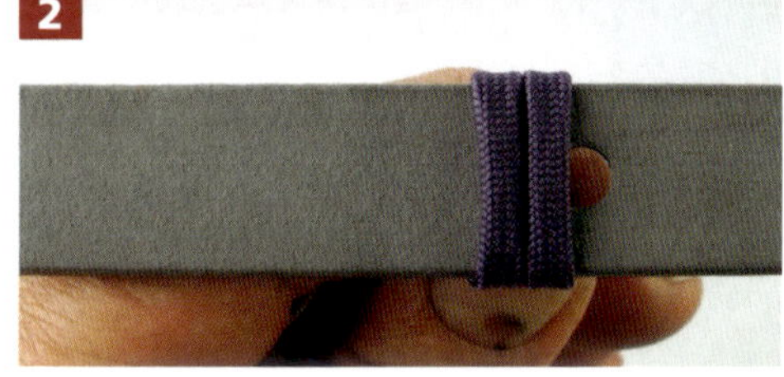

Entfernen Sie die Seele und halbieren Sie die Flatline. Beginnen Sie die Griffwicklung in der Mitte der Seile auf der *omote*-Seite des Griffs.

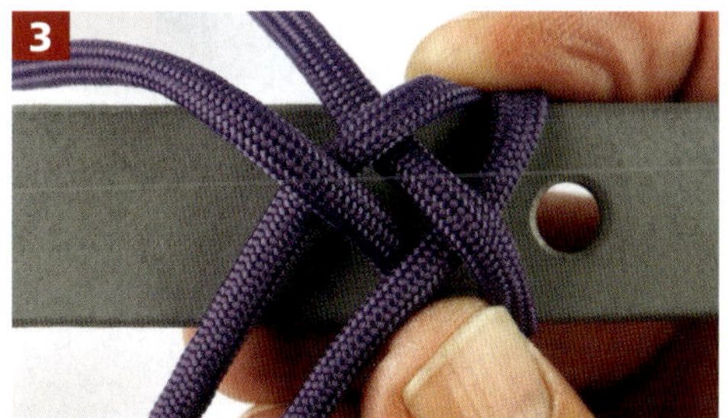

Weben Sie die Enden auf der *ura*-Seite, indem Sie das erste, untere Seil über und unter das erste und zweite obere Seil führen. Das zweite untere Seil geht unter und über die oberen Seile.

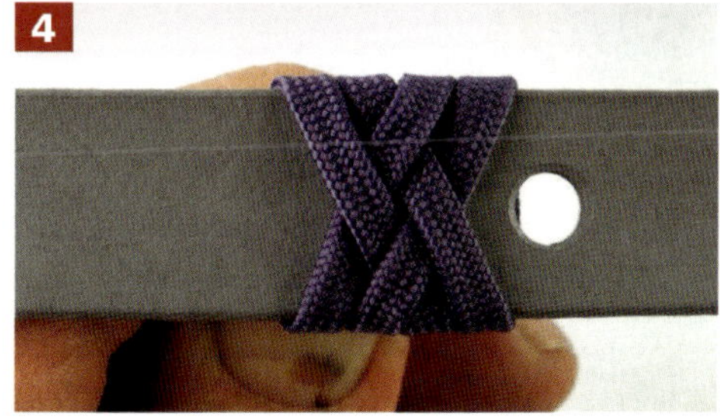

Ziehen Sie alle Enden stramm und stellen Sie sicher, dass alle Seile sauber über die Griffkanten laufen.

5

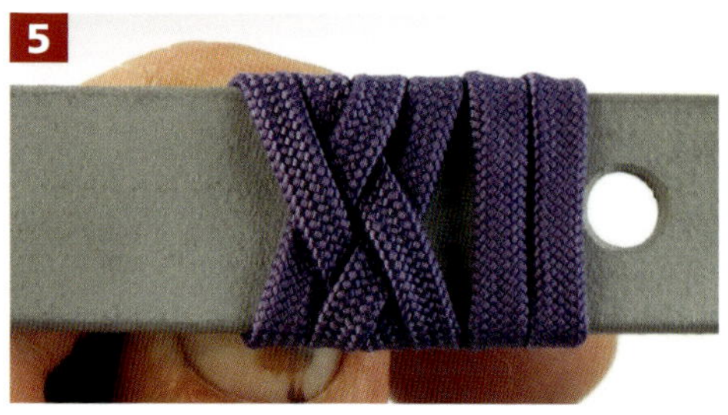

Die erste Webbindung auf der *omote*-Seite.

6

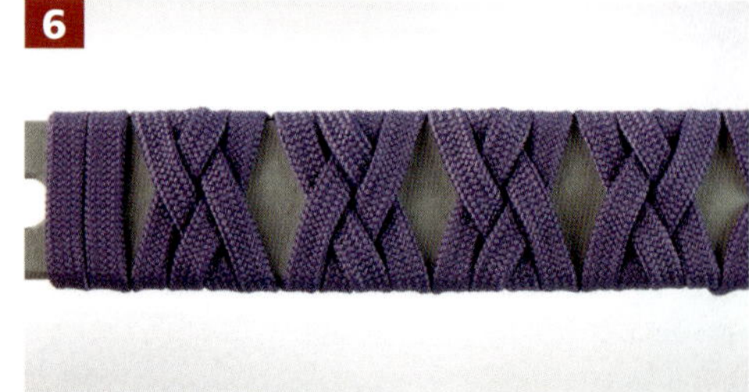

Das Webmuster hat das Ende der *omote*-Seite erreicht.

7

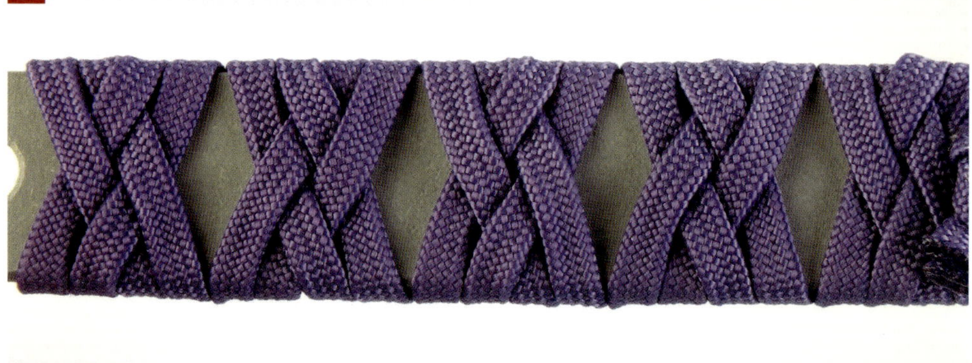

Die *ura*-Seite sieht so aus.

Die 4-Enden-Kreuzwicklung sieht anders aus, wenn sie mit Seilen von verschiedenem Gewicht gemacht wird. Je schmaler der Griff, desto leichter sollte das Seil sein, um das Messer auszubalancieren.

Vier Enden in zwei Farben

Wenn man die 4-Enden-Wicklung mit zwei Farben durchführt, wird das Muster asymmetrisch. Die Richung der Überkreuzungen wird dabei abgewechselt. Wenn die Richtung nicht wechselt, sieht das Ganze etwas regelmäßiger aus.

Um eine etwas regelmäßigere Erscheinung in der Farbstruktur zu erreichen, kann der Beginn der Griffwicklung verändert werden. Die zwei Seile werden am Beginn überkreuzt.

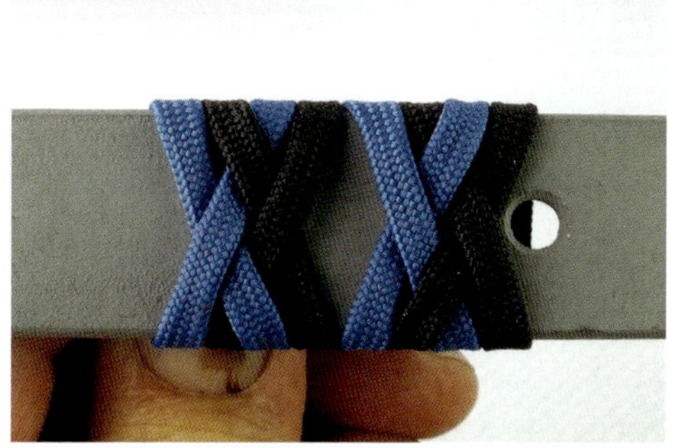

Die Wicklung mit vier Seilen und zwei Farben sieht asymmetrisch aus. Die Richtung der Überkreuzungen wird hier abgewechselt.

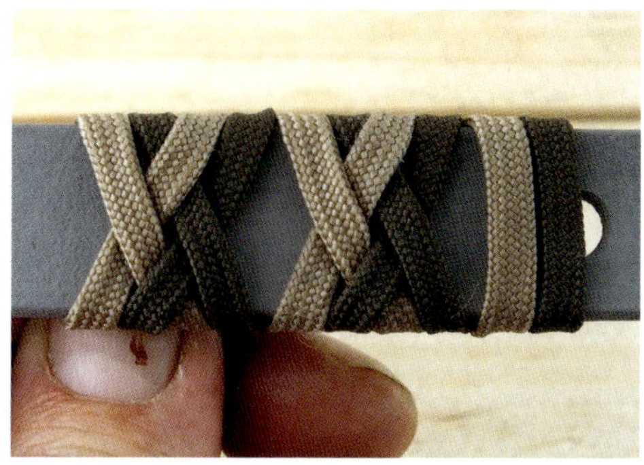

Wenn die Richtung der Überkreuzungen nicht abgewechselt wird, entsteht eine Art diagonale Streifung.

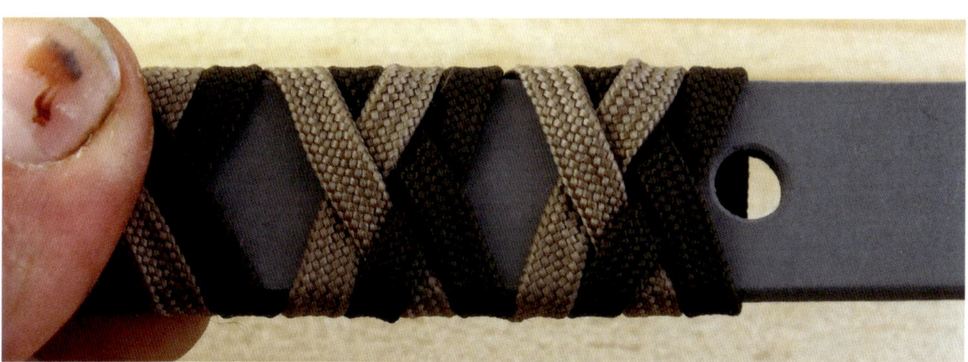

Bei der *ura*-Seite wurde die gesamte Webarbeit in dieselbe Richtung ausgeführt.

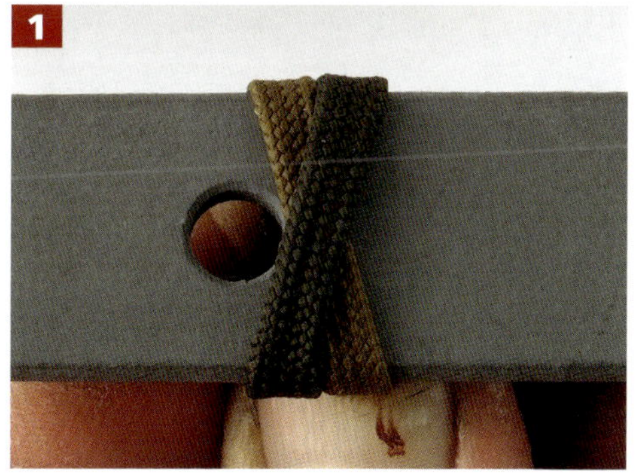

Ein alternativer Beginn des Zopfs in zwei Farben ist, beide Seile beim Start auf der *omote*-Seite zu überkreuzen.

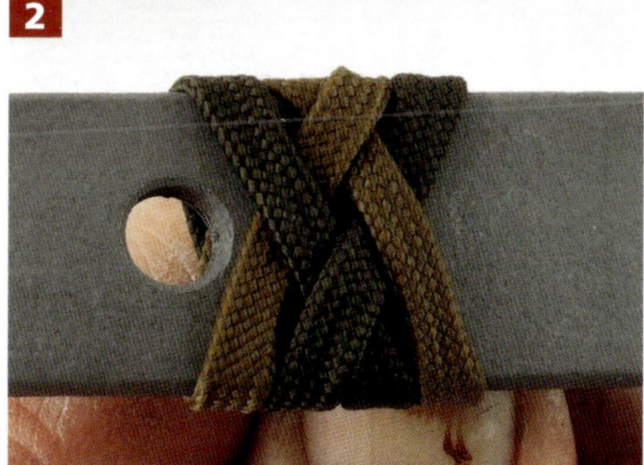

Der erste Flechtabschnitt auf der *ura*-Seite.

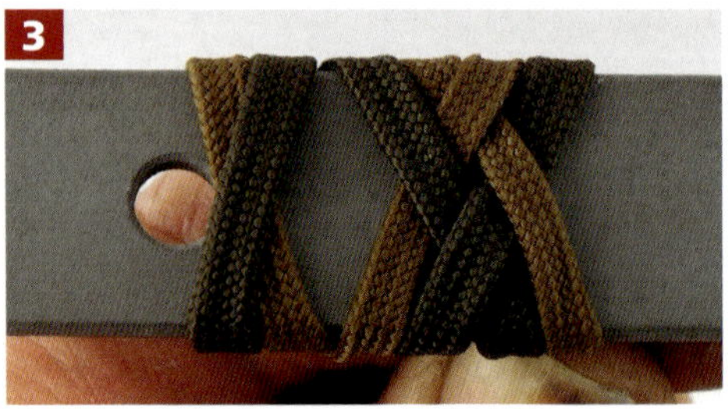

Der erste Flechtabschnitt auf der *omote*-Seite wird in dieselbe Richtung ausgeführt.

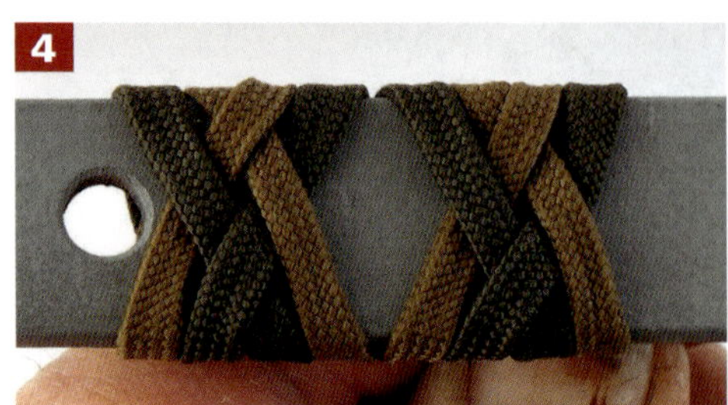

Auf der *ura*-Seite arbeiten wir beim zweiten Flechtabschnitt in dieselbe Richtung.

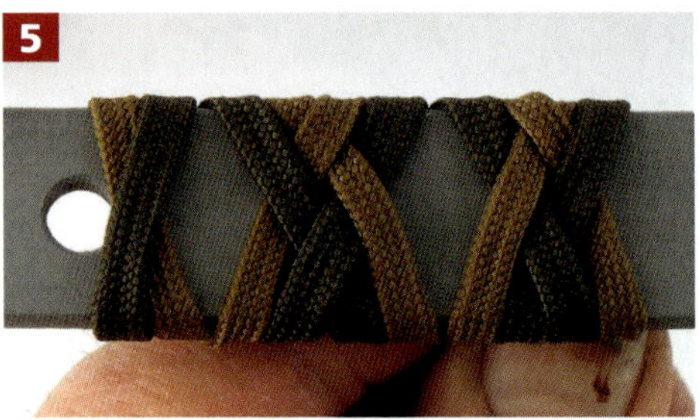

Auf der *omote*-Seite wechseln wir die Richtung. Dadurch ähnelt die Farbstruktur eher einem Zickzack-Muster.

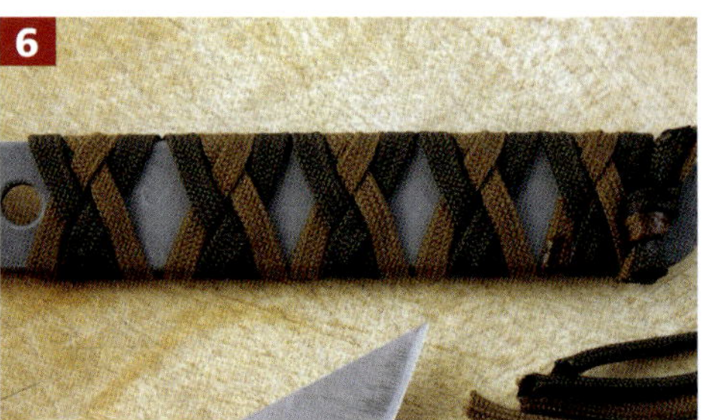

Die fertige *ura*-Seite mit allen Überkreuzungen in der gleichen Richtung.

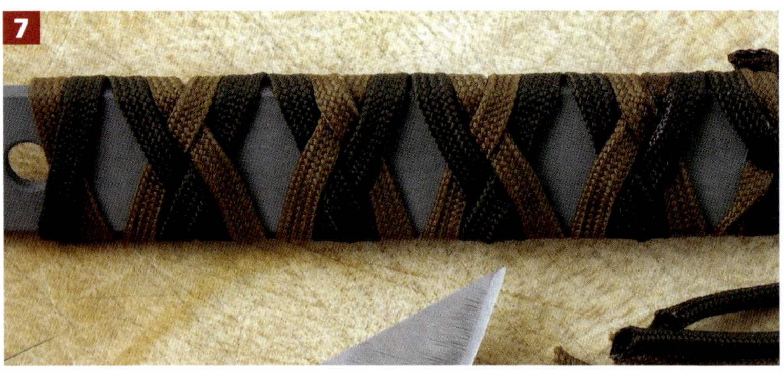

Auf der *omote*-Seite ist das Muster anders, da die Überkreuzungen mit wechselnder Richtung erfolgen.

Auf der Suche nach einem einheitlicheren Aussehen habe ich eine andere 4-Enden-Wicklung entworfen. Sie benutzt vier Arbeitsenden – genau wie bei der 4-Enden-Kreuzwicklung – macht aber tatsächlich zwei flache Überkreuzungen übereinander. Daher der Name: der alternative 4er-Zopf.

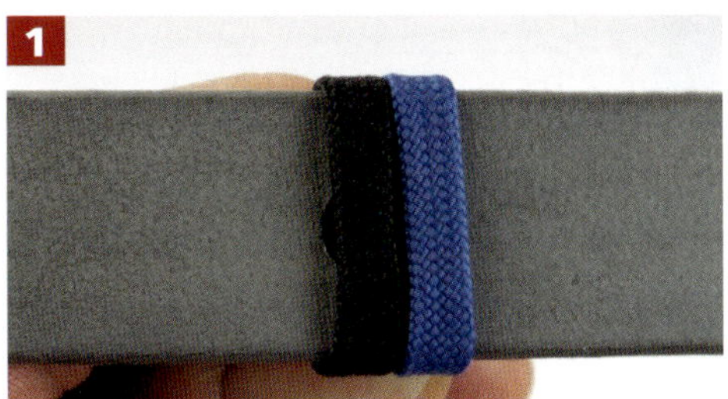

Beginnen Sie mit der Mitte beider Seile am Handschutz. Die zweite Farbe, hier Schwarz, wird die dominante Farbe auf dem Griff.

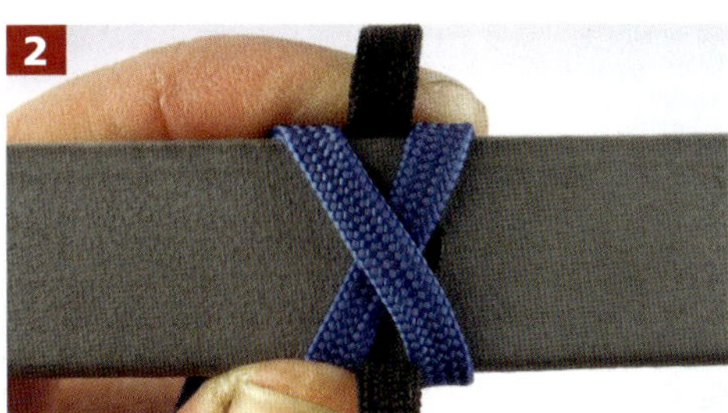

Machen Sie die Überkreuzung der ersten Seilenden weit genug, damit das zweite Seil (schwarz) dazwischen liegt. Stellen Sie sicher, dass die Zugspannung auf allen Seilenden erhalten bleibt.

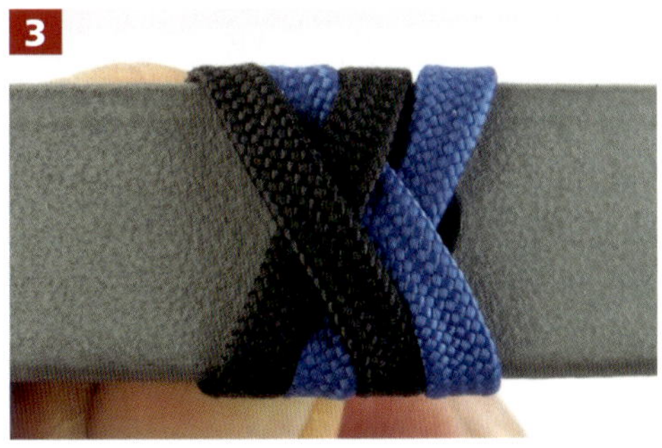

Die erste doppelte Überkreuzung ist fertiggestellt.

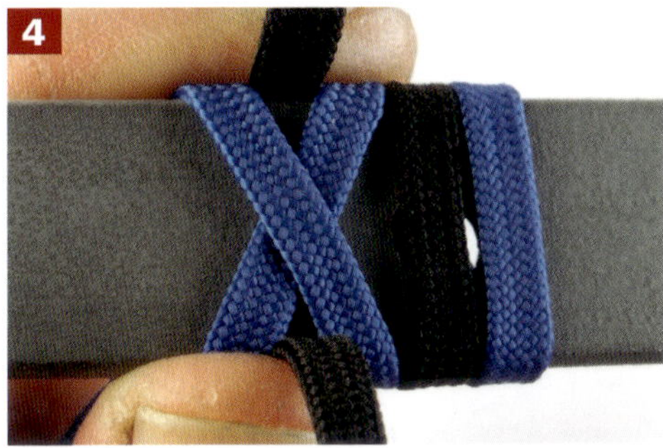

Auf der *omote*-Seite werden die Überkreuzungen auf dieselbe Weise gemacht. Die schwarzen Seilenden kreuzen in derselben Richtung.

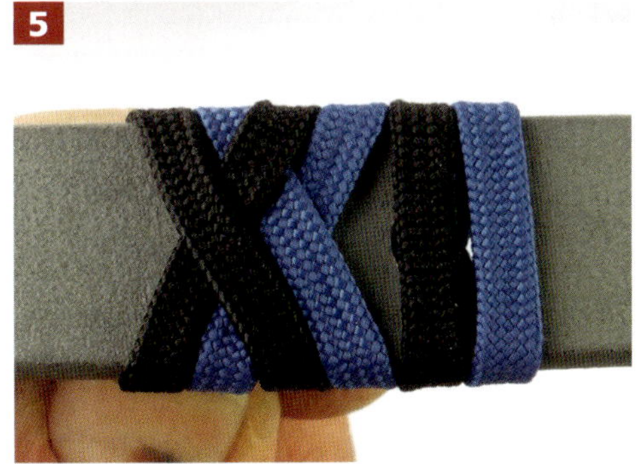

Die schwarzen Seilenden werden über die blauen gelegt.

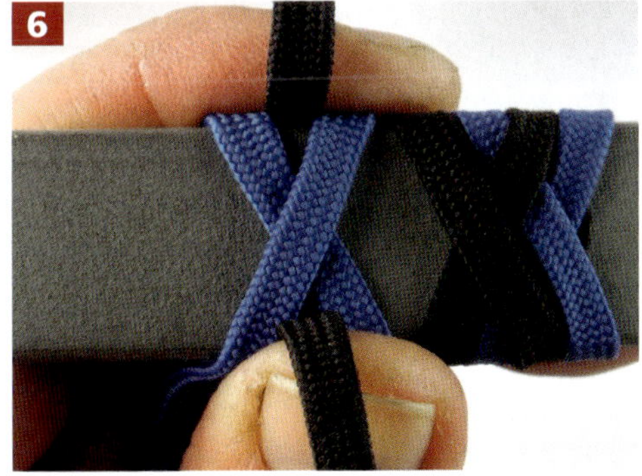

Wechseln Sie die Richtung, um die zweite Überkreuzung auf der *ura*-Seite zu machen.

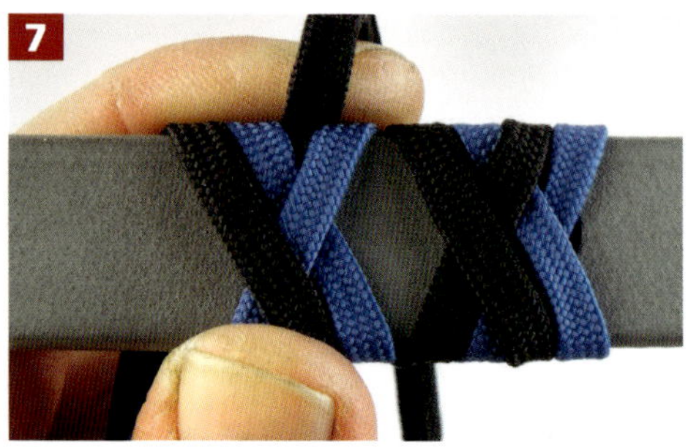

Das zweite Paar der Seilenden wird in dieselbe Richtung geflochten wie das erste Paar.

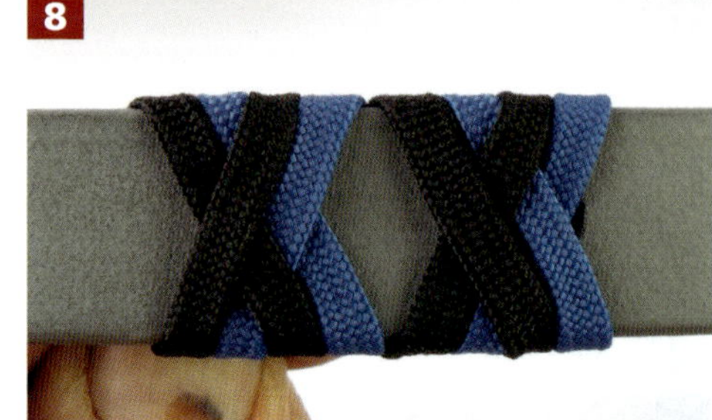

Beachten Sie die wechselnde Richtung bei den ersten beiden Überkreuzungen auf der *ura*-Seite.

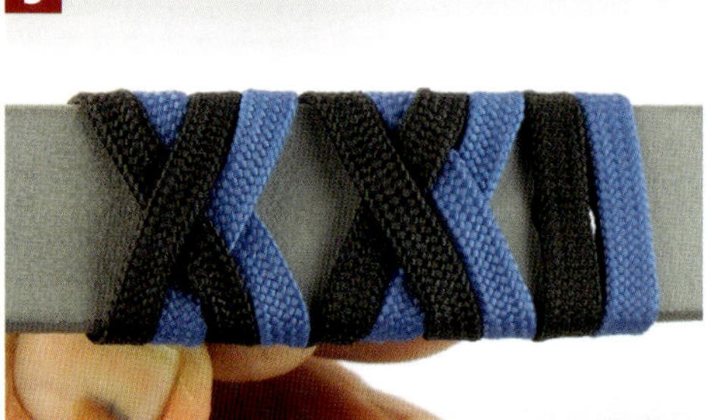

Auf der *omote*-Seite nimmt die Griffwicklung langsam Gestalt an.

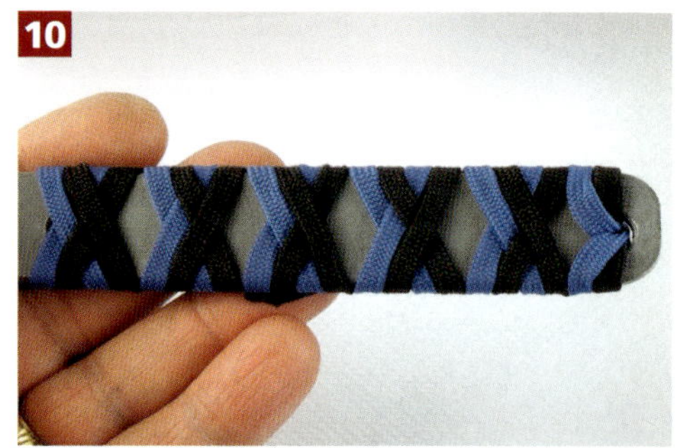

Die *ura*-Seite ist fertig. Diese Griffwicklung sieht besser aus als die ursprüngliche 4-Enden-Wicklung mit zwei Farben.

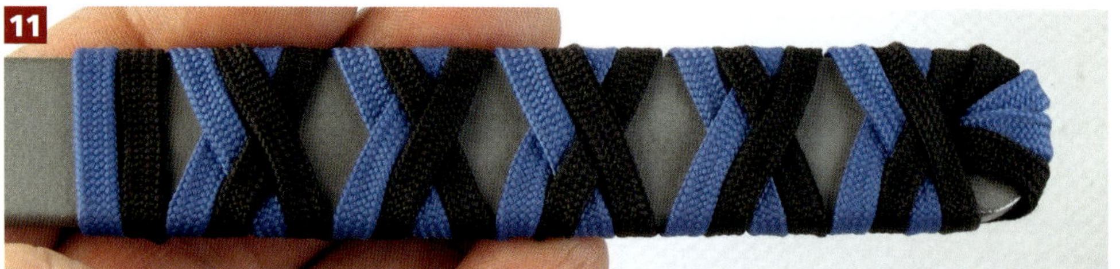

Die *omote*-Seite, aber ohne Endknoten.

Die Griffwicklung wird feiner, wenn sie mit dünnerem Paracord oder Flatline ausgeführt wird. Es gibt viele mögliche Variationen, wenn jede einzelne Flatline vom Typ III durch mehrere Seile vom Typ I oder Typ II ersetzt wird.

Sechs Enden

Das Geflecht wird mit sechs Arbeitsenden hergestellt. In meiner Anleitung benutze ich zwei schwarze Seile und ein silbernes Paracord vom Typ I. Das silberne Seil wird zwischen die beiden schwarzen Seile gelegt.

Die Länge des Seils wird bestimmt, indem wir den Griff in der bereits bekannten Weise eineinhalb Mal umwickeln. Wenn der Griff nur mit einem einzigen Seil umwickelt wird, um die benötigte Länge zu bestimmen, führt ein einfaches Teilen durch drei nicht zum richtigen Ergebnis, weil etwas mehr Seil für die jeweiligen Endknoten benötigt wird. Sie können aber auch ungefähr 30 Zentimeter zu jedem Drittel dazuzählen. Diese Art des Webens ist nicht sehr schwer und produziert ein schönes Muster.

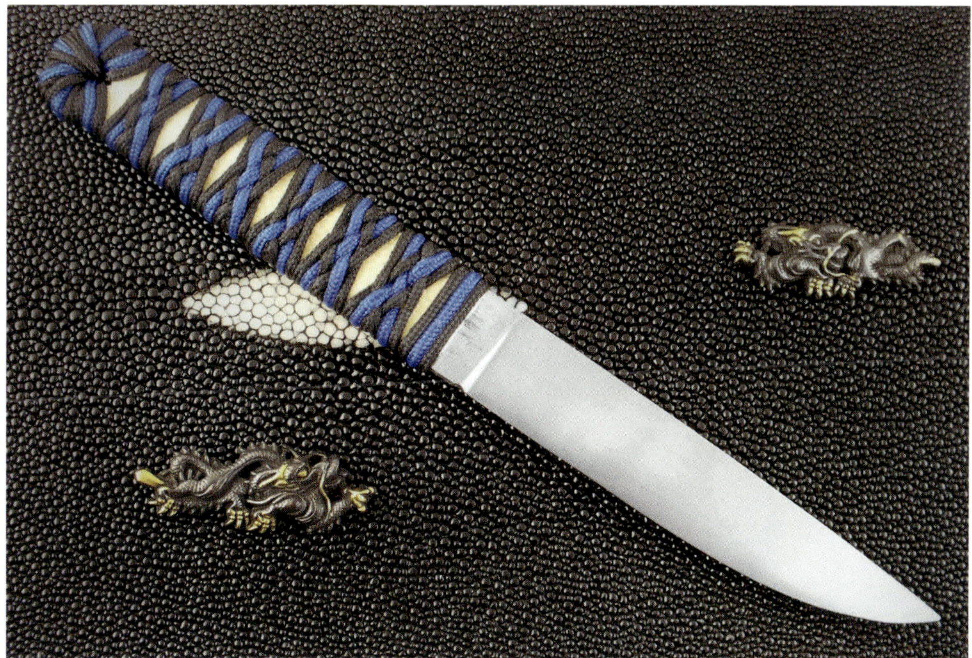

Kaiken mit schwarzer und blauer geflochtener Wicklung über weißer Rochenhaut. Hier wurde volles Paracord vom Typ I benutzt, das noch seine Kernschnüre besitzt.

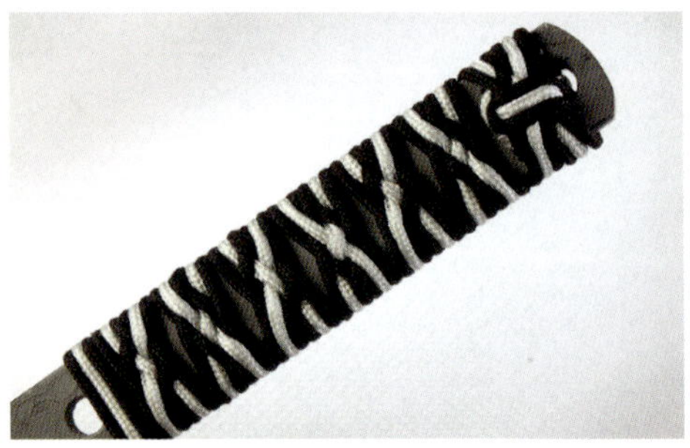

Die geflochtene Wicklung mit sechs Enden: Zwei schwarze Seile vom Typ I mit einem silberfarbenen Seil dazwischen.

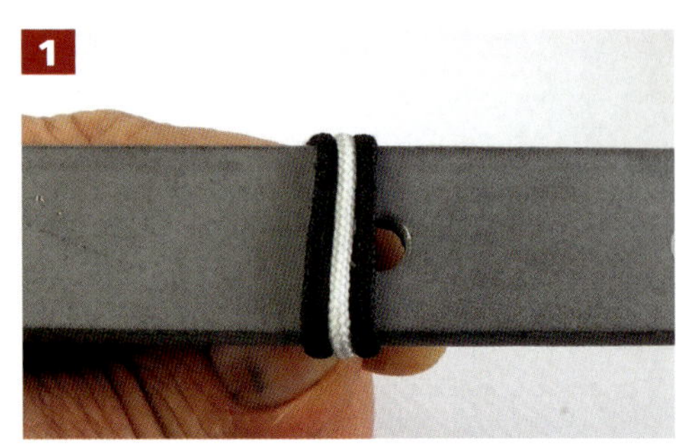

Die Wicklung beginnt mit der Mitte der drei Seile auf der *omote*-Seite.

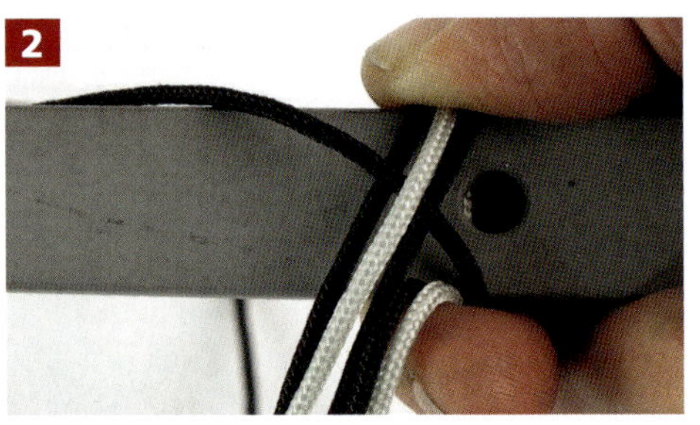

Das erste der drei unteren Enden kommt nach oben, über das schwarze Seil, unter das silberne und wieder über das schwarze.

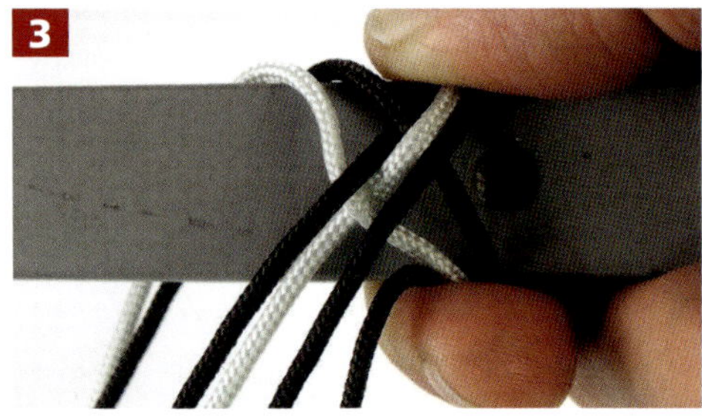

Das untere silberne Seil geht unter, über und unter die drei anderen Seile.

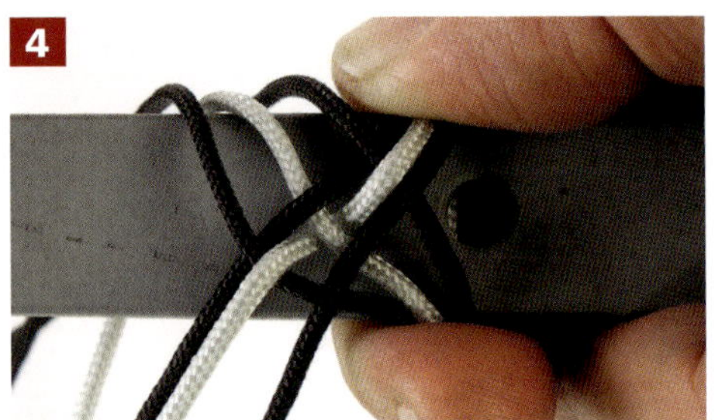

Das dritte Seil macht dasselbe wie das erste.

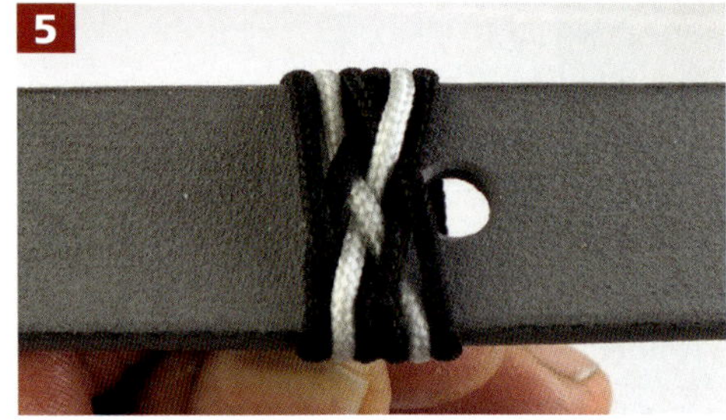

Die erste Überkreuzung ist fertig. Ziehen Sie alle Arbeitsenden einzeln straff, um das Flechtmuster richtig hinzubekommen. Drücken und schieben Sie die Seile in Position, falls nötig, damit das Muster optimal aussieht.

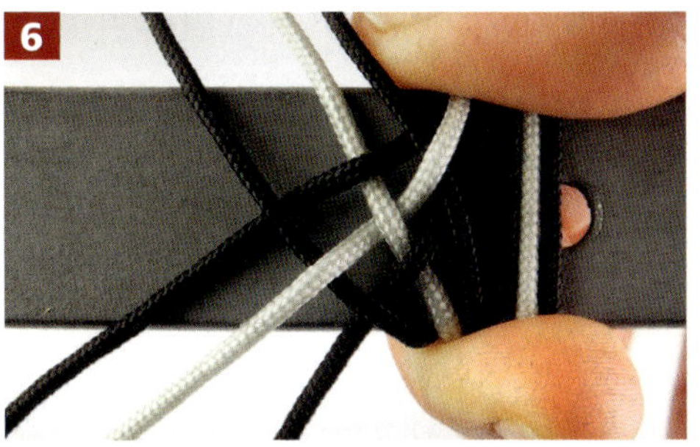

Die erste Runde des Flechtmusters auf der *omote*-Seite.

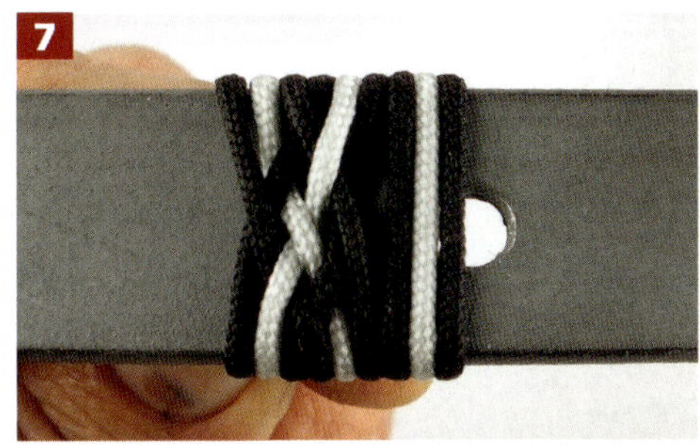

Schieben Sie alles eng zusammen und ziehen Sie die Enden straff.

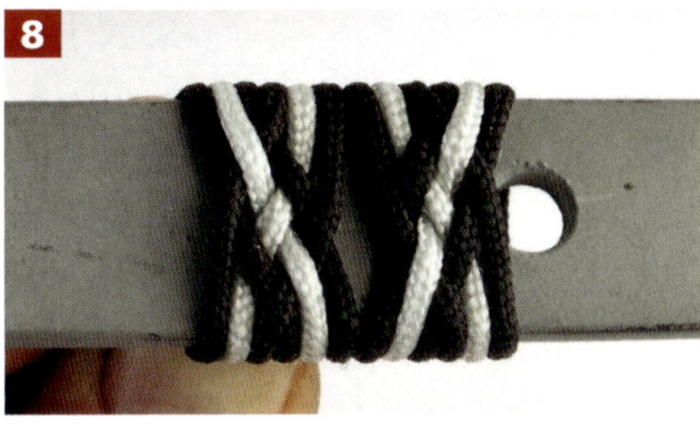

Wechseln Sie die Flechtrichtung nach Wunsch. Für diese Griffwicklung ist es nicht notwendig, aber es sieht gut aus.

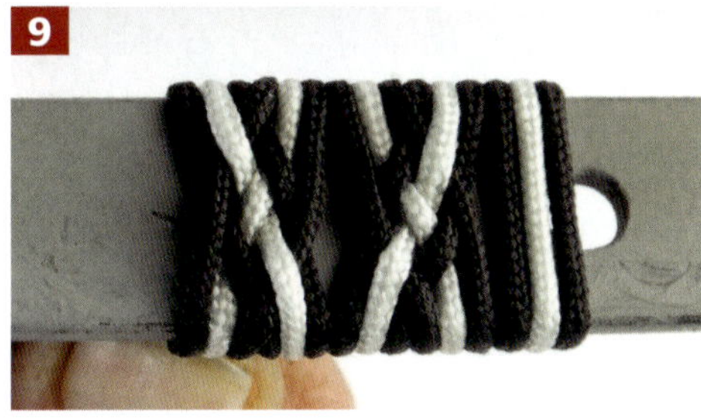

Hier ist die Richtung der Wicklung auch auf der *omote*-Seite abwechselnd. Ziehen Sie die Enden weiterhin straff und drücken Sie alles eng zusammen.

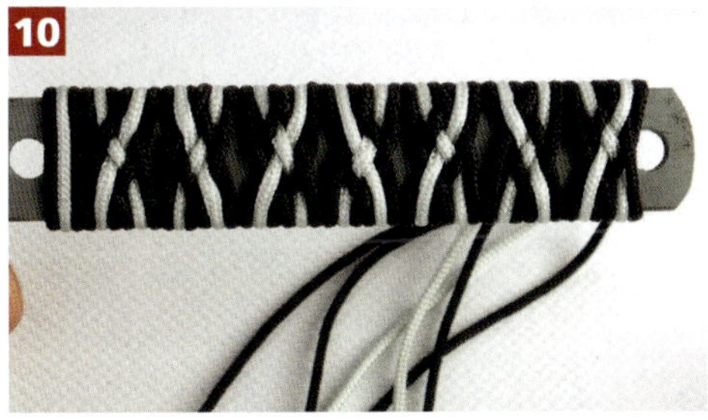

Auf der *omote*-Seite haben wir das Ende erreicht. Die Arbeitsenden werden auf der Seite der Messerangel festgeklebt, so dass wir uns auf die Endknoten konzentrieren können.

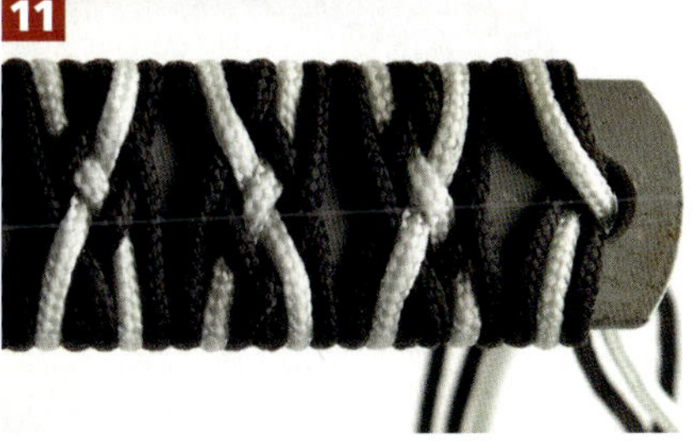

Eine einfache Lösung des Knotens beginnt, indem wir alle Seile durch das Knaufloch ziehen.

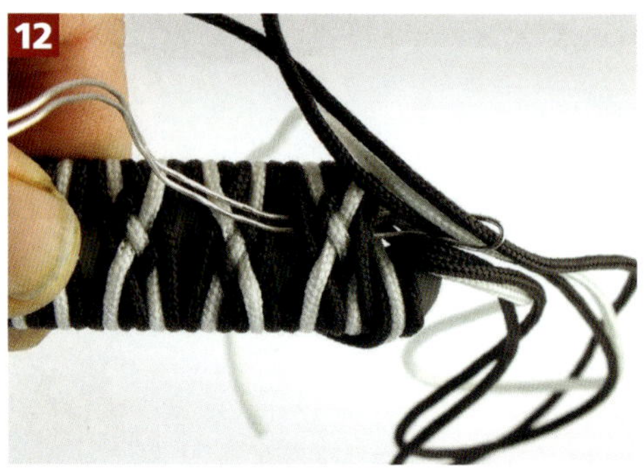

Mit einem umgebogenen Draht werden die Seile unter das letzte Webmuster gezogen.

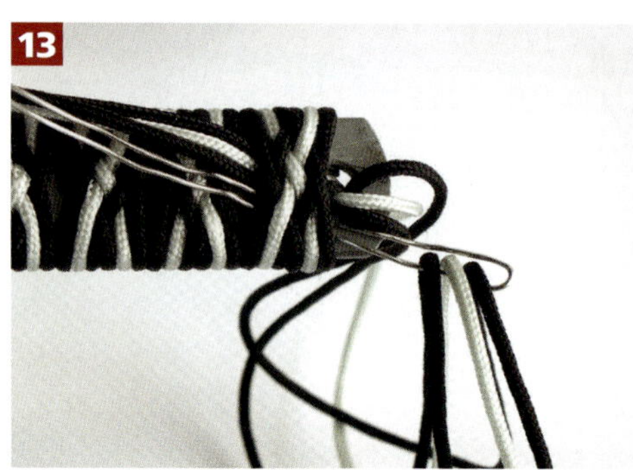

Das zweite Set von Arbeitsenden wird ebenfalls unter das Flechtmuster gezogen.

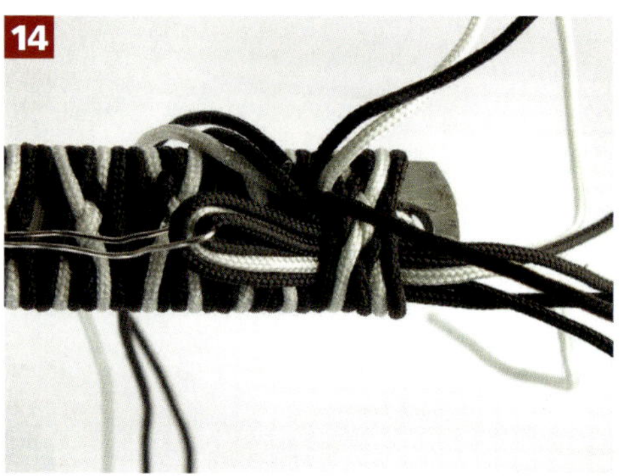

Das erste Set von Seilenden geht aufwärts und wird an der rechten Seite wieder unter das Flechtmuster gezogen.

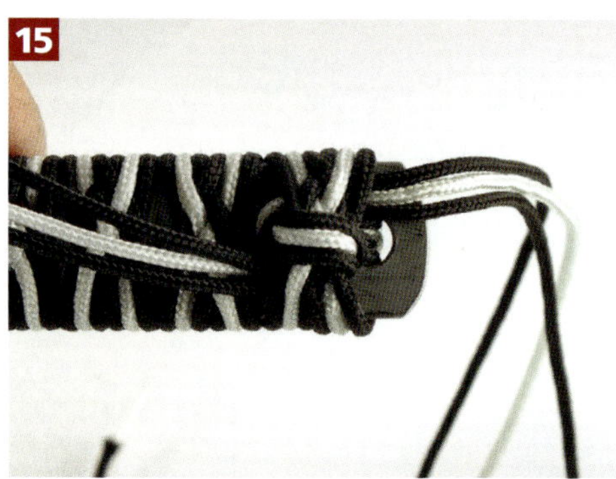

Die Seilenden, die zuerst auf der rechten Seite nach unten geführt wurden, sind jetzt auf der linken Seite des Flechtmusters nach oben zurückgekommen.

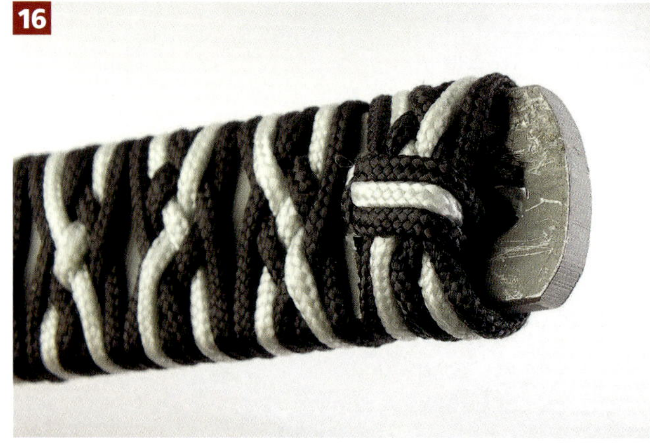

Alle Enden sind abgeschnitten und können jetzt mit einer feinen Schere noch ein bisschen zurechtgestutzt werden. Der Knoten ist nur ein Teil eines traditionellen Knotens. Die Masse eines vollen Endknotens wäre im Vergleich zum Griffvolumen zu hoch.

5.2.7 Vier-Enden-Überkreuzung mit Schlaufen

Diese *tsukamaki* wird auch mit vier Arbeitsenden gemacht. Aber anstatt die Enden zu verweben, werden sich zwei Enden überkreuzen. Mit den anderen Enden werden Schlaufen gemacht. Das Beispiel wurde mit schwarzem und goldenem Paracord vom Typ II ausgeführt.

Das Besondere an dieser Griffwicklung ist, dass der Gesamteindruck der Wicklung auf beiden Seiten unterschiedlich ist. Die Farben wechseln ihre Plätze, und die dominante Farbe auf einer Seite liegt auf der gegenüberliegenden Seite unter der anderen Farbe. Benutzen Sie das als Hinweis, um die Position der Seile gleich zu Beginn der Griffwicklung anzupassen.

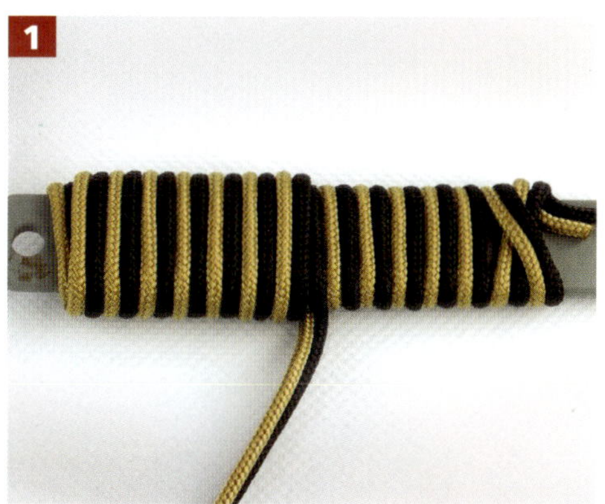

1 **Umwickeln Sie den Griff eineinhalb Mal, um die benötigte Seillänge abzumessen.**

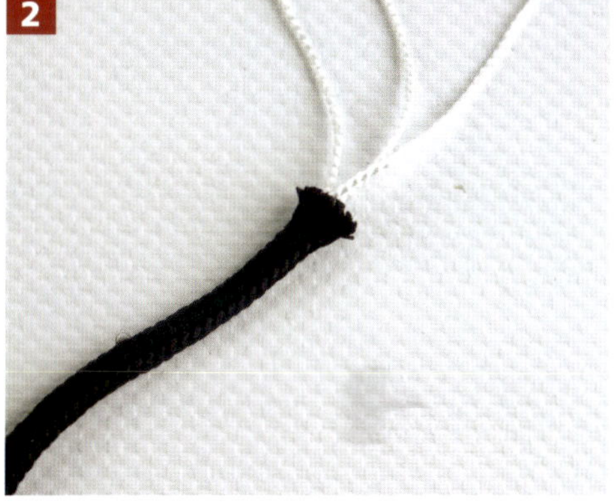

2 **Die Seele von Paracord Typ II hat drei Kernschnüre, die wir entfernen.**

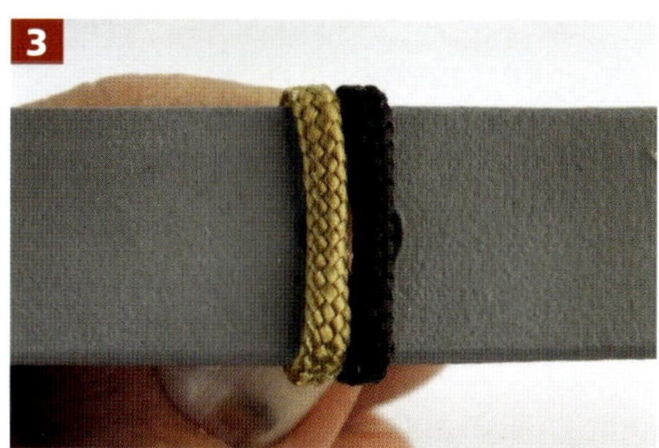

3 **Wir beginnen mit der Mitte der Seile am Handschutz. Ich bevorzuge es, wenn die dunklere Seite an der Klingenseite ist.**

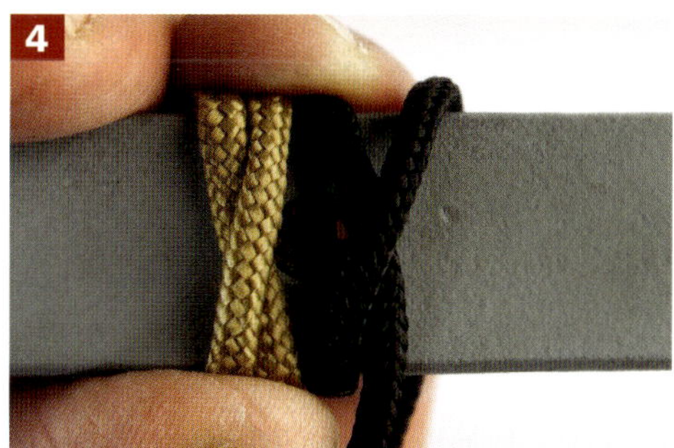

4 **Mit den schwarzen Seilenden aus dem Weg auf der rechten Seite, überkreuzen wir die goldenen Seilenden.**

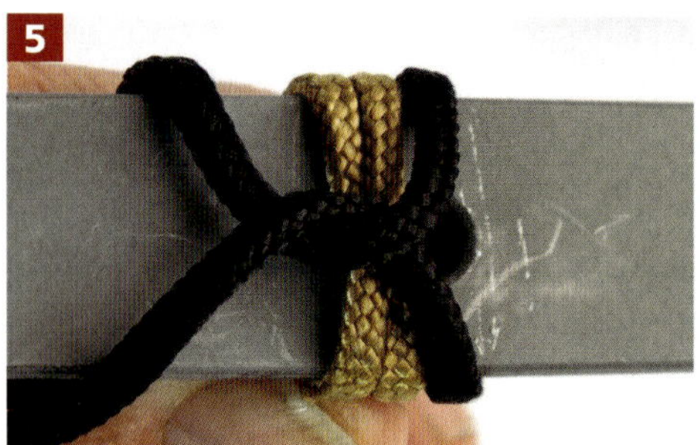

Legen Sie die schwarzen Seilenden über die goldene Kreuzung und ziehen Sie an den Arbeitsenden. Sellen Sie sicher, dass Sie dabei alle vier Enden festhalten!

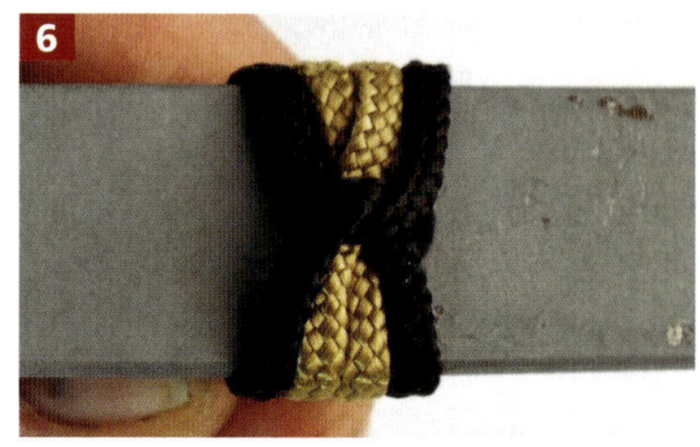

Die erste Überkreuzung ist festgezogen.

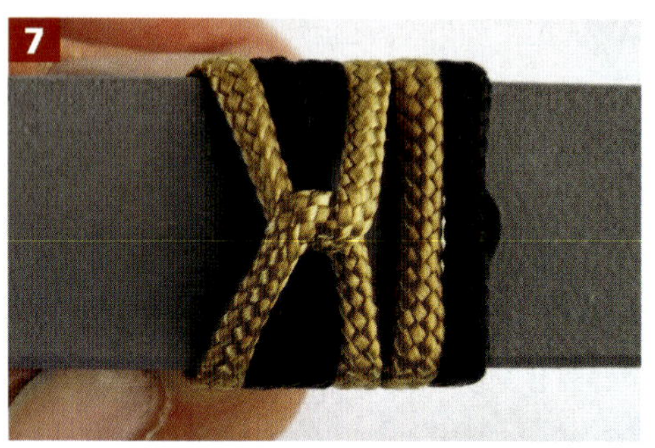

Das Messer wird herumgedreht und der Arbeitsablauf wiederholt.

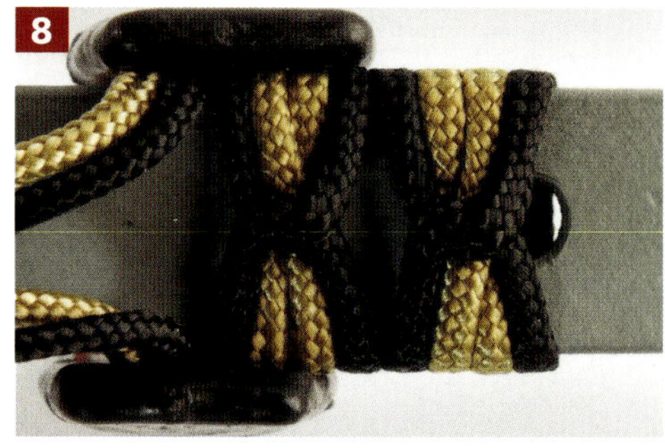

Die schwarzen Seilenden werden über die goldenen Enden gelegt und durch das jeweils andere Ende durchgeschlauft.

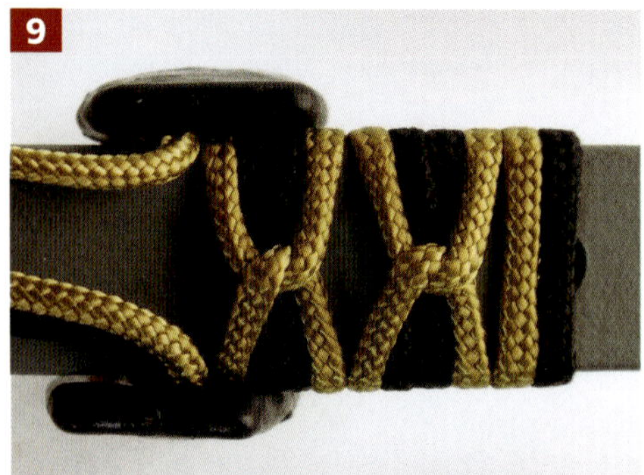

Die andere Seite zeigt die wechselnde Richtung der schwarzen Überkreuzungen.

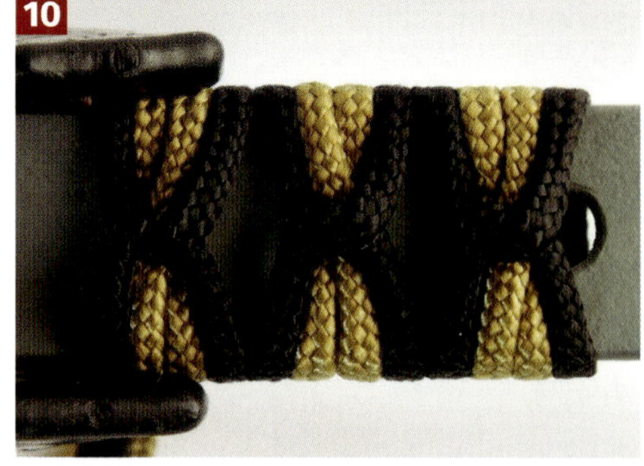

Die Überkreuzungen werden wiederholt, aber die goldenen Kreuzungen wechseln auf dieser Seite die Richtung.

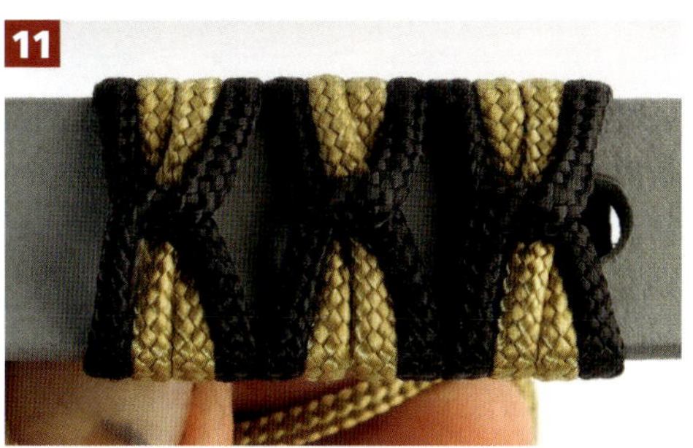

Das sieht doch schon mal gut aus!

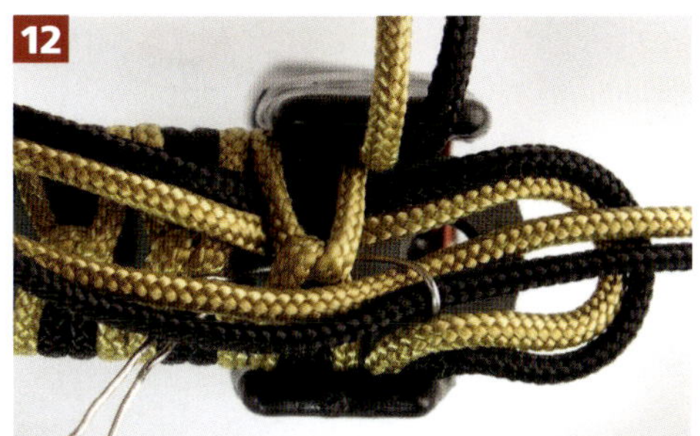

Die oberen Seilenden werden auch mit dem gebogenen Stahldraht unter die Überkreuzungen gezogen.

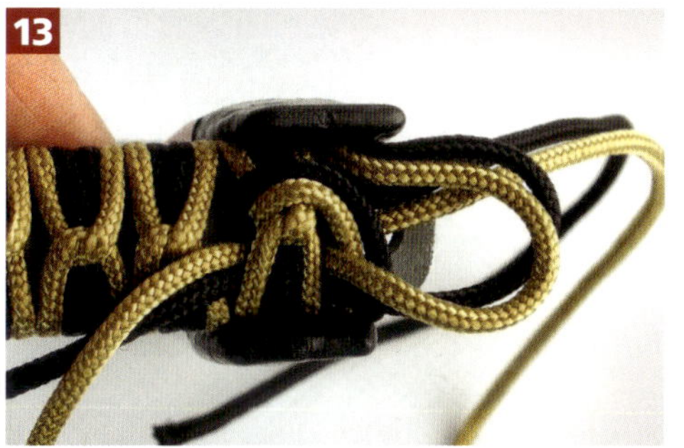

Das wird ein alternativer Endknoten, weil der traditionelle Endknoten zu dick wäre.

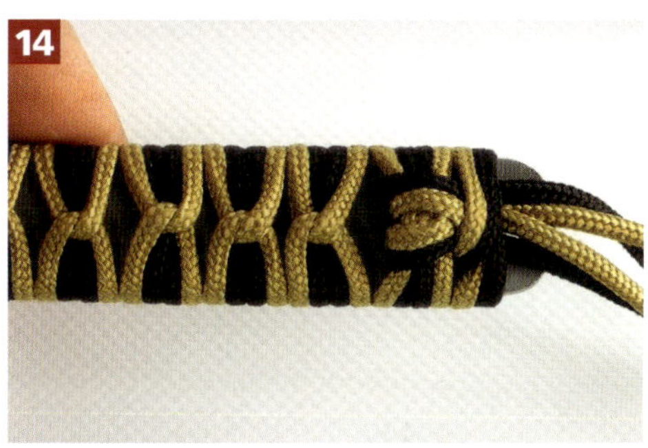

Der erste alternative Knoten ist gemacht.

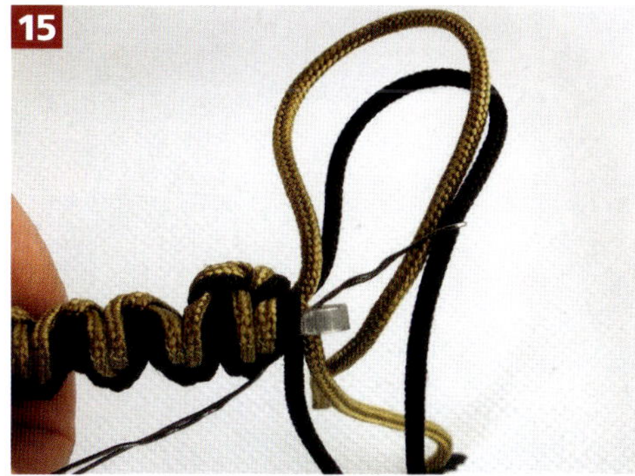

Mit dem gebogenen Draht werden die Arbeitsenden durch das Loch in der Angel gezogen.

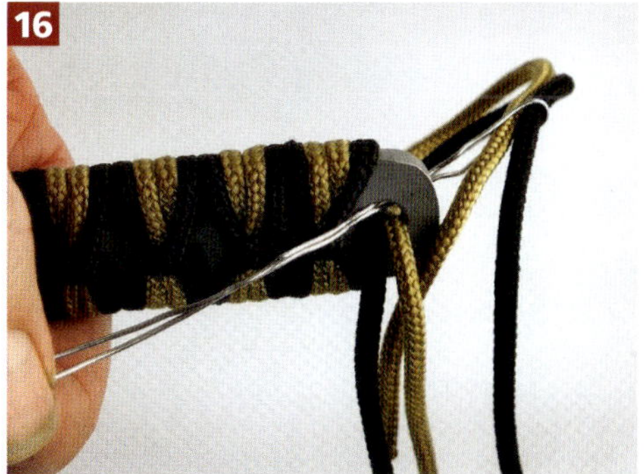

Die Seile beim Durchziehen.

17

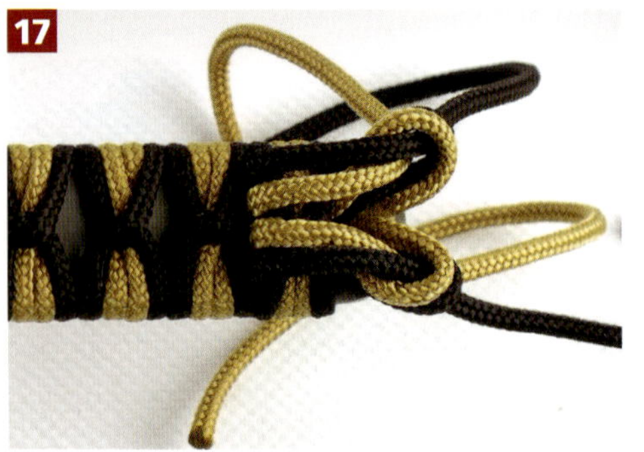

Die Seilenden gehen unter der letzten Kreuzung durch und auswärts gerichtet zurück nach oben.

18

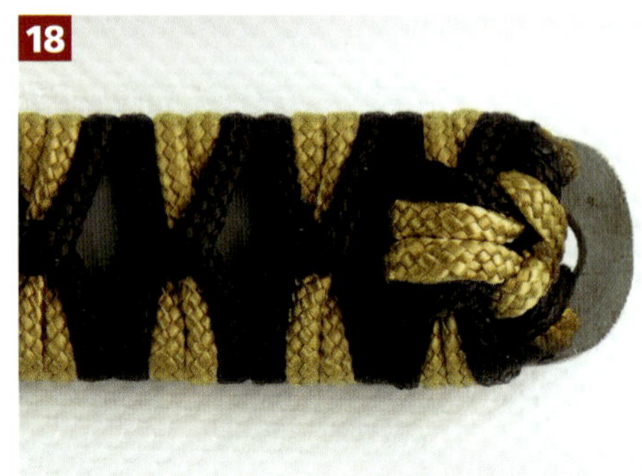

Die Enden werden gestutzt, angeschmolzen und geformt.

19

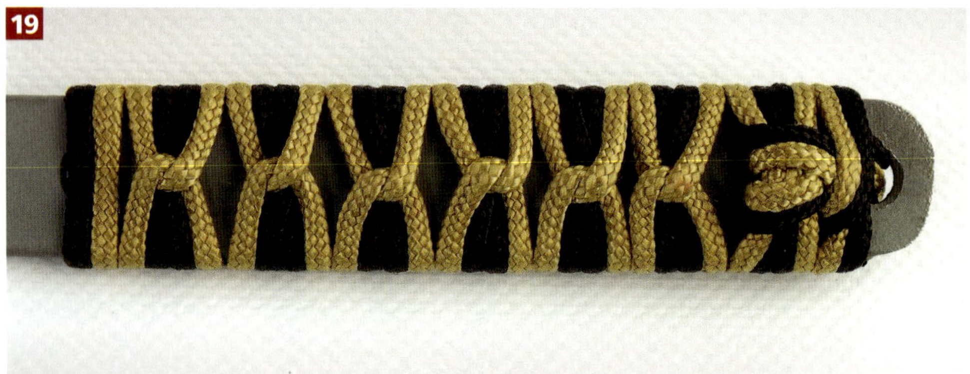

Die *omote*-Seite wurde mit einem alternativen *ura*-Knoten beendet. Der traditionelle *ura*-Knoten wäre auch in diesem Fall zu dick gewesen.

20

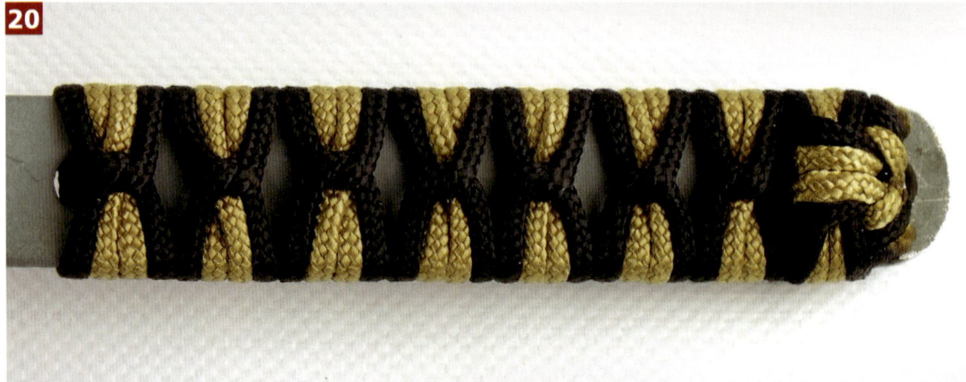

Die fertige *ura*-Seite mit dem nicht-traditionellen *omote*-Knoten.

5.2.8 Flache Überkreuzung mit vier Enden

Bei dieser Griffwicklung überkreuzen sich die Flatlines. Die Technik erfordert eine Klammerung, da die Erhaltung der Spannung an den Seilenden schwieriger ist als bei den anderen Wicklungen. Die ständige Überprüfung der Seilenden ist ein Muss. Es ist sehr wichtig, dass alle vier Arbeitsenden ständig festgezogen werden und die Überkreuzungen dicht beieinander gehalten werden. Falls mit zwei Farben gearbeitet wird, wechseln beide Seiten die dominante Farbe.

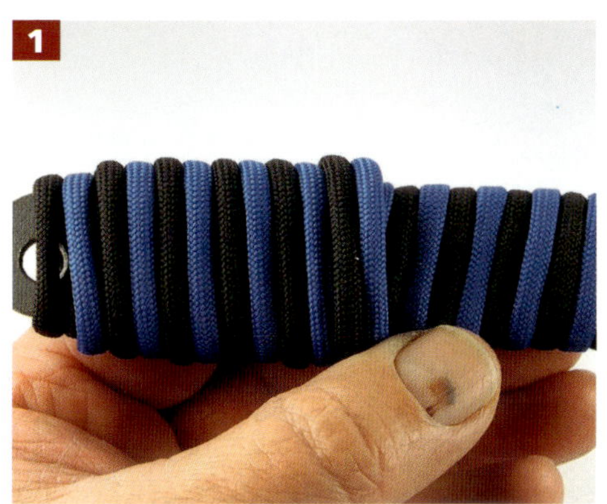

Umwickeln Sie den Griff eineinhalbmal mit beiden Seilen gleichzeitig, bevor Sie sie abschneiden.

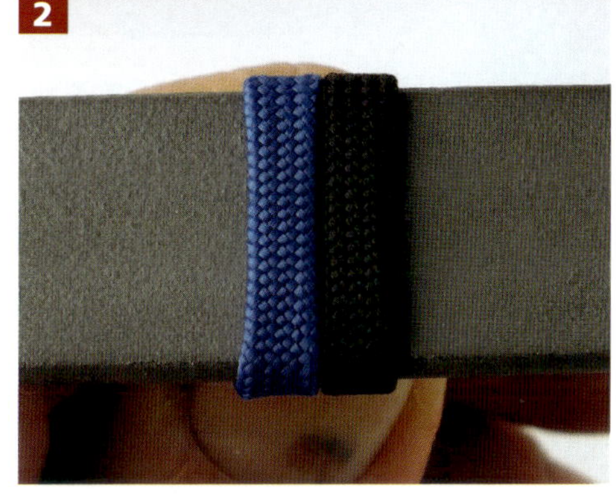

Beginnen Sie die Wicklung mit der Mitte beider Flatlines auf der *omote*-Seite des Griffs. Ich bevorzuge die dunklere Farbe näher an der Klinge.

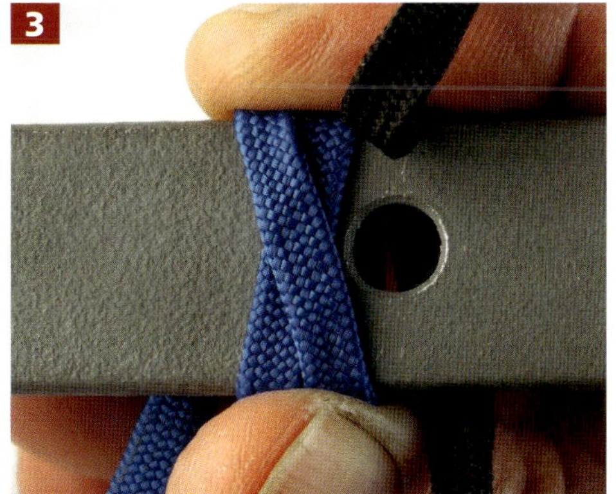

Beginnen Sie mit dem Überkreuzen der blauen Seilenden.

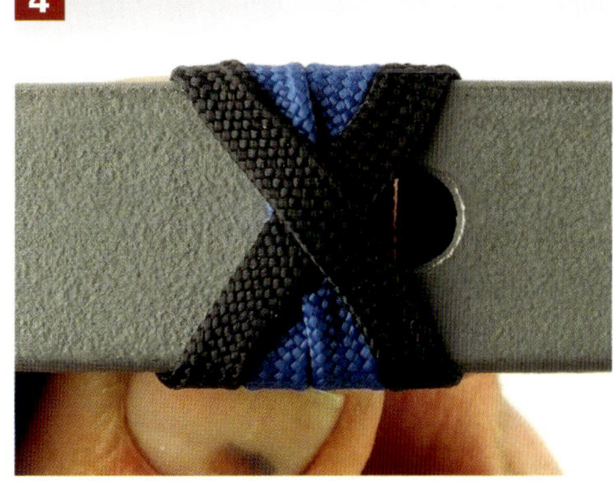

Kreuzen Sie die schwarzen Seilenden in derselben Richtung über den blauen.

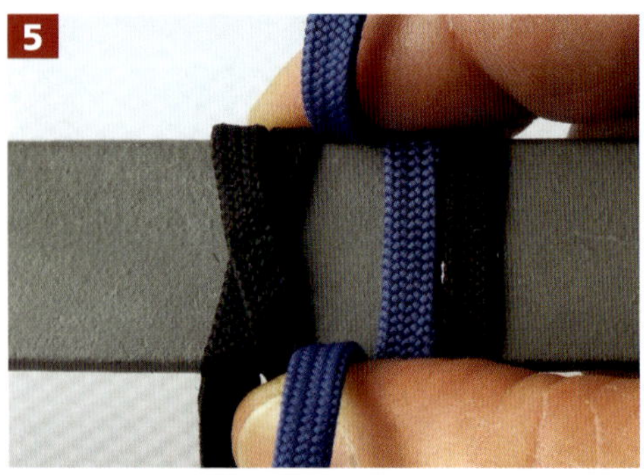

Auf der *omote*-Seite wird die Überkreuzung zuerst mit den schwarzen Seilenden ausgeführt.

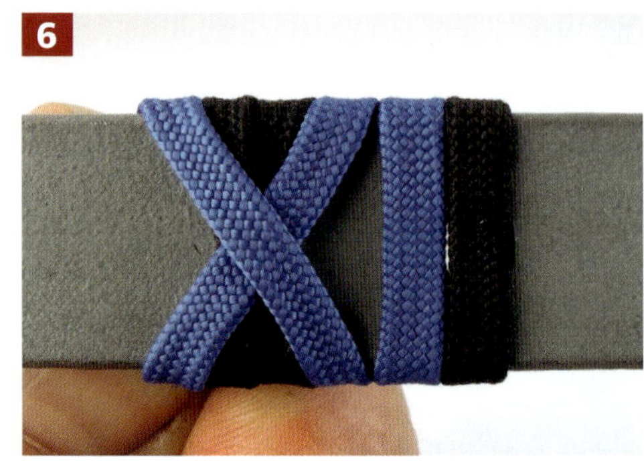

Beenden Sie die Überkreuzung, indem sie die blauen Enden über die schwarzen legen.

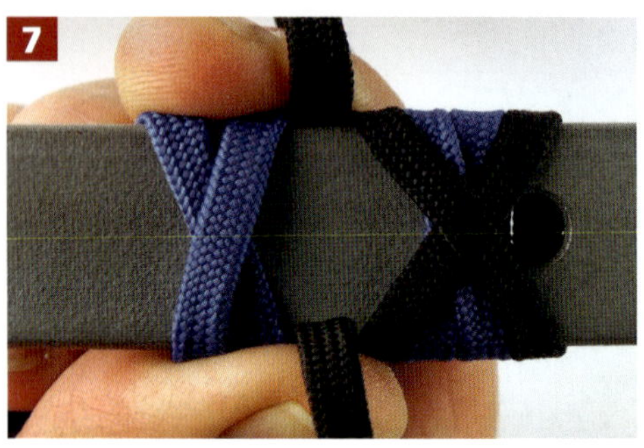

Zurück auf der *ura*-Seite kommt die blaue Überkreuzung zuerst. Die Richtung der Überkreuzung hat sich geändert.

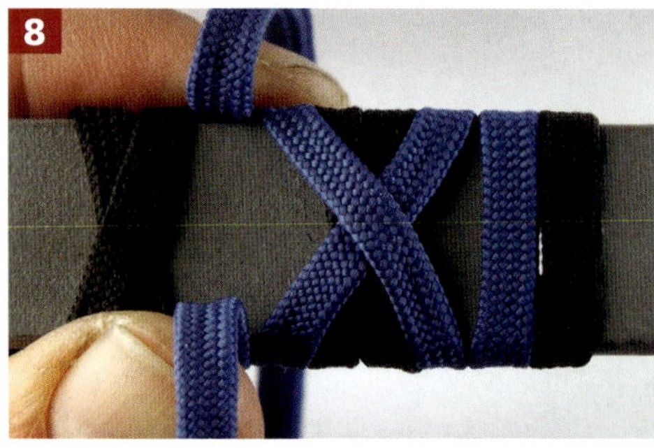

Die zweite Überkreuzung hat ihre Richtung ebenfalls geändert. Das muss man aber nicht unbedingt machen.

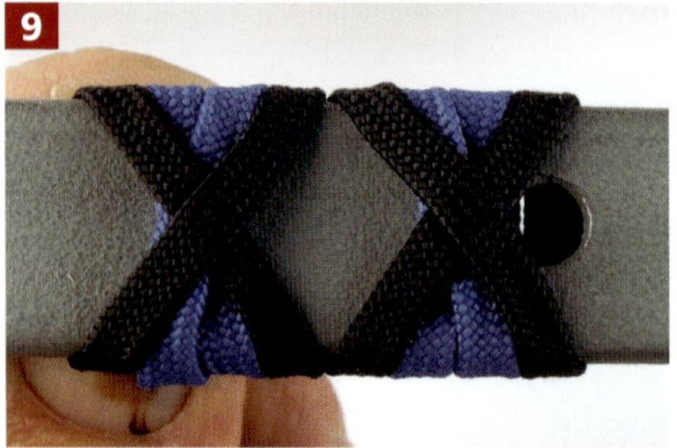

Die zweite Überkreuzung muss hier noch festgezogen werden.

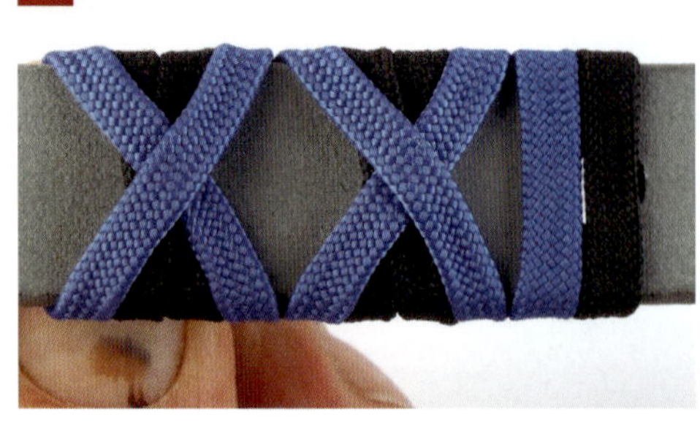

Die beiden Richtungen werden hier auf der *omote*-Seite des Griffs gezeigt. Machen Sie bis ans Ende der Angel weiter.

11

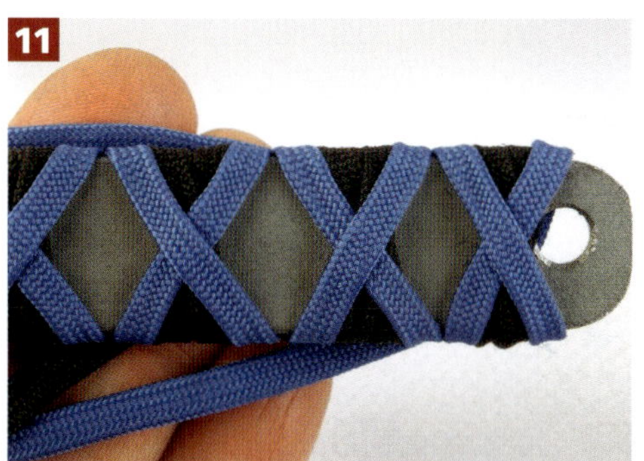

Das Ende der Angel ist erreicht.

12

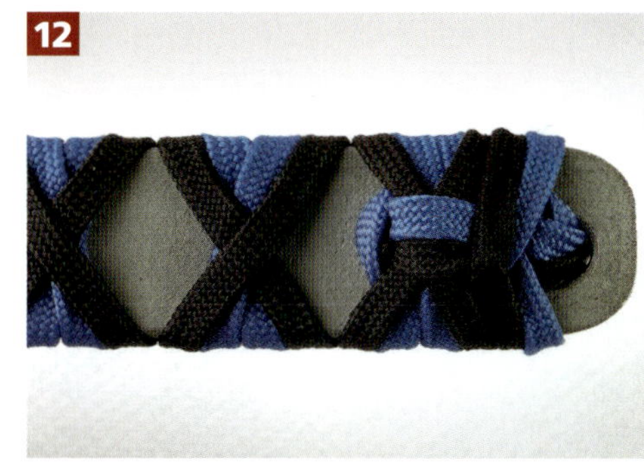

Dieser *ura*-Knoten basiert auf der traditionellen Version – mit dem Unterschied, dass wir hier mit 2 x 2 Flatlines arbeiten.

13

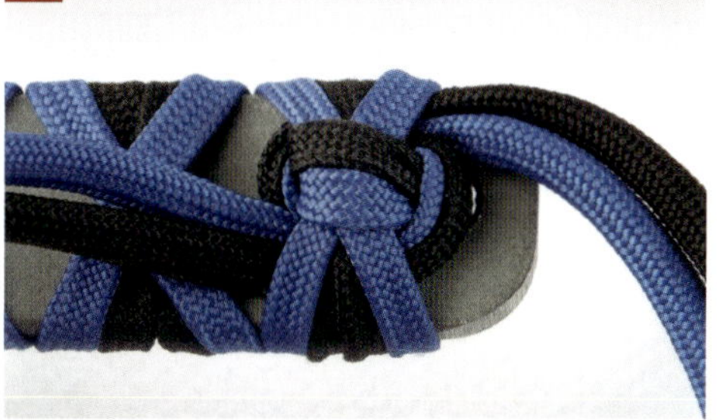

Der *omote*-Knoten bekommt hier ein alternatives Ende, damit der Knoten nicht zu sperrig wird. Die Enden werden abgeschnitten und geschmolzen oder geklebt.

14

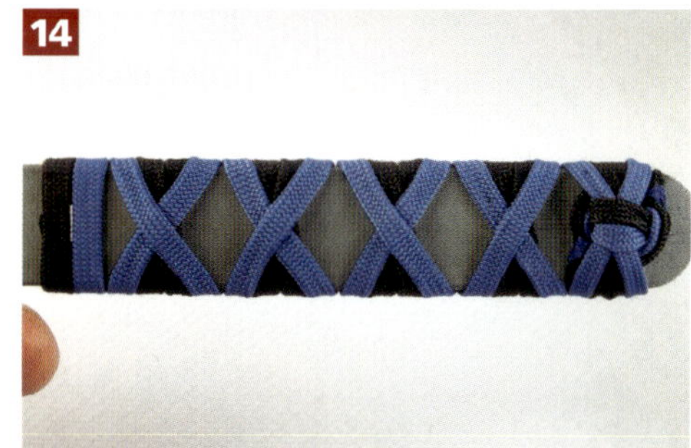

Die *omote*-Seite ist fertig.

15

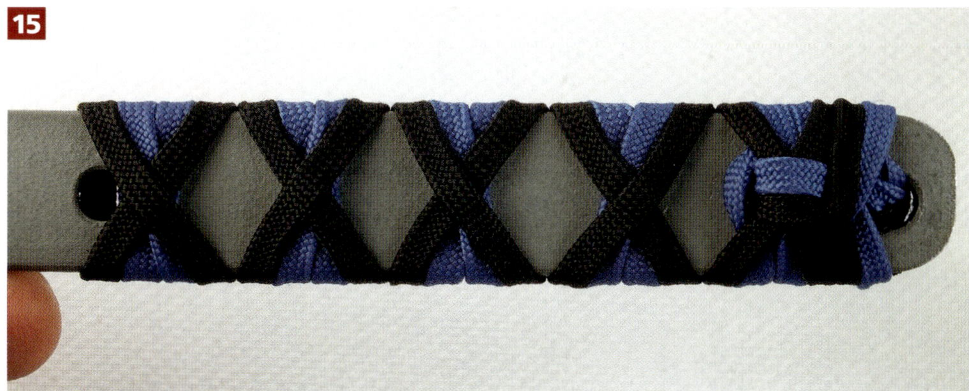

Die komplette *ura*-Seite.

CHINESISCHE GRIFFWICKLUNGEN

6.1 Die traditionellen chinesischen Wicklungen

Im Jahr 2004 mühte ich mich ab, um herauszufinden, wie die nachfolgend gezeigte Wicklung gemacht wird. Vince und Grace Evans halfen mir und brachten mir bei, die originale Art dieser Wicklung herzustellen. Vince Evans ist ein hochbegabter Schwertschmied und macht funktionale Reproduktionen in Museumsqualität, die den Originalen so nahe wie möglich kommen.

Die Version, die der originalen Griffwicklung bei chinesischen Dao-Schwertern am nächsten kommt, wird mit einem durchgehenden Seil oder Band ausgeführt. Flaches, gewebtes Seidenband ist dafür am besten geeignet. Schmale Arten von Flatline glänzen hier. Je schmaler der Griff, desto schmaler sollte das Band oder die Paracord-Flatline sein.

Es gibt sowohl schöne Griffwicklungen mit Flatline als auch mit vollem Paracord. Ich habe volles Paracord vom Typ II und Flatline vom Typ III benutzt. Griffwicklungen mit Paracord-Flatline kommen den originalen chinesischen Schwertwicklungen am nächsten.

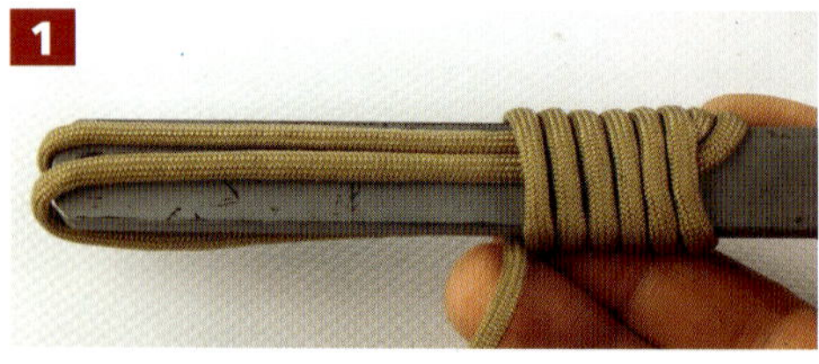

So beginnen Sie die Wicklung, um die benötigte Länge des Seils zu bestimmen.

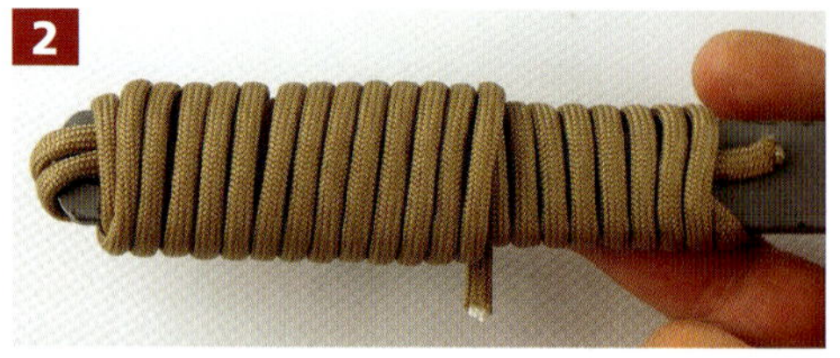

Die richtige Seillänge: Zwei Schlaufen entlang der Grifflänge und eineinhalb Lagen um den Griff sind genug Material, um die Wicklung – falls gewünscht – mit einem Türkenbund zu beenden.

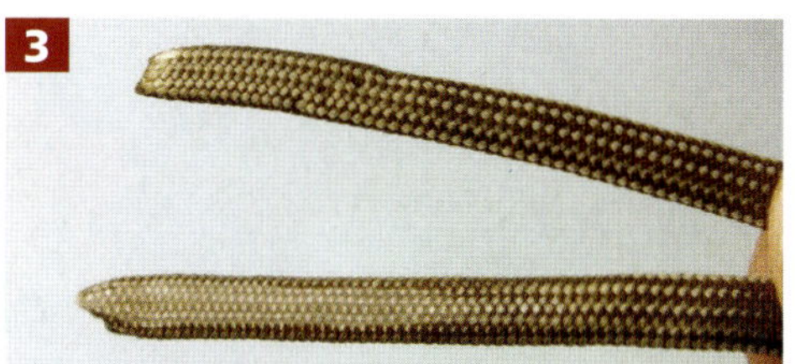

Die Seele des Paracord wird entfernt. Das Arbeitsende erhält eine steife Spitze, der Anfang ein feines, flaches Ende.

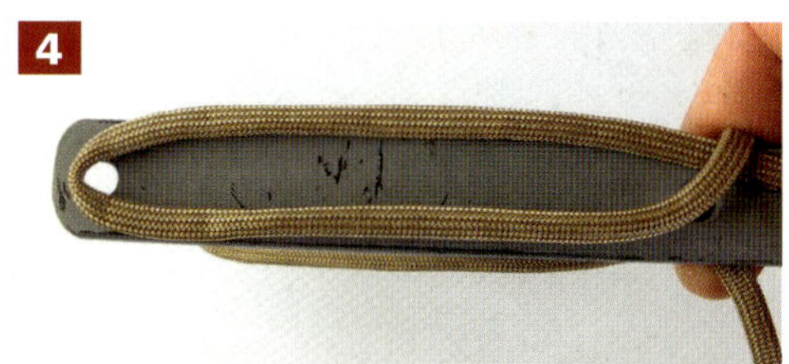

Beginnen Sie mit einer Schlaufe an der Rückseite des späteren Griffs. Diese Seite ist nicht sichtbar, wenn das Messer in der Scheide steckt.

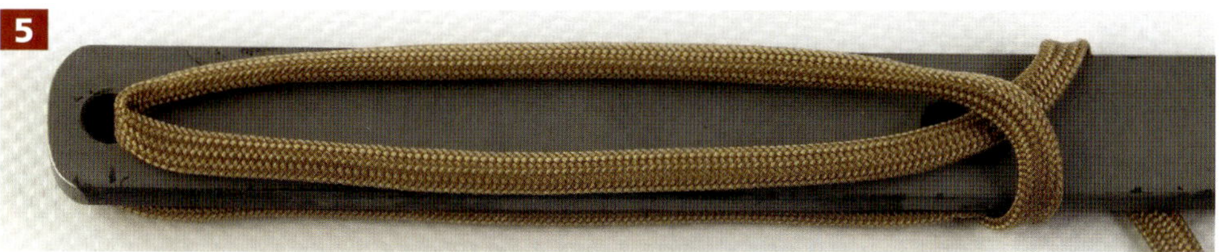

Legen Sie eine zweite Schlaufe auf der Vorderseite des Griffs.

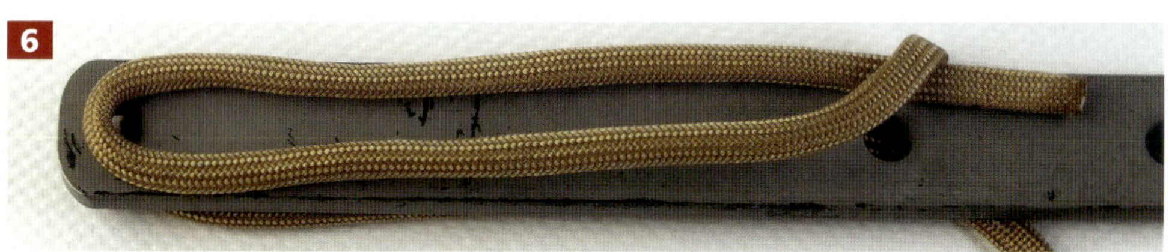

Hier nochmal die Schlaufe auf der Rückseite. Beide Schlaufen können vorübergehend mit einem elastischen Band oder Klebestreifen fixiert werden, bis die eigentliche Wicklung begonnen wurde und alles durch die Umwicklung an seinem Platz gehalten wird.

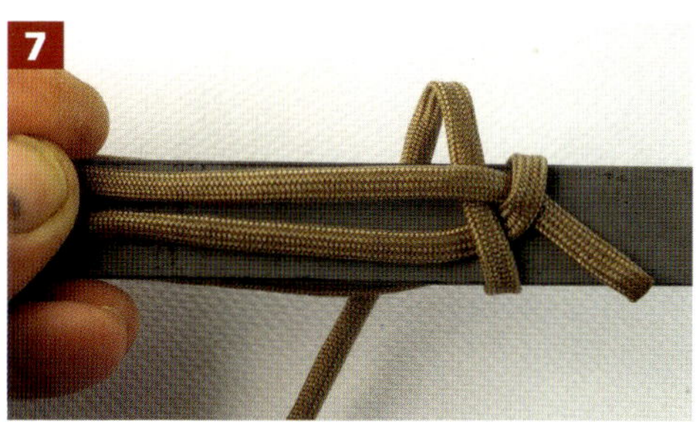

Wenn die Schlaufen gelegt sind, wird das Arbeitsende von unten durch die Schlaufe auf der Rückseite des Griffs geführt.

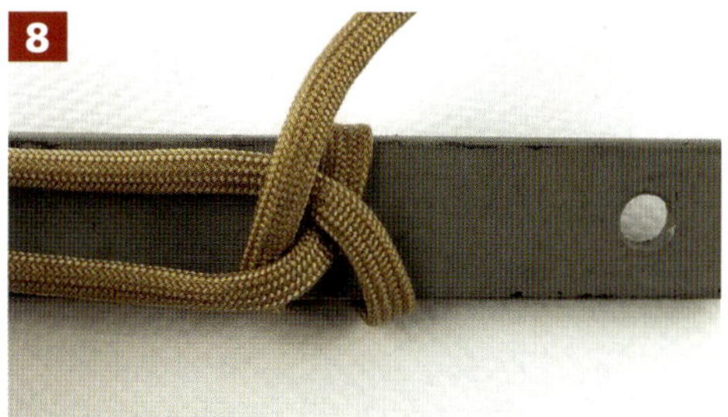

Die Vorderseite des Griffs: Auch hier wird das Arbeitsende durch die Schlaufe geführt.

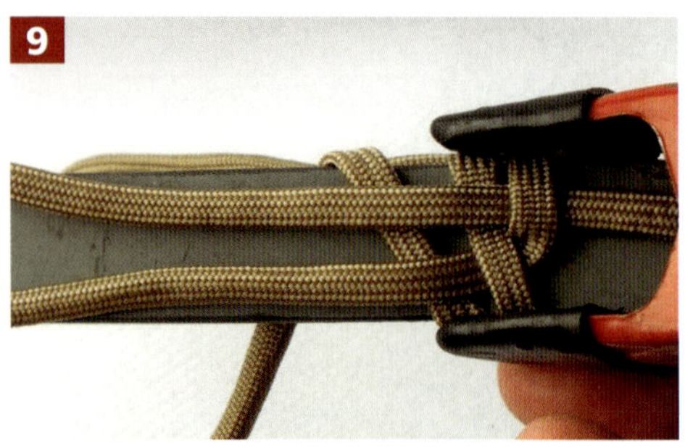

Bevor wir die typische Webfolge starten, benutzen wir eine Klammer, um das Seil zu halten. Die erste Wicklung auf der Rückseite geht von unten unter die Schlaufe.

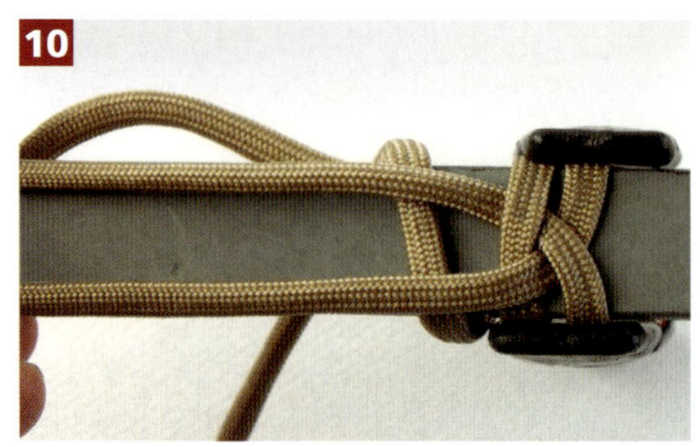

Auch auf der Vorderseite verläuft das Seil von unten kommend unter der Schlaufe.

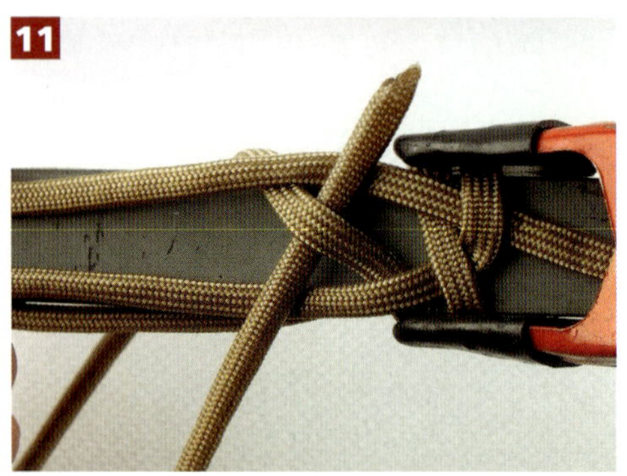

Auf der Rückseite kommt das Arbeitsende nun über die Schlaufe, nimmt aber das dazwischen liegende Seil auf.

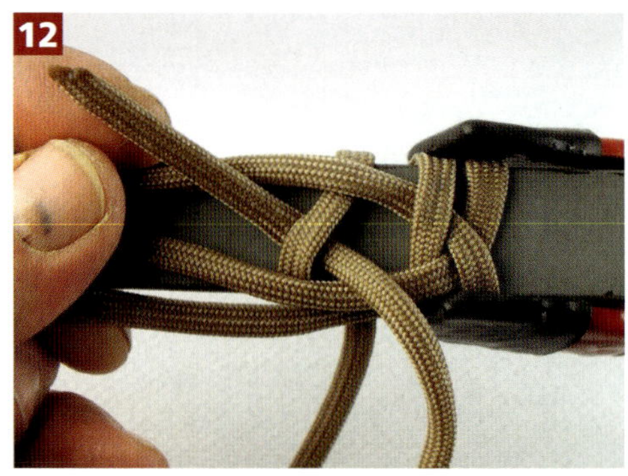

Auf der Vorderseite verläuft das Seil ebenfalls über der Schlaufe und nimmt das darunter liegende Seil auf.

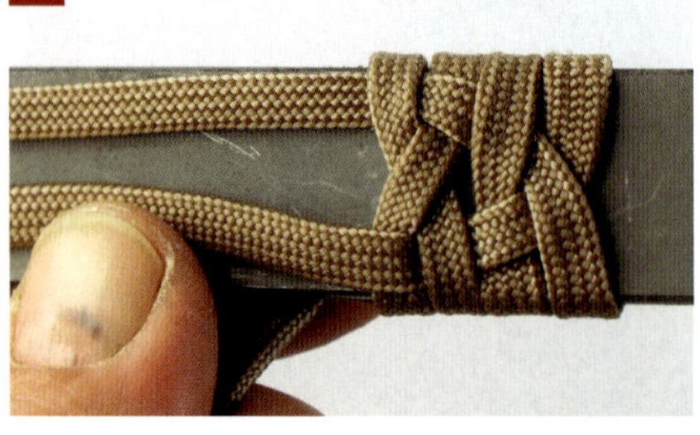

Frontansicht nach dem ersten Knoten: Alles wurde bereits festgezogen und die Länge der Schlaufen angepasst.

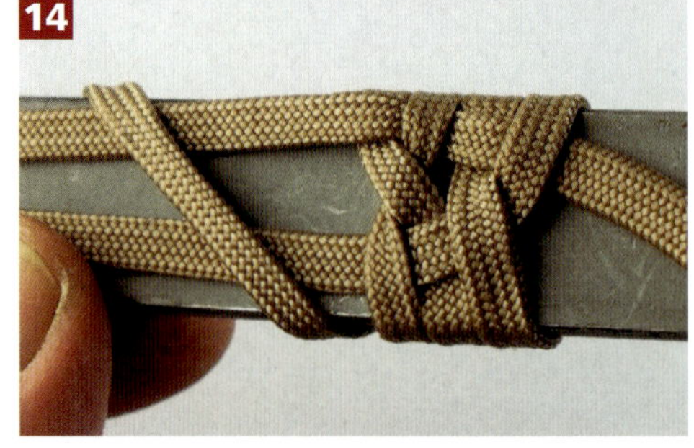

Die Rückseite des ersten Knotens: Die zweite Webfolge wird hier beginnen.

15

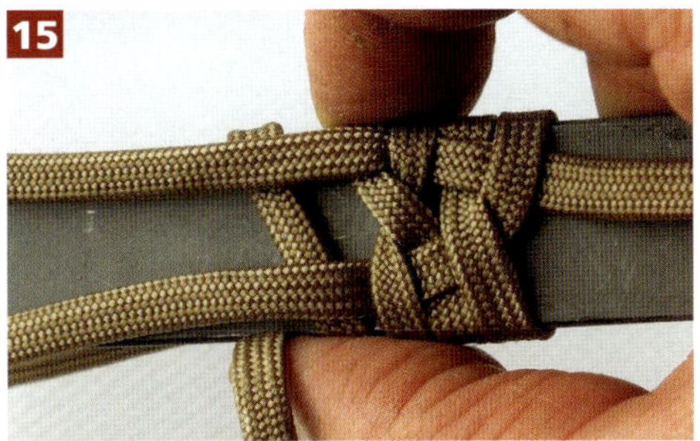

Die zweite Webfolge beginnt mit einer Reise unter die Schlaufe auf der Rückseite.

16

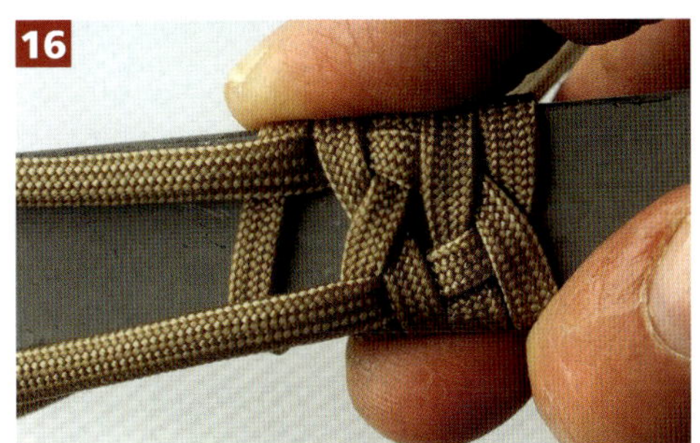

Auch auf der Vorderseite wird das Seil unter der Schlaufe hindurch geführt.

17

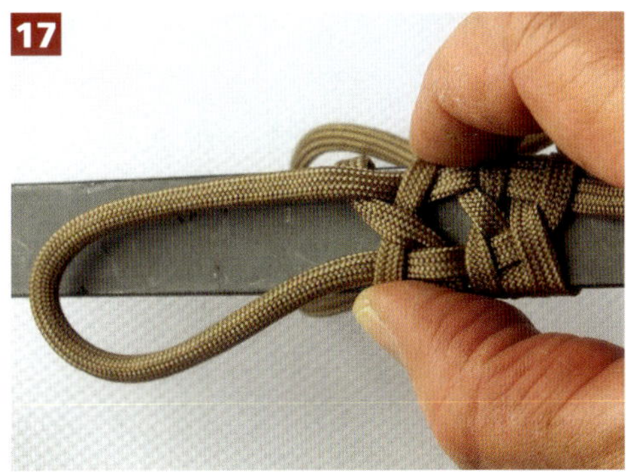

Das Arbeitsende geht auf der Rückseite wieder über die Schlaufen und unter das dazwischen liegende Seil.

18

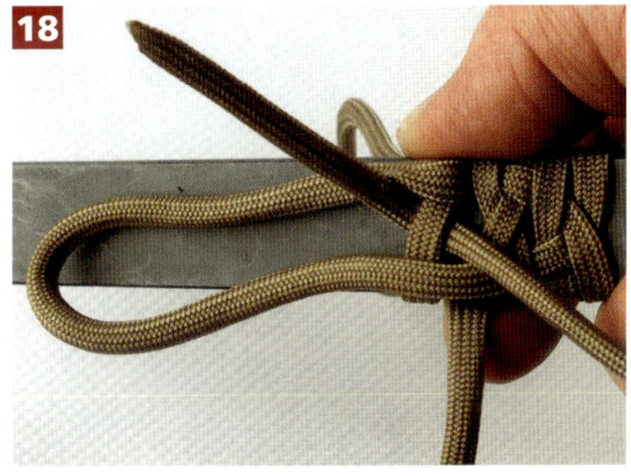

Auf der Vorderseite genauso, dann ist auch diese Webfolge beendet.

19

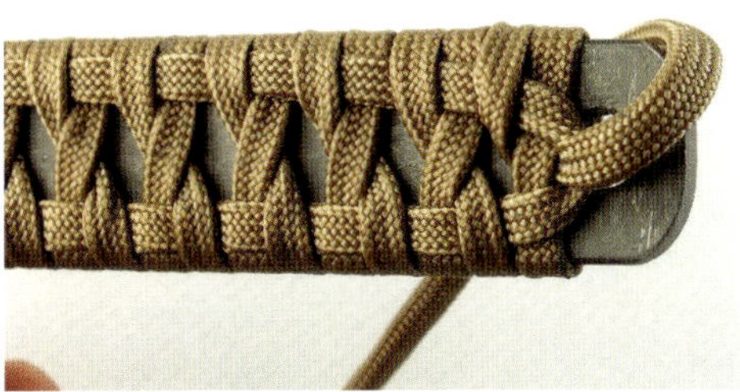

Wenn das Ende des Griffs und der Schlaufen erreicht ist, sehen wir den Endknoten fast schon vor uns.

20

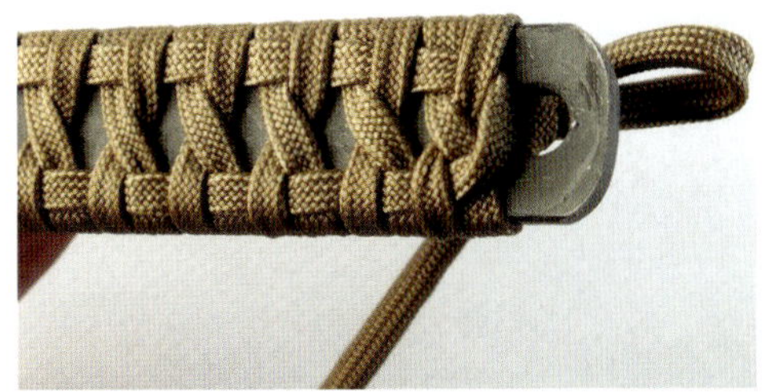

Der Griff von der anderen Seite gesehen.

21

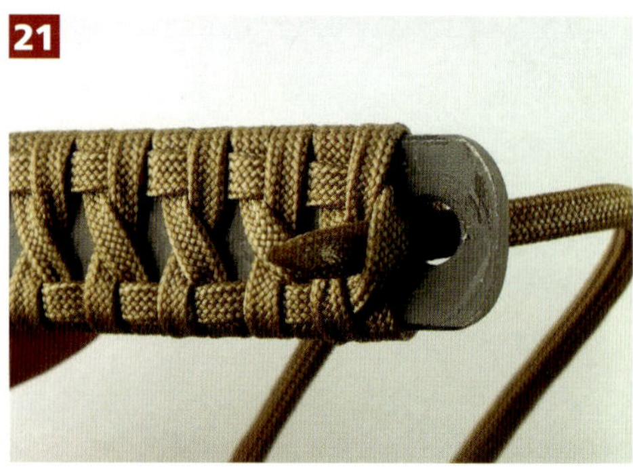

Das Arbeitsende wird durch das Knaufloch und das Schlaufenende auf der anderen Seite geführt.

22

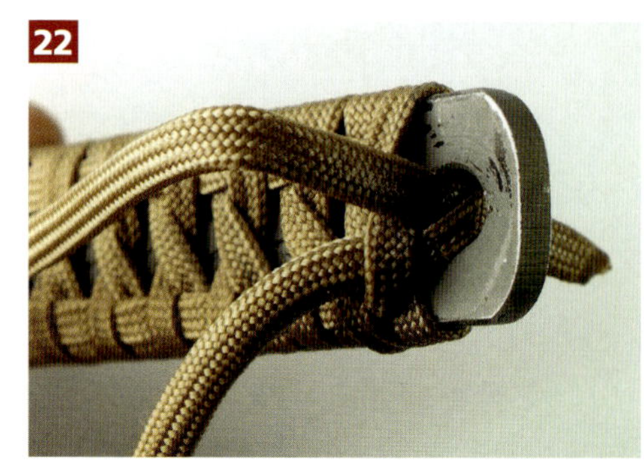

Das Arbeitsende kehrt postwendend durch das Knaufloch zurück.

23

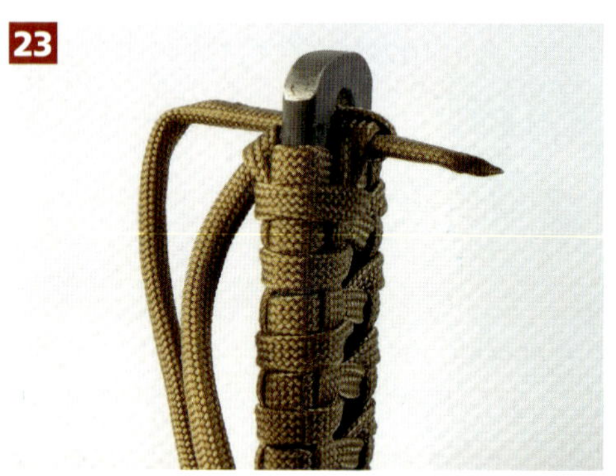

Die steife Spitze geht durch das Knaufloch und nimmt die Schlaufe auf der anderen Seite mit.

24

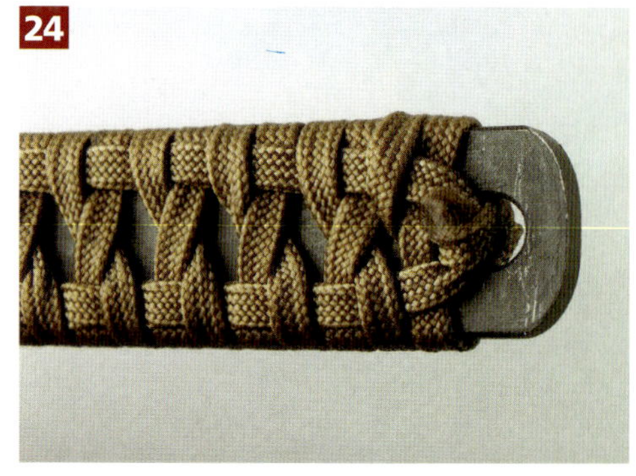

Das Seil wird durchgezogen. Wenn alles schön und stramm sitzt, wird das Seil gestutzt und das Ende angeschmolzen.

25

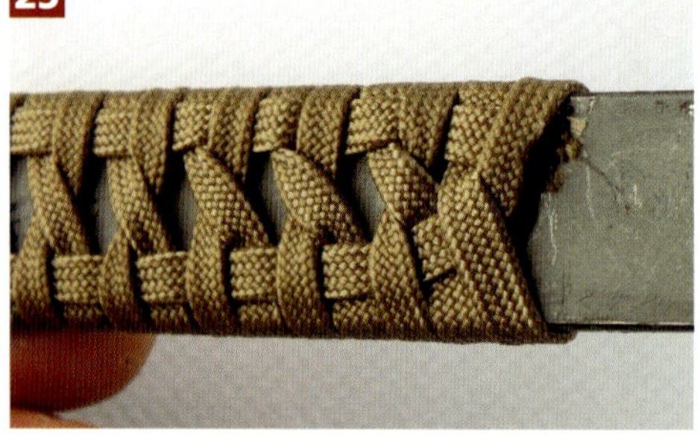

Das stehende Ende wird auch gestutzt und angeschmolzen, damit es sich nicht aufdröselt.

26

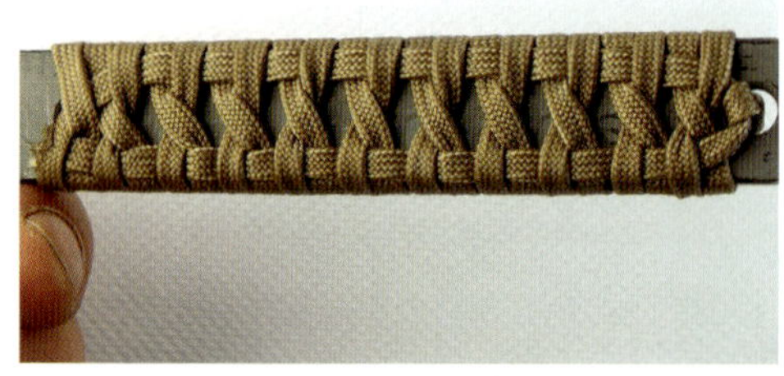

Ansicht der Griffrückseite: Ein Türkenbund (siehe Seite 112) wirkt Wunder, wenn man den Seilanfang verstecken will.

6.2 Die alternativen chinesischen Wicklungen

6.2.1 Alternative Nr. 1

Die erste Technik habe ich selbst entwickelt, noch bevor ich die bei Dao-Schwertern benutzte, traditionelle Technik erlernte. Sie sieht aus wie eine flache Diamant-Wicklung, bei der zwei Flatlines auf jeder Seite des Griffs eingewoben wurden.

Schneiden Sie zur Vorbereitung zwei kurze Seile auf etwas mehr als die doppelte Grifflänge zu. Bestimmen Sie die benötigte Länge für das Wicklungsseil, indem Sie den Griff 1,3 Mal umwickeln. Falten Sie das Seil in zwei Hälften, um die Mitte des Seils zu bestimmen. Das Seil wird mit der Mitte auf die Griffseite gelegt.

Überkreuzen Sie die Seilenden auf der Rückseite wie bei einer flachen japanischen Überkreuzung. Das erste der beiden kurzen Flechtseile muss darunter liegen. Drehen Sie den Griff wieder um und beginnen Sie mit dem Weben, indem Sie der Anleitung folgen. Halten Sie das Seil immer straff und drücken Sie die Seilabschnitte gegen die vorherigen. Ziehen Sie die Webenden der kurzen Seile nach jeder Überkreuzung gerade.

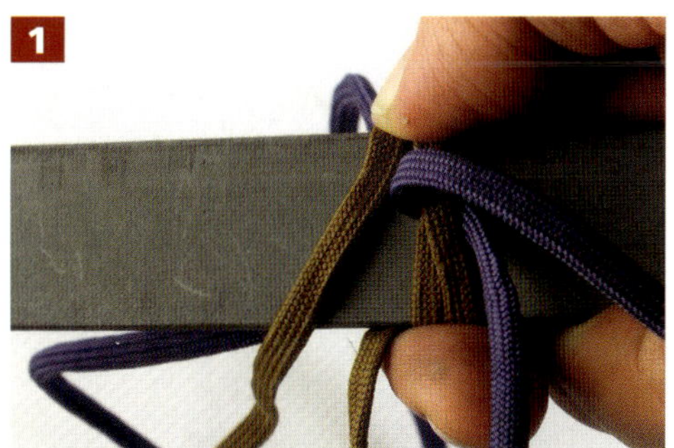

Der Beginn der Griffwicklung auf der Rückseite: Das rechte Arbeitsende (braun) kommt nach unten.

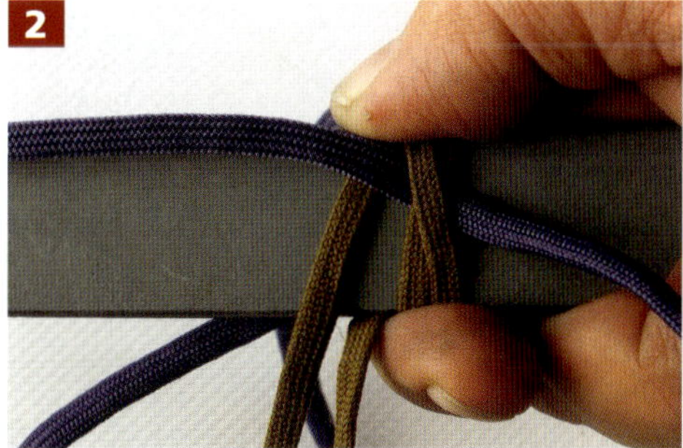

Das Webende (violett) wird über das rechte Arbeitsende gelegt.

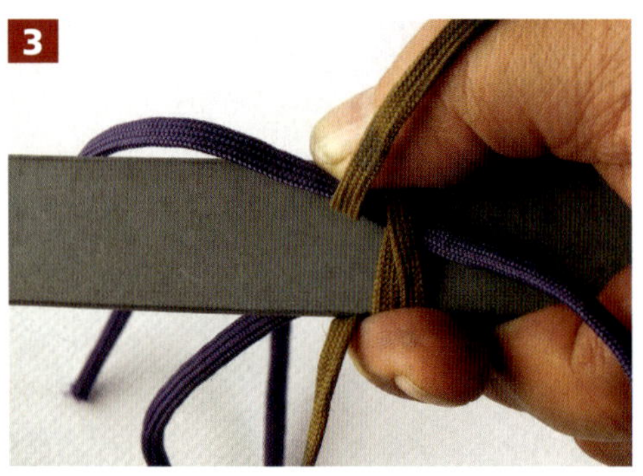

Das rechte Arbeitsende geht erstmal nach oben und aus dem Weg.

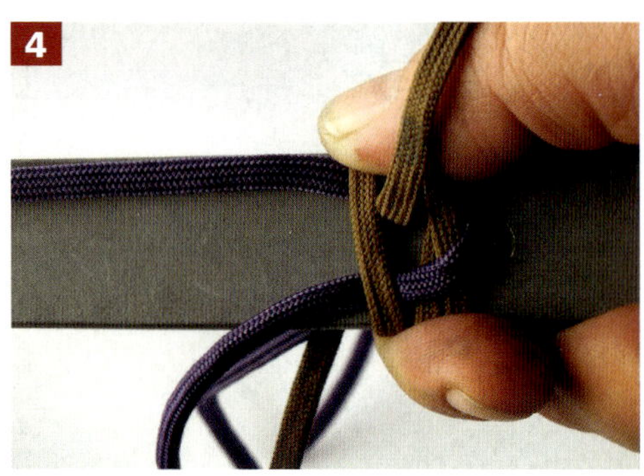

Das linke Arbeitsende kommt von unten und geht ebenfalls nach oben und über das Webende.

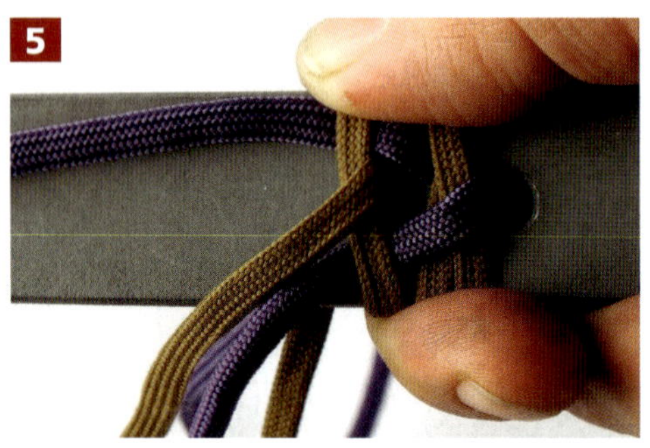

Das rechte Arbeitsende wird über das linke Arbeitsende, aber unter das untere Webende geführt.

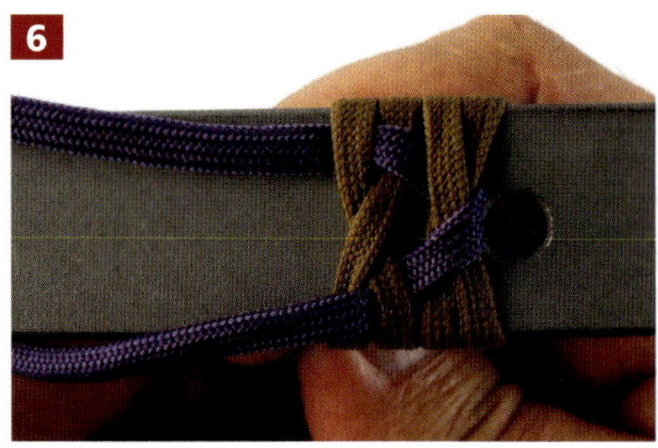

Das rechte Arbeitsende wird unter der Angel durchgeführt und festgezogen.

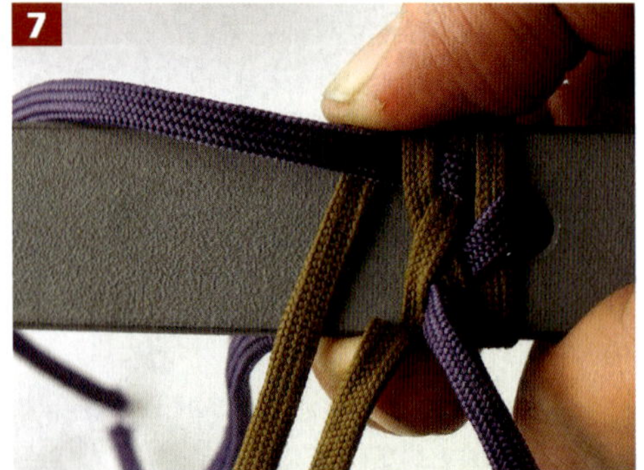

Wenn der Griff herumgedreht wird, kommt das obere Arbeitsende nach unten.

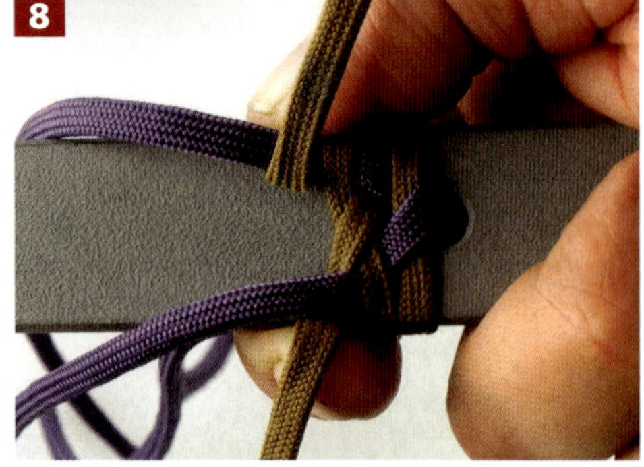

Es wird dann nach oben geführt und aus dem Weg gebracht. Das untere Webende kommt über das andere Arbeitsende.

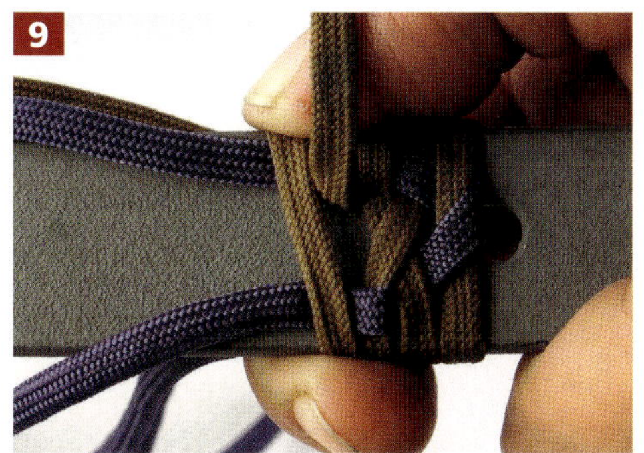

Das untere Arbeitsende geht nun nach oben über beide Webenden und über die obere Griffkante.

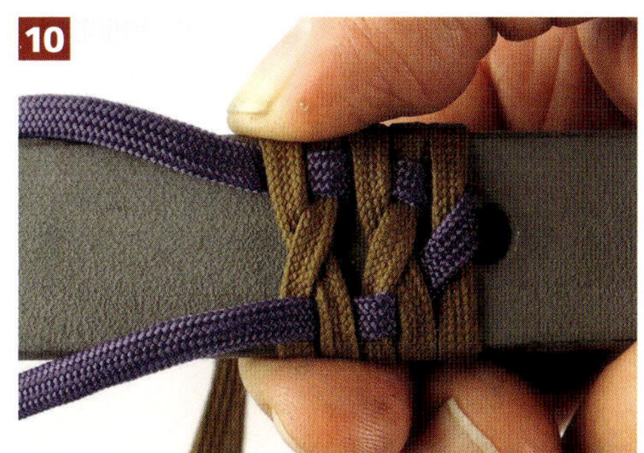

Das obere Arbeitsende geht nach unten über das andere Arbeitsende, aber unter das untere Webende.

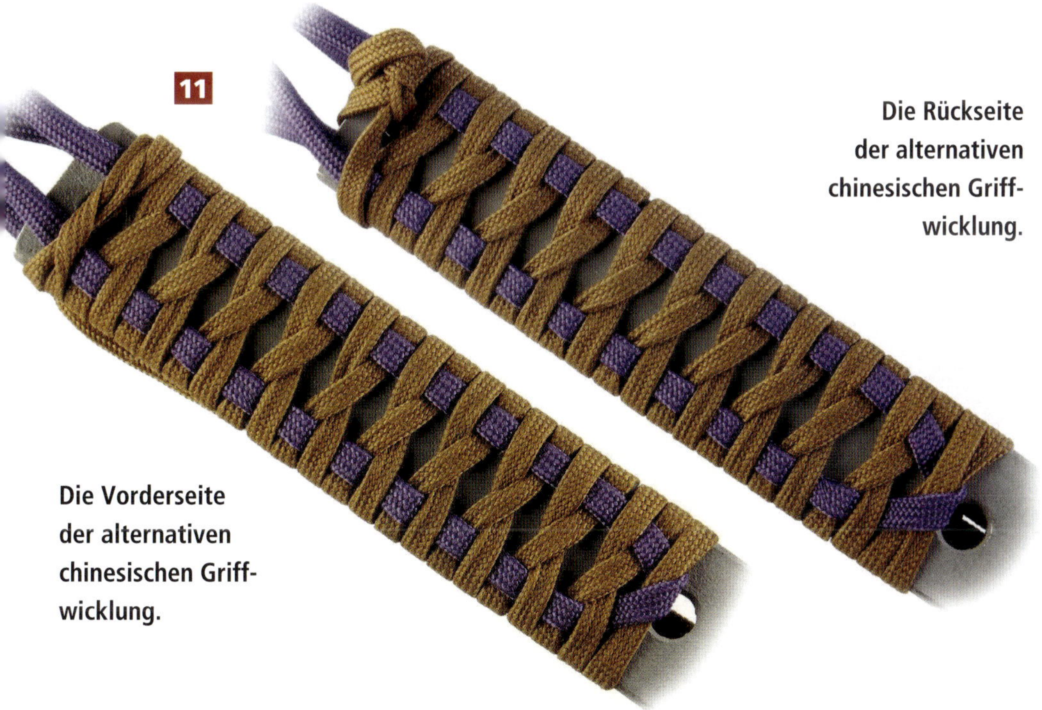

11

Die Rückseite der alternativen chinesischen Griffwicklung.

Die Vorderseite der alternativen chinesischen Griffwicklung.

Am Ende kann ein Türkenbund benutzt werden, um den Griff abzuschließen (siehe nächste Seite). Falls das Messer wie ein Puuko geformt ist, mit einem dicken Knauf und ohne Handschutz, ist es in Ordnung, wenn die Wicklung von der Klinge zum Knauf erfolgt. Natürlich kann auch hier mit einem Türkenbund ein Handschutz gemacht werden.

DER 3 x 5-TÜRKENBUND

Für die nächste Griffwicklung benötigen wir einen sogenannten Türkenbund. Der Türkenbund in der Ausführung 3 x 5 ist der gebräuchlichste aller Türkenbünde. Er kann als Handschutz oder Knauf fungieren. Da seine Form auf dem einfachen Zopf mit drei Strängen basiert, ist es einfach zu erkennen, wo das Seil während der Arbeit hin muss.
Der Türkenbund kann in zwei Richtungen ausgeführt werden: als rechtsgewundener und linksgewundener Knoten. Der linksgewundene Knoten ist jedoch nur das Spiegelbild des rechtsgewundenen Knotens.
Der Türkenbund wird meist in der freien Hand geknotet. Bei der rechtsgewundenen Variante machen Sie den Knoten auf Ihrer linken Hand mit dem Arbeitsende in der rechten.

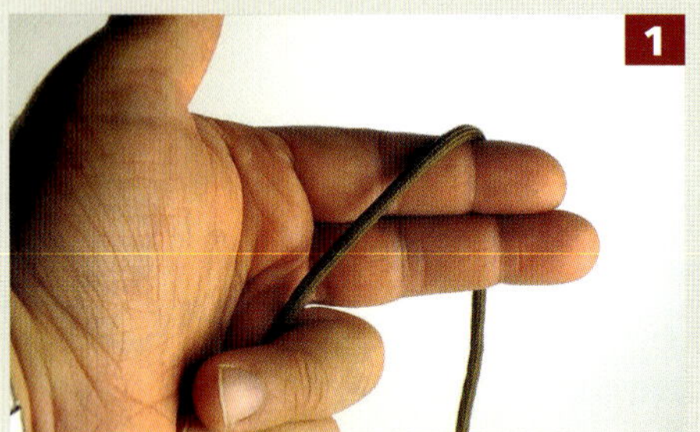

Messen Sie sechs Umrundungen des Seils um Ihre Hand. Halten Sie das Seil mit dem Arbeitsende über den Fingerspitzen.

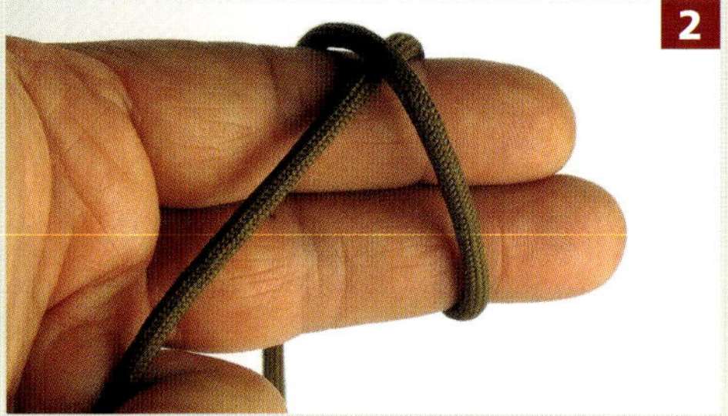

Beginnen Sie den Türkenbund, indem Sie das Seil hinter den Fingern und über das stehende Ende nach links oben führen.

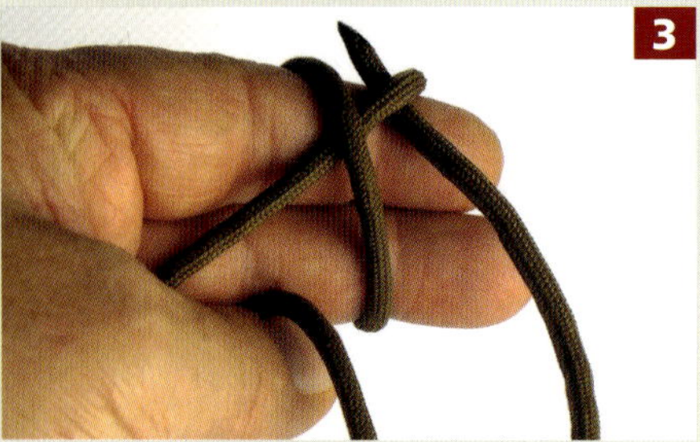

Das Arbeitsende geht senkrecht hinter der Hand nach unten und kommt auf der rechten Seite wieder nach vorne und oben, um unter das obere rechte Seilstück geschoben zu werden.

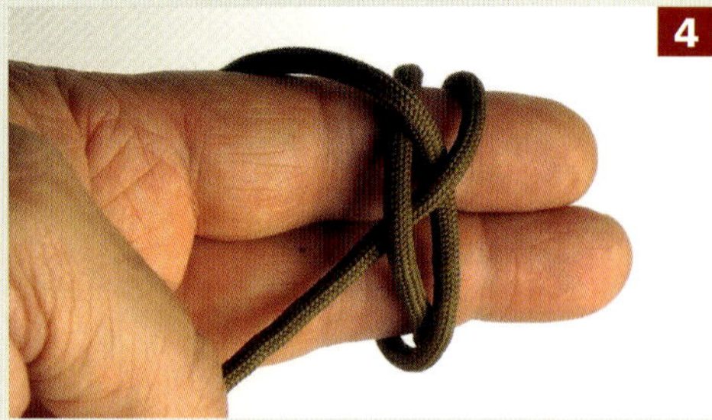

Das Arbeitsende wird vollständig durchgezogen.

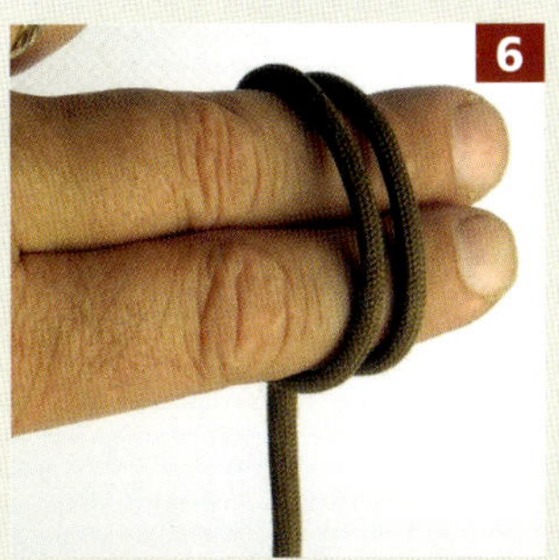

6 Drehen Sie die Hand um und sehen Sie auf die parallelen Seile auf der Rückseite.

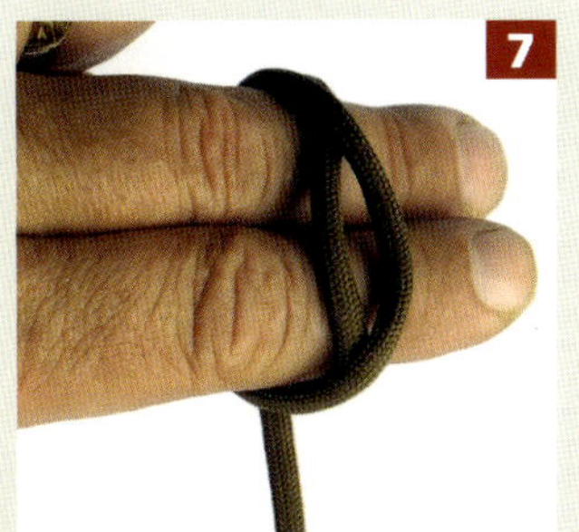

7 Führen Sie das rechte Seil nach links unter das linke Seil.

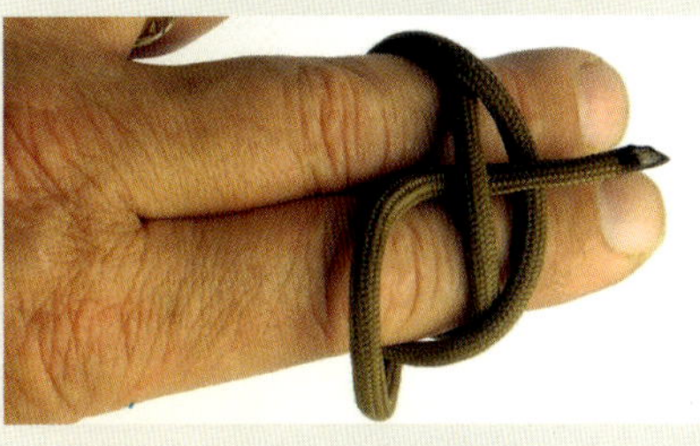

8 Weben Sie das Arbeitsende unter und über die Seile, von links nach rechts.

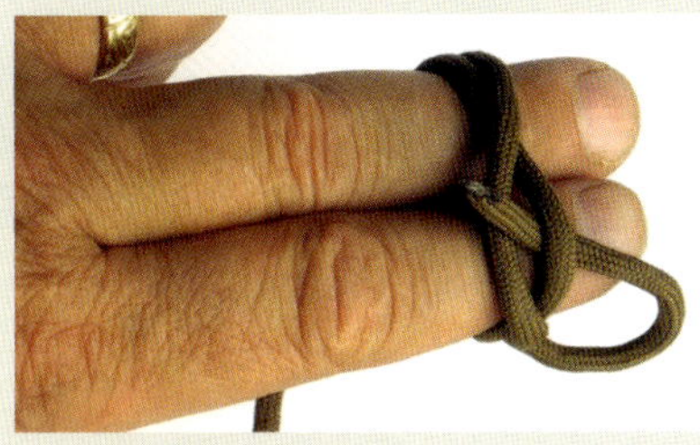

9 Schieben Sie den Knoten auf Ihren Fingern ein bisschen nach vorne und bringen Sie das Arbeitsende unter und über die Seile (von rechts nach links).

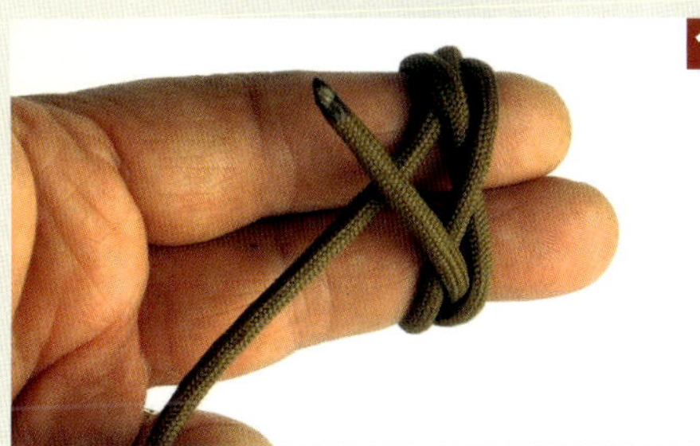

10 Wenn der Knoten ein bisschen weiter um die Finger gedreht wird, dann sieht man, dass das Arbeitsende das stehende Ende erreicht hat.

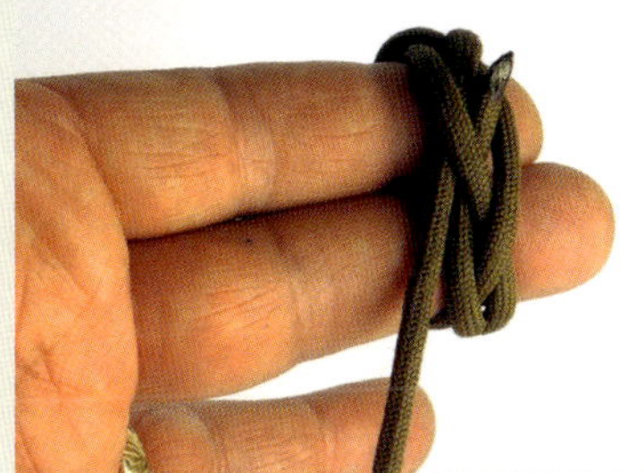

11 Vollenden Sie den einzelnen Türkenbund indem Sie das Arbeitsende neben dem stehenden Ende einführen.

Versetzen Sie den Türkenbund auf den Griff und beginnen Sie damit, das ganze straff zu ziehen, in umgekehrter Reihenfolge wie bei der Herstellung des Knotens.

6.2.2 Alternative Nr. 2

Wenn man den schönen und klaren Beginn der vorherigen Wicklung betrachtet, dann erscheint es praktisch, in die umgekehrte Richtung zu wickeln. Der hübsche Start am Knauf sieht gut aus und fühlt sich gut an. Das Ende der Wicklung kann geklebt und durch einen Türkenbund als Handschutz überdeckt werden.

Wenn man eine Griffwicklung am Knauf beginnt, dann ist es schwieriger, das Messer zu halten und in Richtung auf sich selbst zu arbeiten. Das erfordert einige Zeit der Gewöhnung. Wenn Sie es gewohnt sind, vom Handschutz in Richtung Knauf zu arbeiten, dann ist es bequemer, das Messer herumzudrehen und es am Knauf zu halten, sobald genügend von der Wicklung gemacht ist, um das Messer daran festzuhalten.

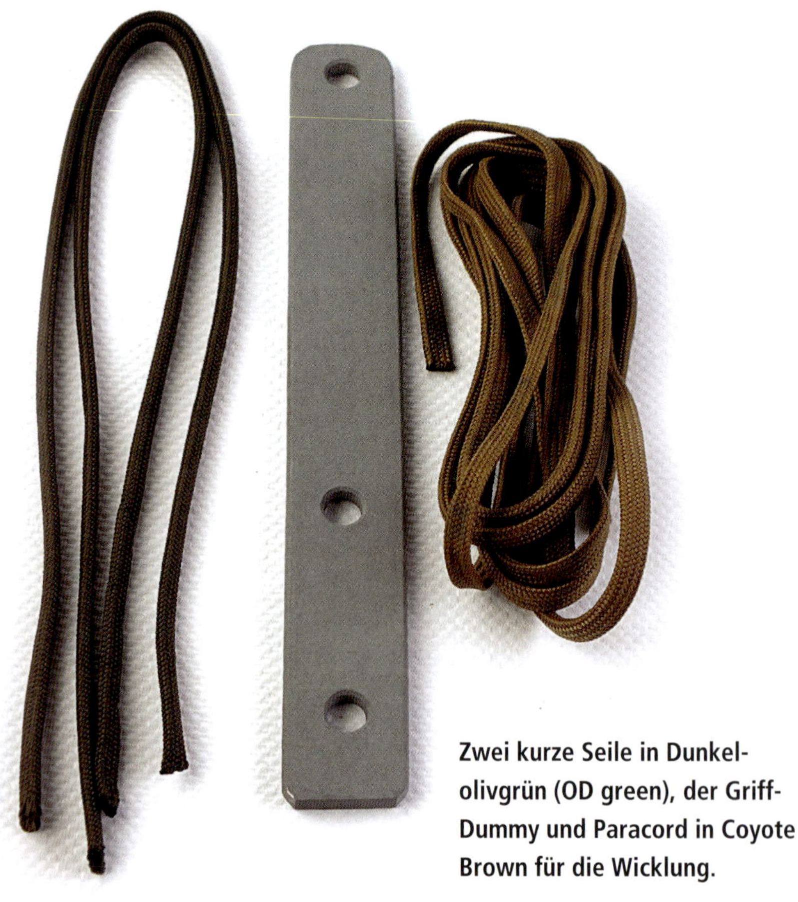

Zwei kurze Seile in Dunkelolivgrün (OD green), der Griff-Dummy und Paracord in Coyote Brown für die Wicklung.

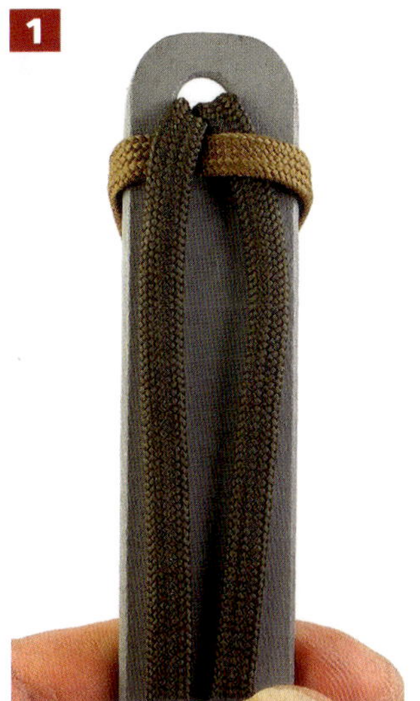

Stecken Sie die kurzen Seile mittig durch das Knaufloch und legen Sie das lange Seil mit der Mitte dazwischen.

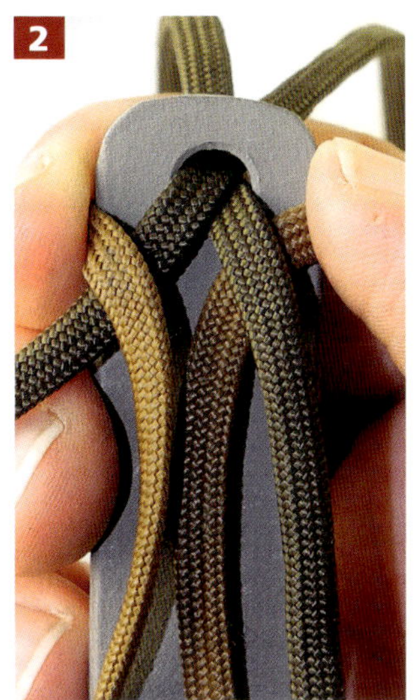

Drehen Sie den Griff um. Verteilen Sie die Webenden über und unter die Arbeitsenden.

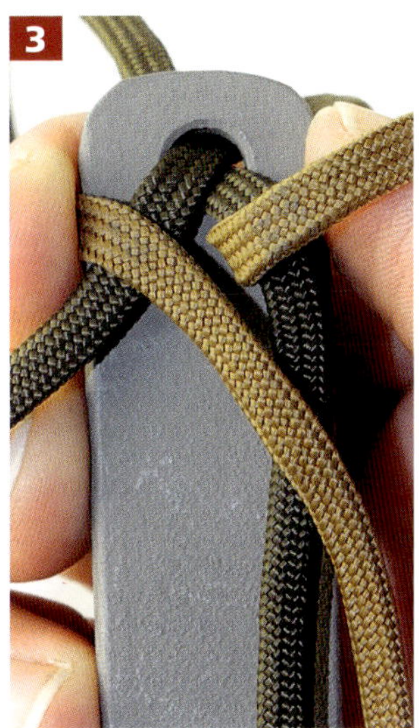

Falten Sie das rechte Arbeitsende aus dem Weg und bringen Sie das linke Ende über das rechte Webende.

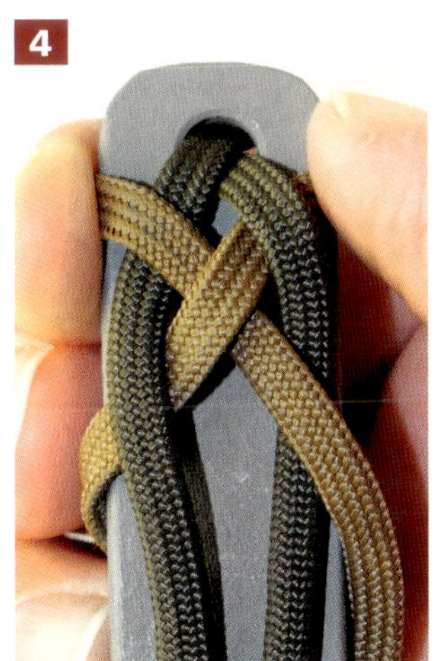

Bringen Sie das rechte Arbeitsende über das andere Arbeitsende und führen Sie es unter dem linken Webende auf die Rückseite.

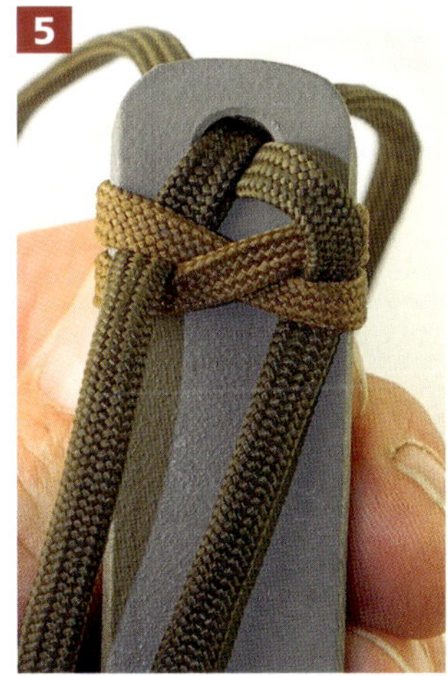

Bringen Sie auch das andere Arbeitsende auf die Rückseite und ziehen Sie beide fest.

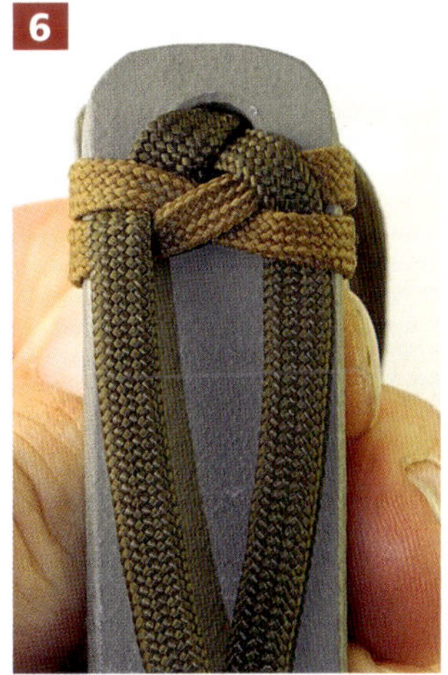

Ziehen Sie die grünen Webenden gerade und schieben Sie alles in Richtung Loch in der Messerangel hoch.

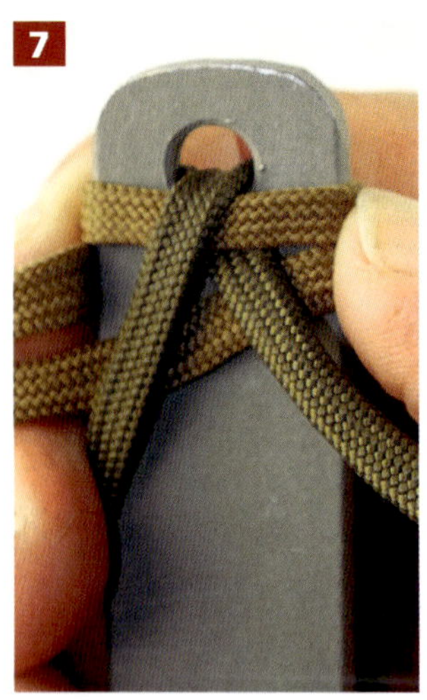

Drehen Sie den Griff herum. Das rechte Webende liegt unter dem Beginn des Arbeitsseils, das linke Webende darüber.

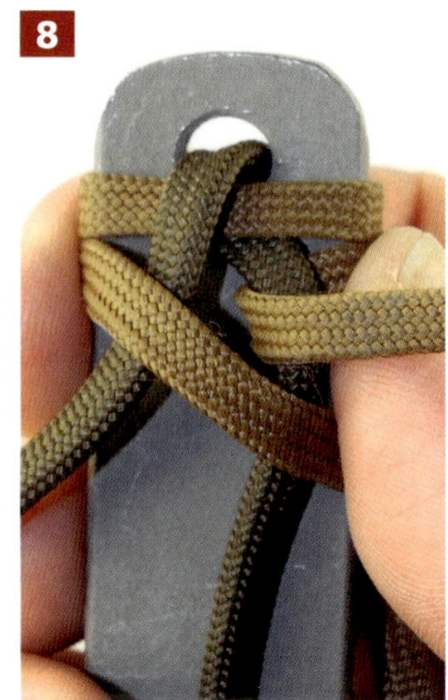

Nehmen Sie das rechte Arbeitsende aus dem Weg. Führen Sie das linke Arbeitsende über beide Webenden nach rechts unten.

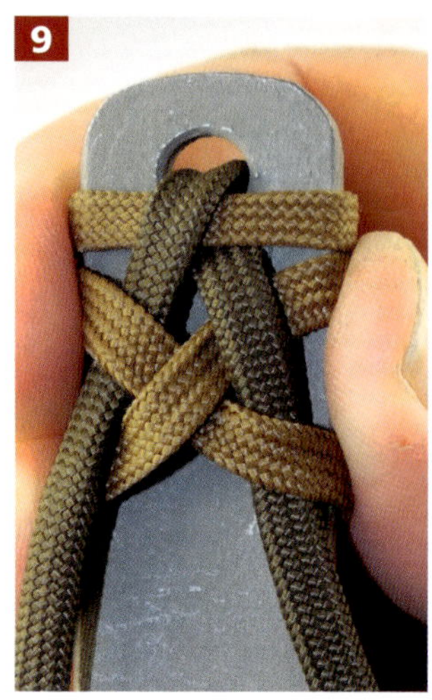

Führen Sie das rechte Arbeitsende nach links über das andere Arbeitsende und unter das linke Webende.

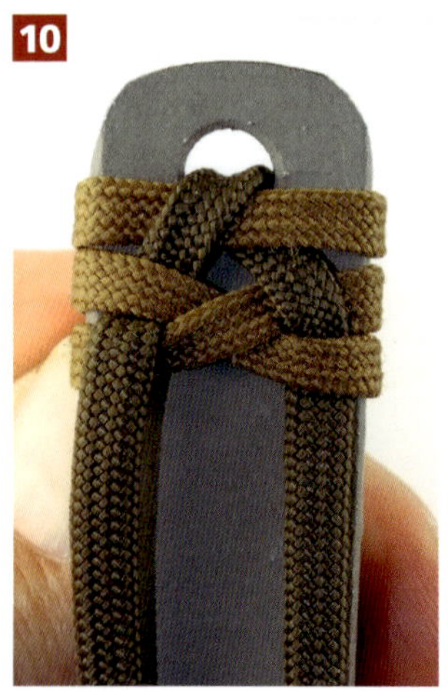

Ziehen Sie alles stramm und schließen Sie die seitlichen Lücken.

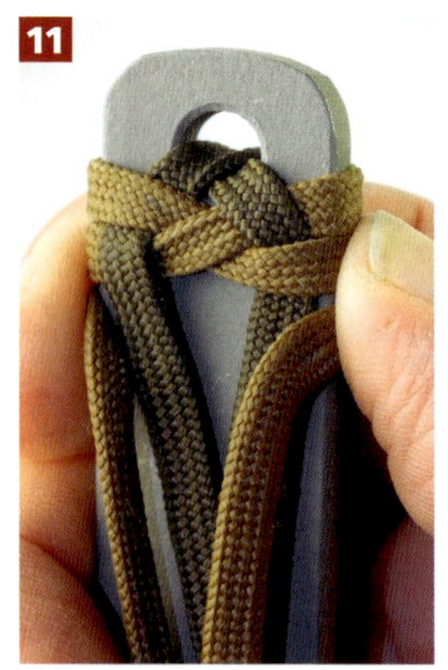

Drehen Sie den Griff herum und setzen Sie die Wicklung fort.

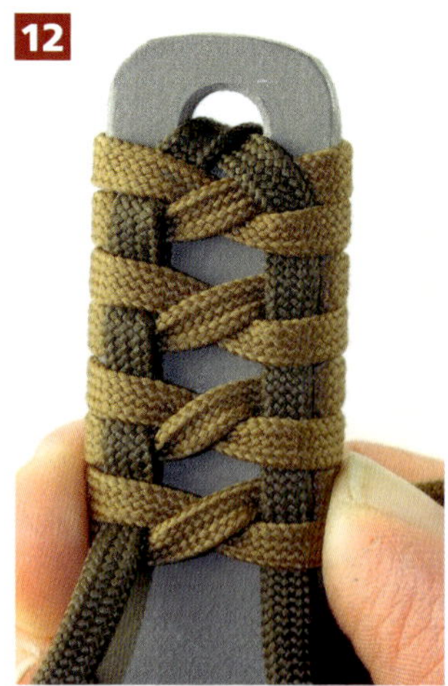

Halten Sie die Linien gerade. Ziehen Sie an den Webenden, um die Wicklung flacher zu machen und die Abstände zu den Seiten anzugleichen.

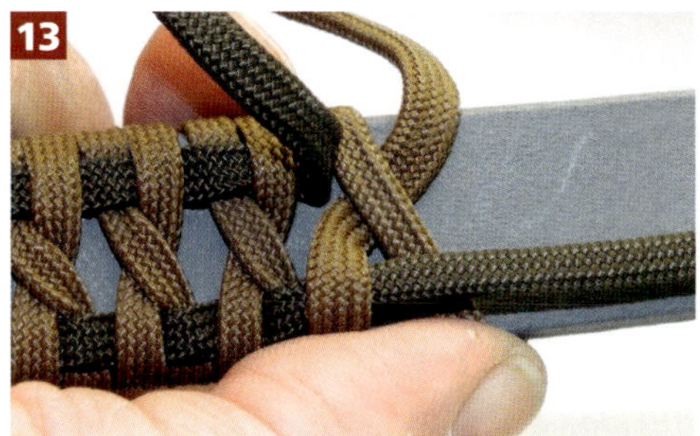

Falls es für Sie einfacher ist, können Sie das Messer herumdrehen, wenn Sie genügend Knoten gemacht haben, und den Griff am Knauf halten.

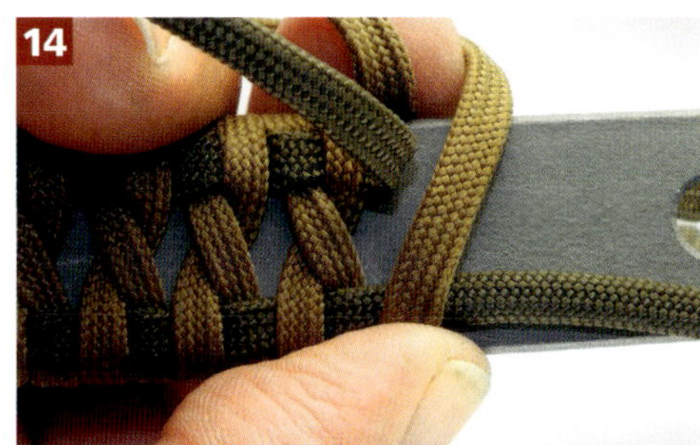

Sie sollten vom Körper weg arbeiten. Falten Sie die Enden aus dem Weg und führen Sie das rechte Arbeitsende quer nach links.

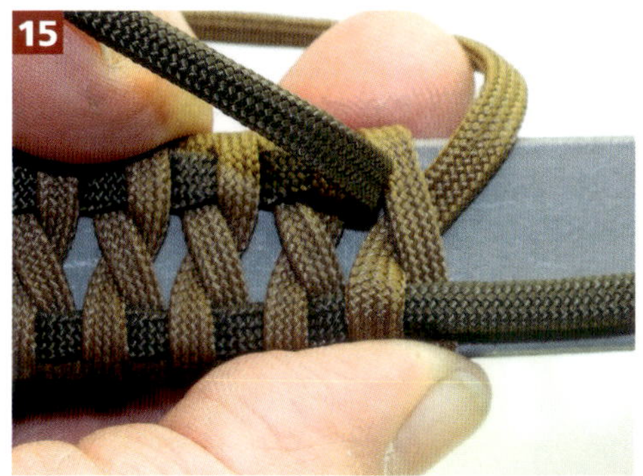

Führen Sie das linke Arbeitsende über das rechte Arbeitsende und unter das rechte Webende.

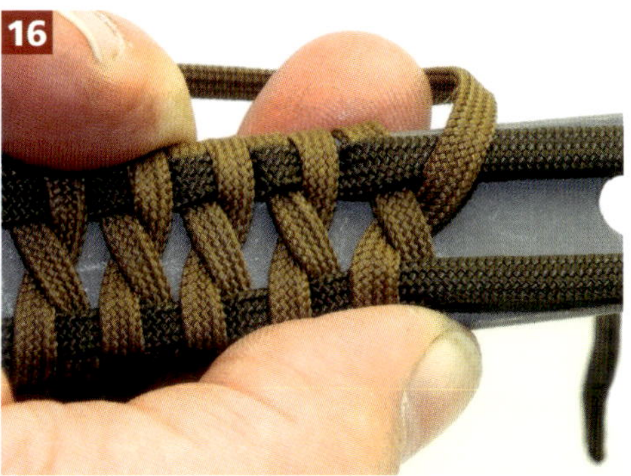

Bringen Sie das linke Webende unter das Arbeitsende.

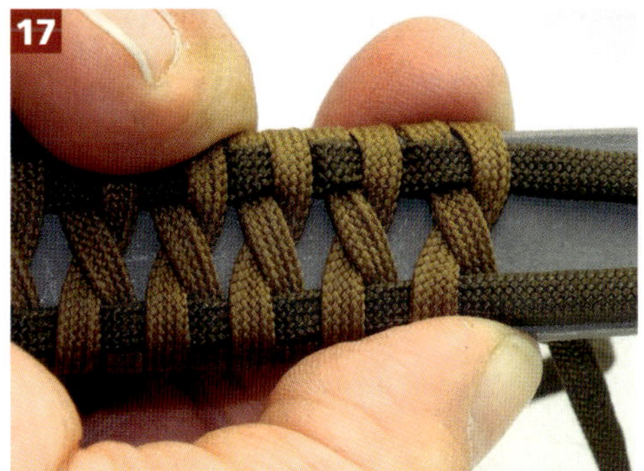

Ziehen Sie alles straff und gerade.

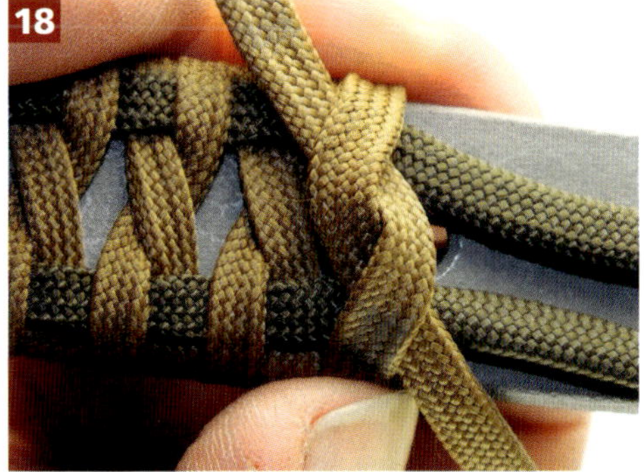

Machen Sie einen Endknoten wie beim japanischen *gunto tsuka*.

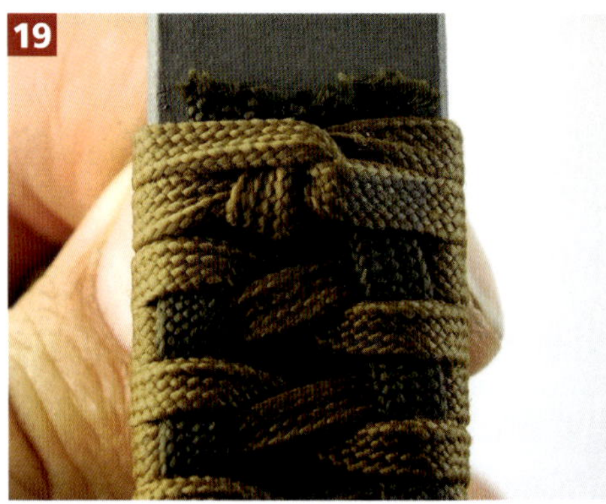

Beenden Sie den Knoten, indem Sie die linken Enden nach rechts und die rechten darüber nach links falten. Schneiden Sie die Webenden ab. Verwenden Sie einen Tropfen Klebstoff zur Sicherung.

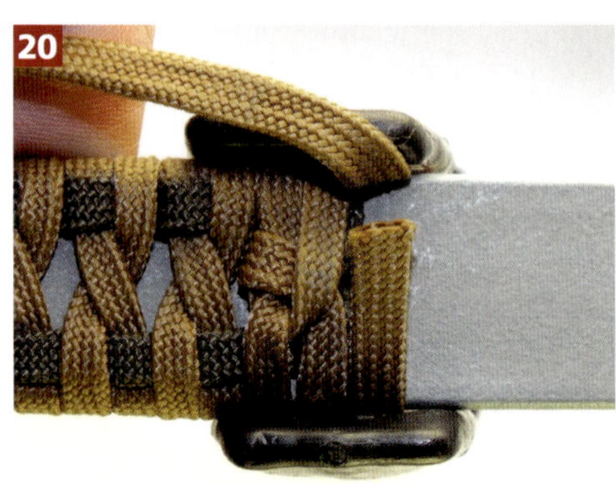

Derselbe Knoten wird auch auf der anderen Seite gemacht. Eine Klammer hilft dabei, alles in Position zu halten. Das rechte Arbeitsende wird abgeschnitten.

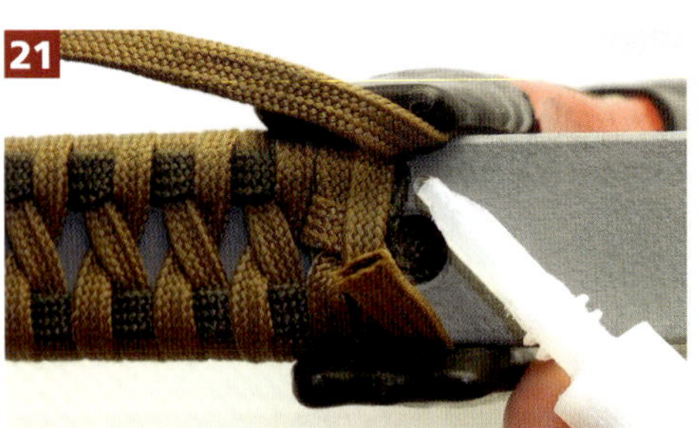

Ein Tropfen Klebstoff wird aufgetragen.

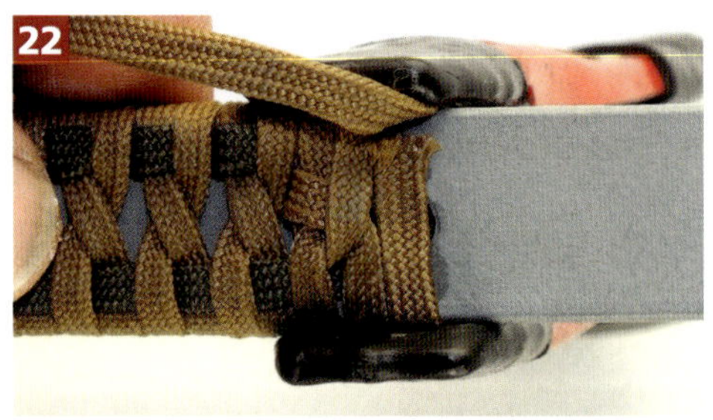

Das Ende wird in Position festgeklebt.

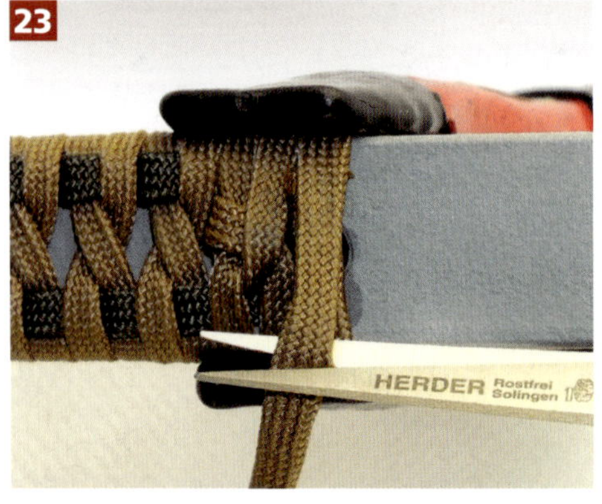

Das andere Ende wird gestutzt.

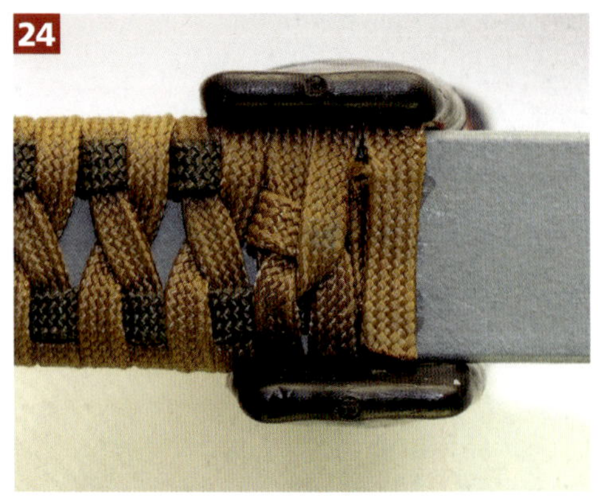

Das letzte Ende wird in Position festgeklebt.

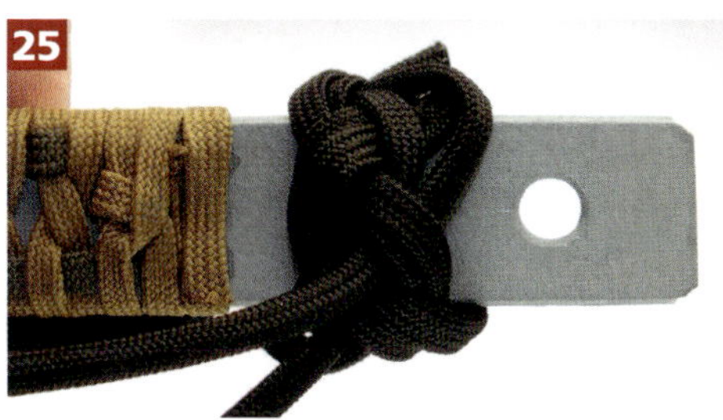

Ein 3x5-Türkenbund wird auf der Hand gemacht und über das Messer geschoben. Der Türkenbund ist in diesem Bild schon halbwegs festgezogen.

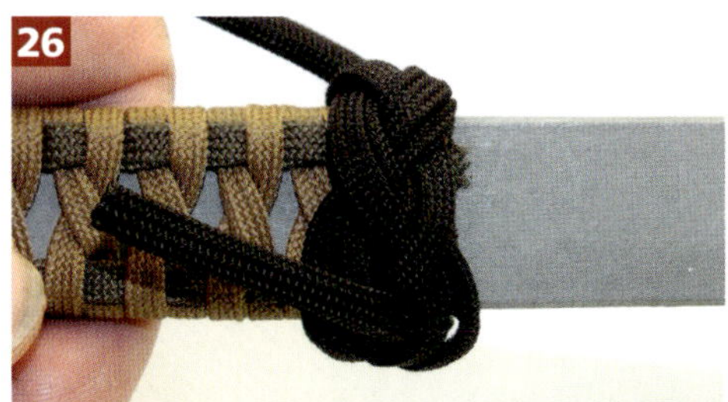

Während der Knoten ganz festgezogen wird, rutschen die Flatline-Seile im doppelten Türkenbund übereinander. Dieser Knoten hat am Ende ein bisschen mehr Volumen als ein Einzelknoten.

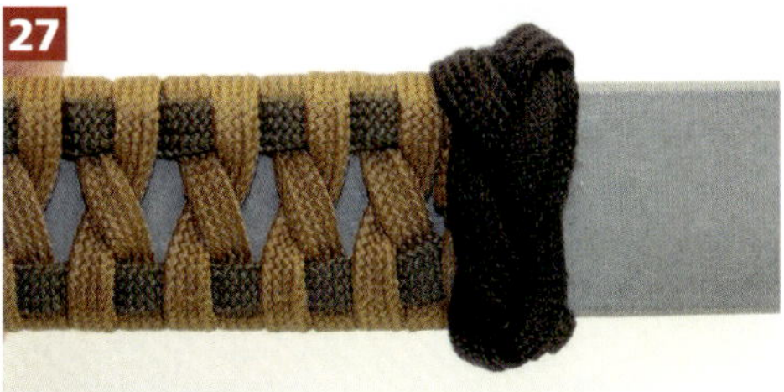

Alle Enden sind gestutzt.

Die erste Seite des fertigen Griffs.

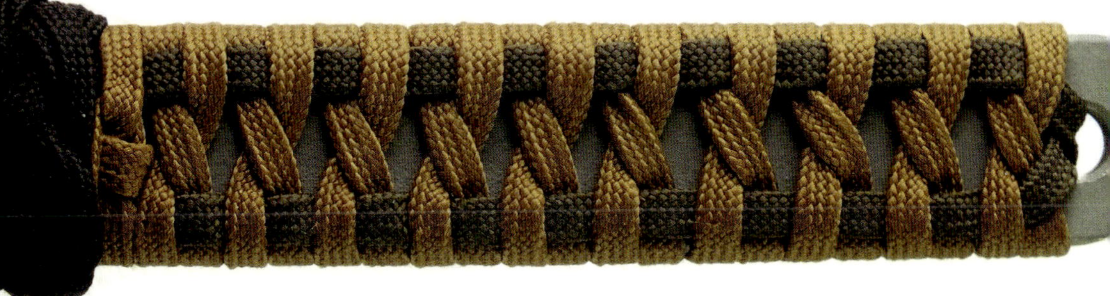

Die andere Seite.

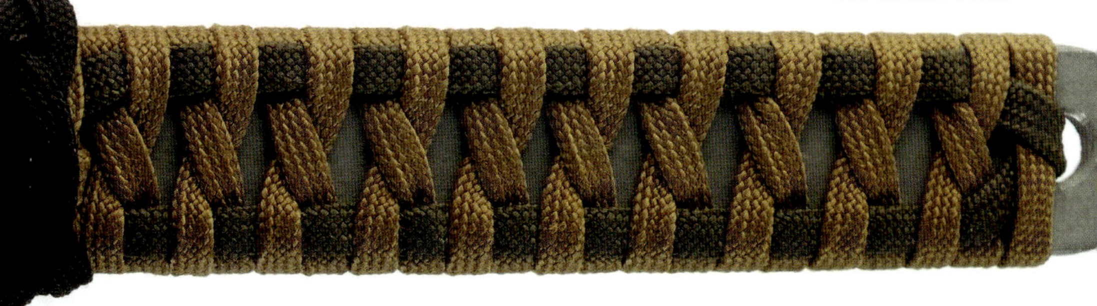

PARADOX-GRIFFWICKLUNG

Im Jahr 2003 umwickelte ich Messergriffe mit Baumwollschnur, hauptsächlich um sie mit Kunstharz zu imprägnieren und dadurch solide, Micarta-ähnliche Griffe zu bekommen. Während ich nach einem Weg suchte, das Volumen zu erhöhen und gleichzeitig ein schönes Webmuster zu bekommen, erarbeitete ich diese Wickeltechnik. Am Anfang benutzte ich dafür Baumwollschnur mit Durchmessern von zwei und drei Millimetern. Das Imprägnieren des Griffs verhärtete sie. Der resultierende Griff war auch elektrisch isolierend. Manchmal war das Ergebnis glänzend und plastikartig, während die Griffe zu anderen Zeiten wegen der aufrecht stehenden, imprägnierten Baumwollfasern ziemlich rau waren.

Obwohl die Griffe niemals zu 100 Prozent durch und durch imprägniert waren, konnten sie eine Menge Schläge einstecken, bevor die Außenlage beschädigt wurde oder soweit abgenutzt war, dass etwas mehr Kunstharz benötigt wurde. Der ganze Prozess entwickelte sich in den folgenden Jahren weiter, und die Technik ist jetzt ziemlich ausgereift. Wenn sie mit vollem Paracord oder leerer Flatline ausgeführt wird, ist der Messergriff viel komfortabler als die ersten Generationen aus harter, imprägnierter Baumwolle.

7.1 Paradox-Flatline-Grundwicklung

Umwickeln Sie den Griff zwei Mal, um die benötigte Länge des Arbeitsseils zu bestimmen, und geben Sie noch etwas zu, bevor Sie das Seil abschneiden. Um die Anzahl der Webseile zu bestimmen, versuchen Sie eine möglichst große, ungerade Zahl an Seilen nebeneinander auf die Griffseite zu legen. Eine ungerade Zahl an Webseilen sorgt für eine ausgeglichene Wicklung.

Um die Länge der Webseile zu bestimmen, nehmen Sie als Minimum 2,5 (bis drei) Mal die Länge des Griffs. Die Seele wird herausgezogen. In unserem Beispiel habe ich die Flatline in zehn Stücke geschnitten und die Enden geschmolzen. Falls das Webmuster mit vollem Paracord gemacht wird, braucht man mindestens die dreifache Grifflänge.

Sekundenkleber ist bei dieser Wicklung obligatorisch. Mit seiner Hilfe ist die Griffwicklung viel einfacher zu bewerkstelligen. Sie können die Wicklung auch ohne Sekundenkleber machen, aber dann werden Sie wahrscheinlich wünschen, Sie hätten noch ein zusätzliches Paar Hände. Es ist sehr schwierig, während der ersten Phase der Wicklung alle Webseile an ihrem Platz zu halten. Auch doppelseitiges Klebeband, wie beim Verlegen von Teppichen benutzt, hilft dabei, die Seile an der Messerangel zu befestigen. Das Ende kann mit bedeutend weniger oder ganz ohne Sekundenkleber fertiggestellt werden, wenn man den umwickelten Griff sofort mit einem Türkenbund zum Abschluss bringt. Mit Flatline-Paracord wird das Webmuster feiner als mit vollem Seil.

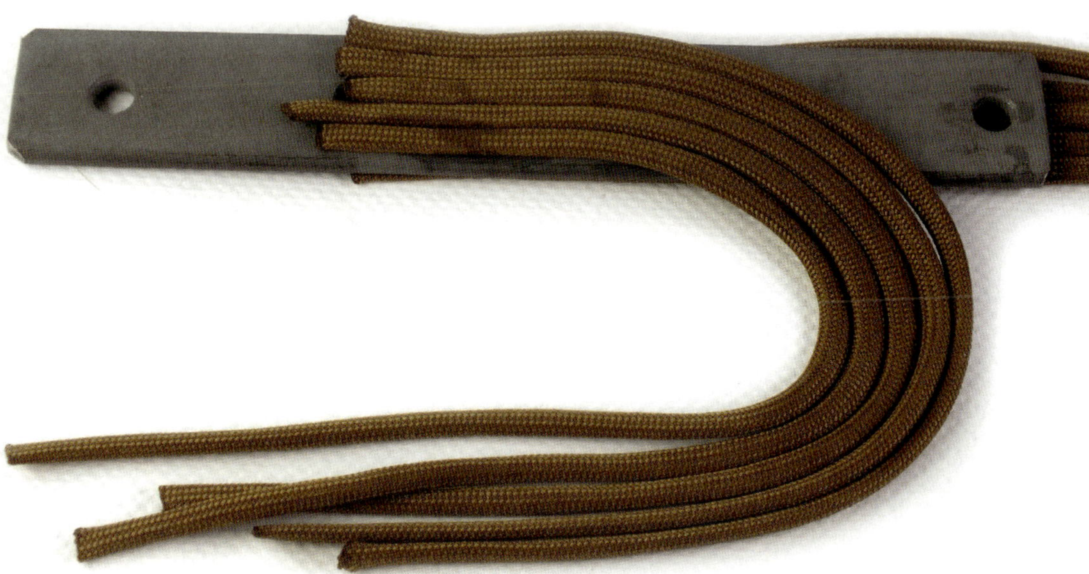

1

Die Flatline-Webseile werden mit einer Linie aus Sekundenkleber an der Messerangel befestigt. Der Kleber wird ungefähr zwei Zentimeter hinter den Seilenden aufgetragen.

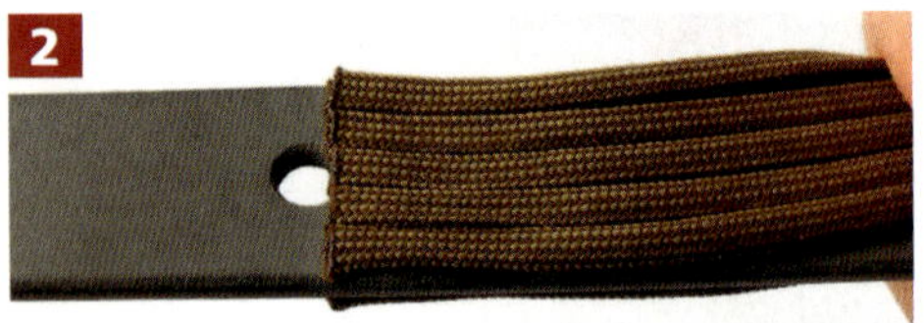

Die Kanten werden zurechtgeschnitten, angeschmolzen und die Seile am richtigen Platz angeklebt.

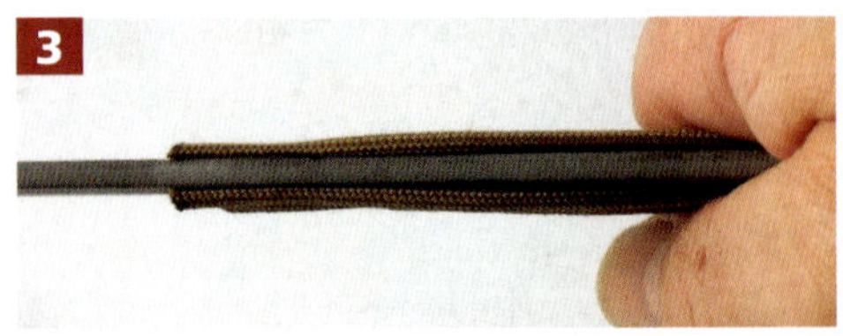

Ansicht von der Seite: Die Klebelinie liegt zwei Zentimeter hinter der Vorderkante der Seile. Das ermöglicht das leichte Zurechtschneiden der Enden.

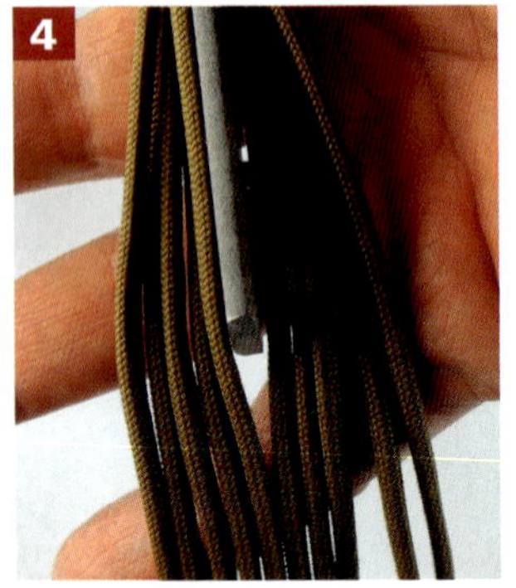

Die zehn Webseile hängen frei neben dem Ende der Angel herunter.

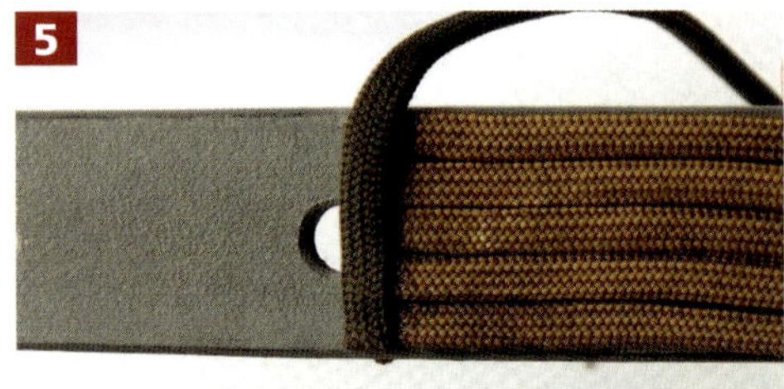

Das Ende des Seils für die Wicklung wird an den Beginn der Webseile auf der Rückseite der Angel geklebt.

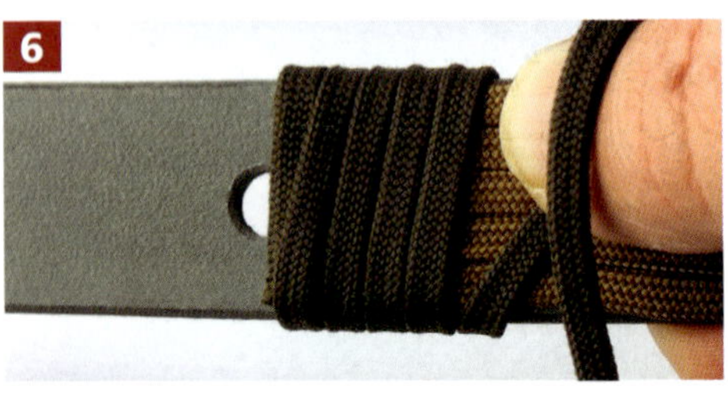

Beginnen Sie, indem Sie eine volle Runde um den Griff machen, bevor Sie sich weiter entlang des Griffs vorarbeiten.

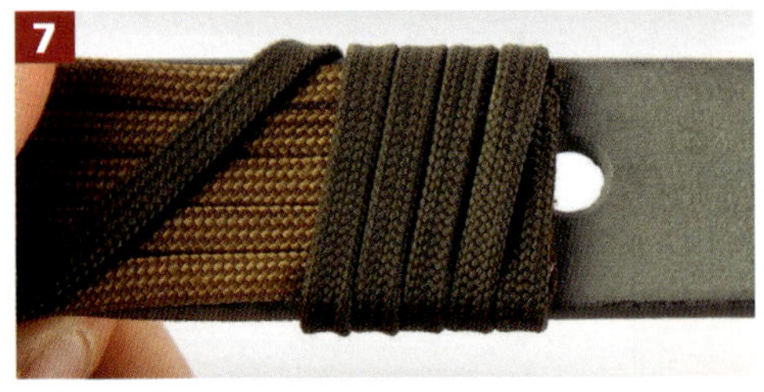

Der Griff von der anderen Seite gesehen.

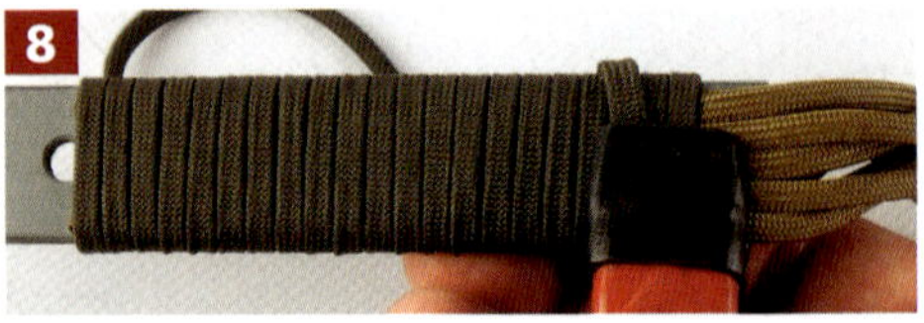

Machen Sie eine Pause am Ende der ersten Lage. Klemmen Sie den Griff fest, um die Zugspannung am Seil beizubehalten.

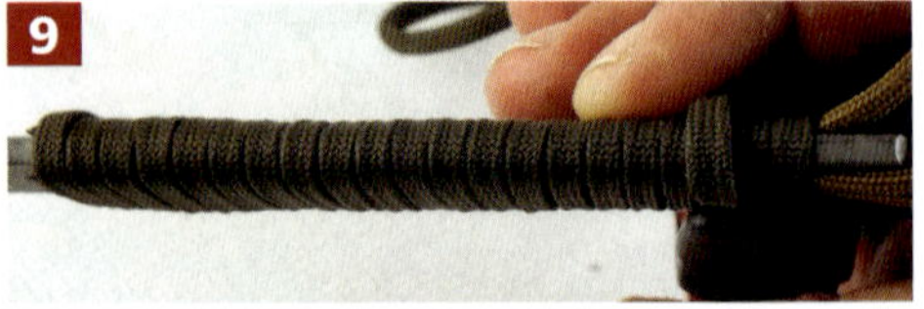

Wenn Sie den Griff nach der ersten Lage von der Seite ansehen, werden Dicke und Struktur der Wicklung sichtbar.

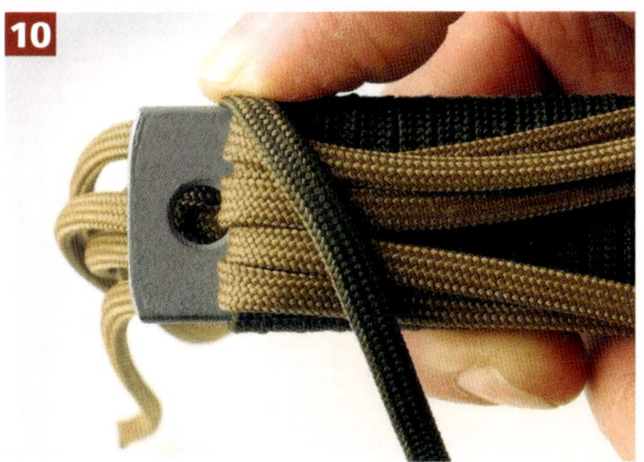

Jetzt werden die Webenden über die Griffwicklung in Richtung Klinge gefaltet, um mit dem Weben zu beginnen.

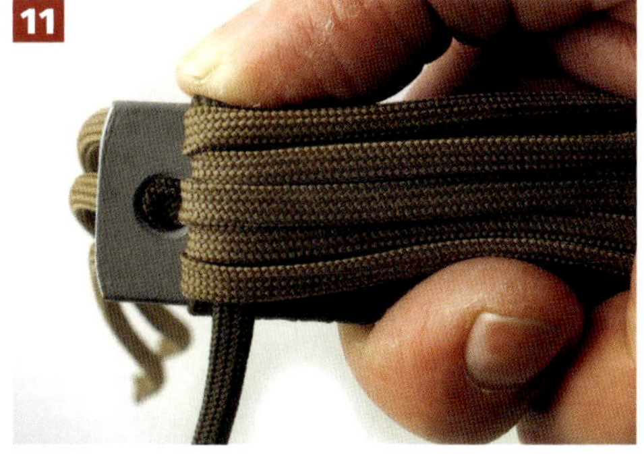

Für die erste Runde der zweiten Schicht werden die Webenden über das Arbeitsseil gelegt.

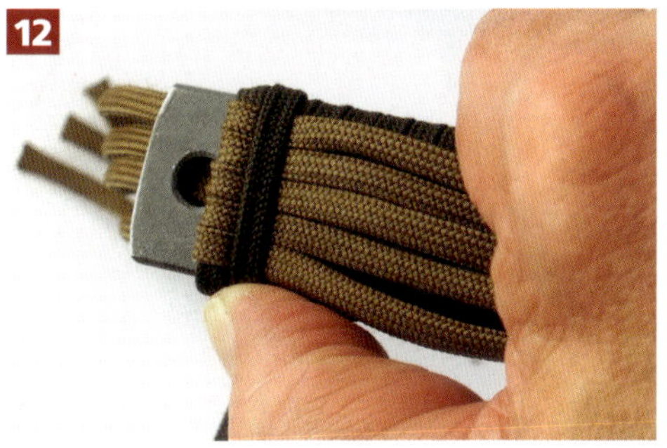

Die zweite Windung geht über die Webseile.

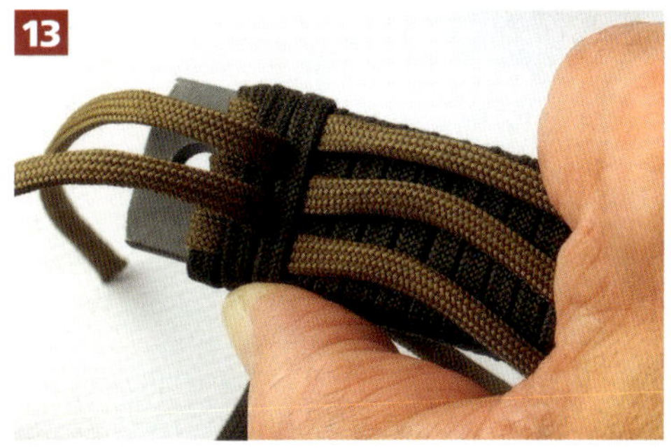

Für die dritte Runde werden das zweite und vierte Webende nach oben gefaltet, so dass das Arbeitsseil über den restlichen Seilen verläuft.

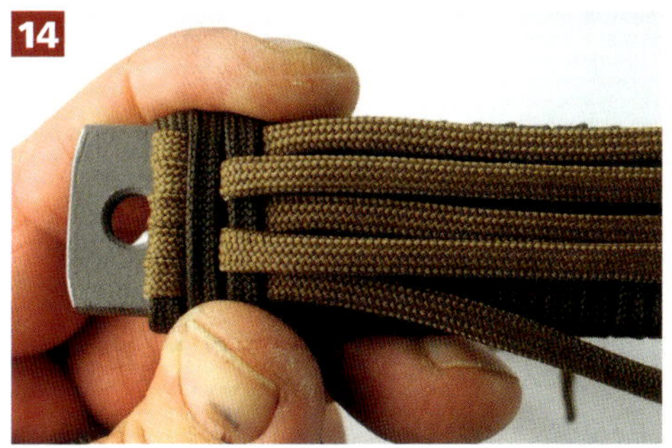

Das Webmuster nimmt langsam Gestalt an.

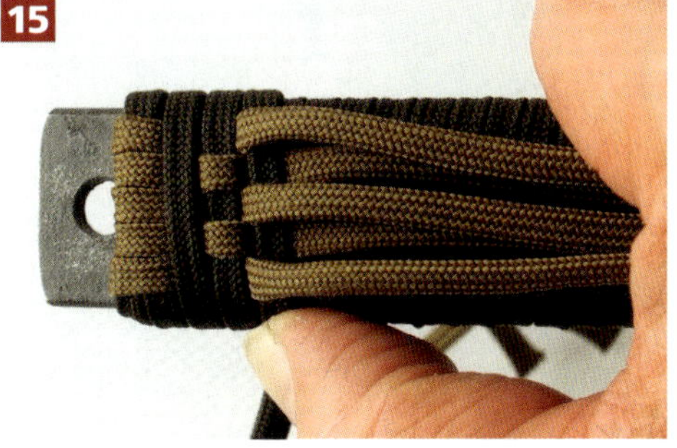

Bei der nächsten Windung gehen das erste, dritte und fünfte Webende über das Arbeitsende.

16

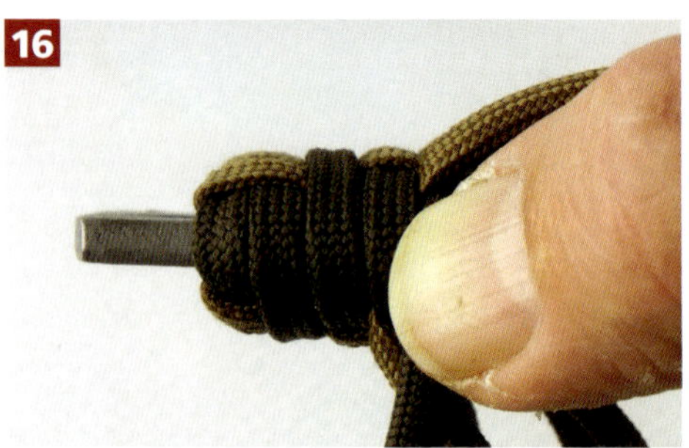

Der Anblick von der Seite zeigt das Muster und Volumen.

17

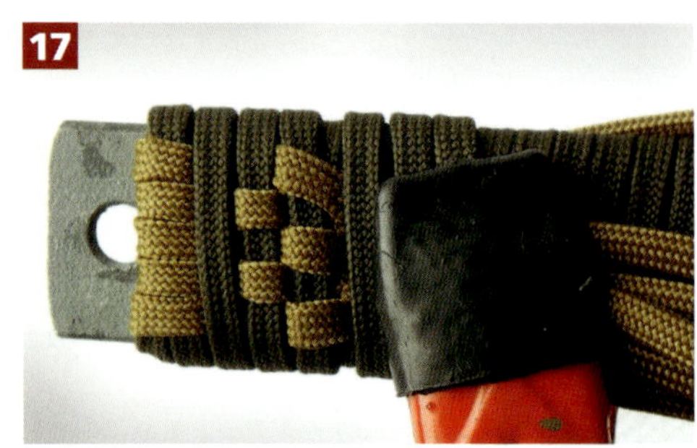

Fall Sie eine Pause brauchen, wickeln Sie das Arbeitsseil einige Male um den Griff und klammern Sie alles zusammen.

18

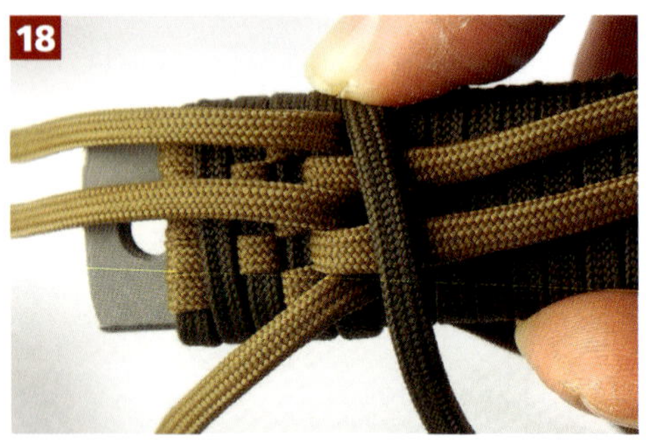

Machen Sie mit dem Weben weiter. Stellen Sie sicher, dass alle Webenden jedes Mal, wenn das Arbeitsende darüber läuft, gerade und flach gezogen werden.

19

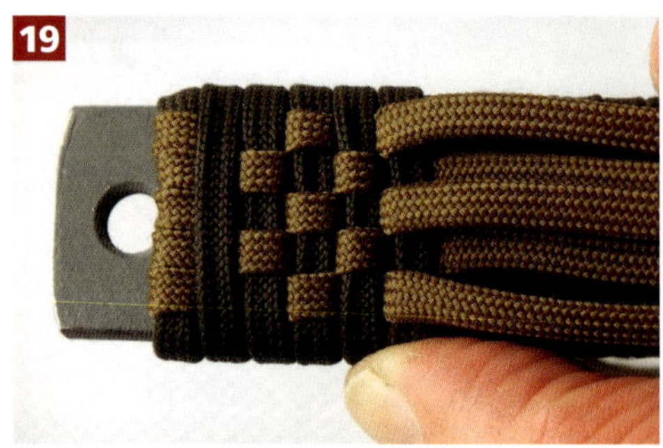

Achten Sie darauf, dass alles straff und gerade sitzt. Halten Sie die Zugspannung am Arbeitsseil aufrecht.

20

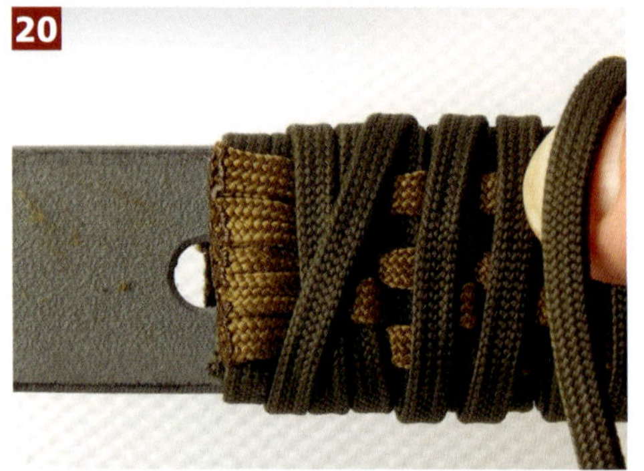

Wenn Sie das Ende erreicht haben, wickeln Sie das Arbeitsseil einige Male um den Griff, damit das Festhalten bequemer wird.

21

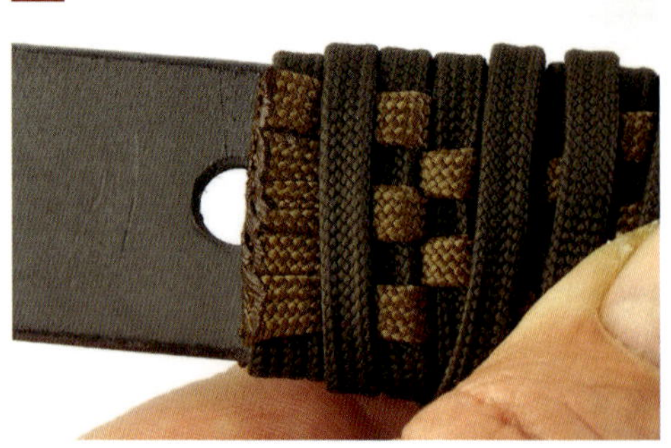

Schneiden Sie die Enden der Webseile glatt ab und schmelzen Sie sie an, um ein Aufdröseln zu vermeiden.

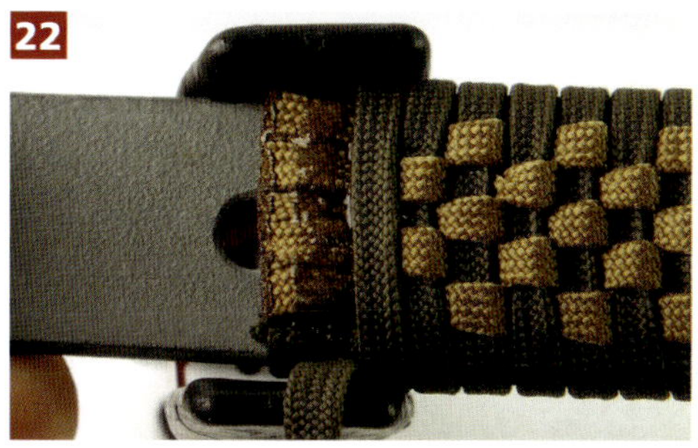

Kleben Sie die Enden auf die erste Lage. Kleben Sie anschließend das Arbeitsende über die Enden der Webseile.

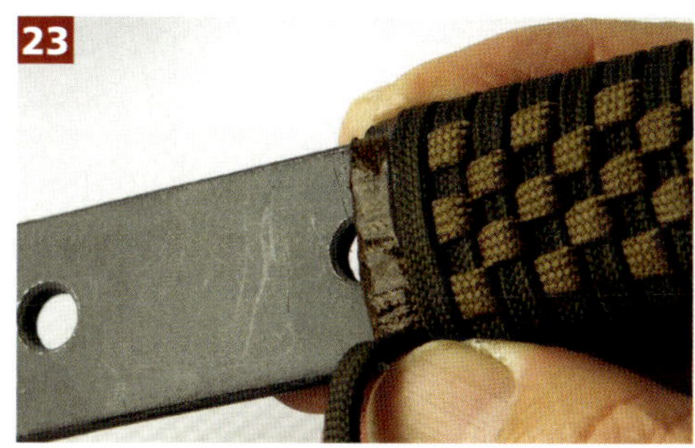

Kleben Sie auch auf der Rückseite alles genauso fest.

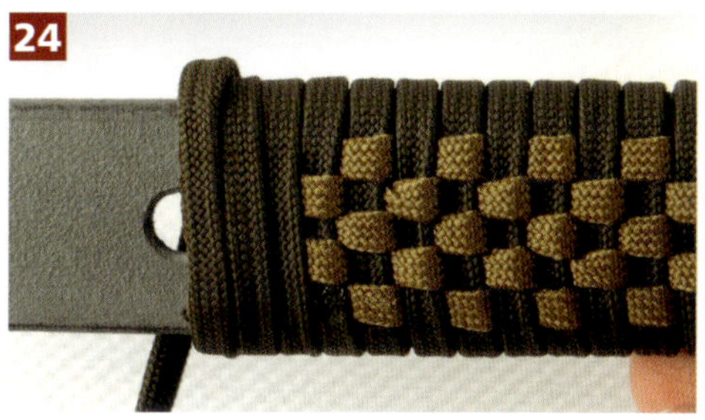

Die letzte Runde des Arbeitsendes ist festgeklebt.

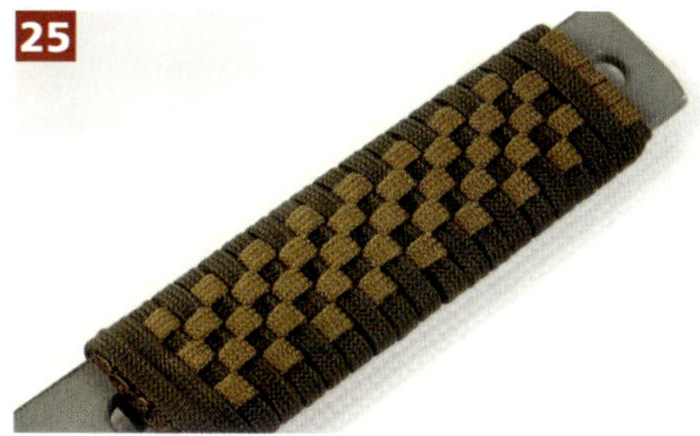

Die Vorderseite ist fertig. Diese Griffwicklung benötigt einen Türkenbund als Abschluss.

Die seitliche Ansicht des Griffs zeigt das regelmäßige Muster und das Volumen, das diese Wicklung bietet.

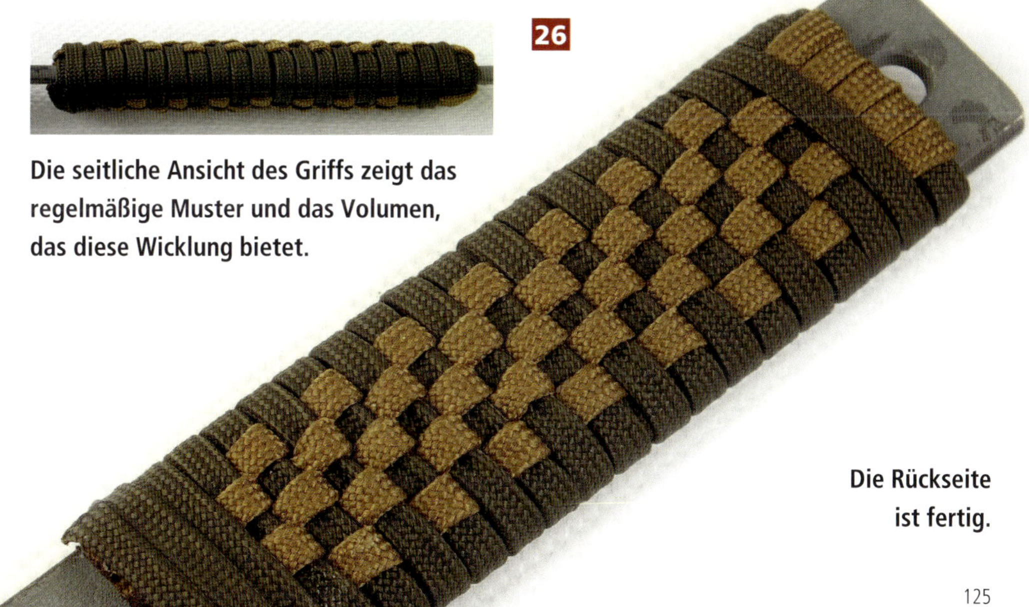

Die Rückseite ist fertig.

7.2 Paradox-Wicklung aus vollständigem Paracord

Die Technik ist dieselbe wie bei der Flatline-Wicklung, aber mit einigen Besonderheiten, wie zum Beispiel extra-langen Webseilen. Das Webmuster in vollem Paracord ist offener als das Gewebe aus Flatline, da das Seil mehr Platz zwischen den umwickelnden Seilen braucht, während es über und unter das Seil geht.

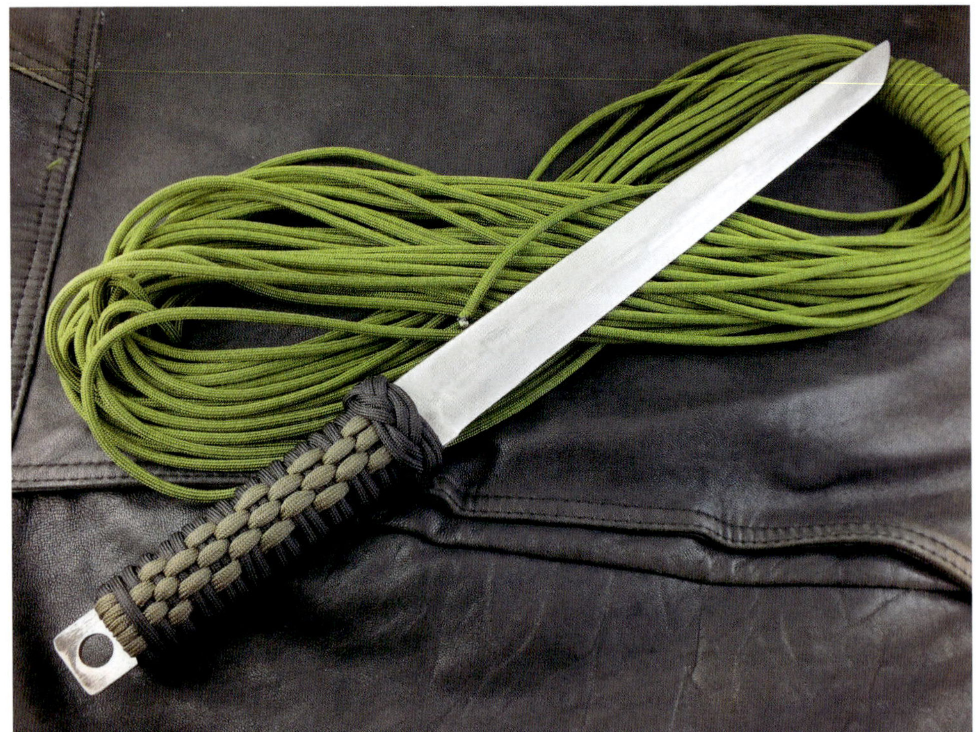

Tanto mit Paradox-Wicklung mit vollem Paracord in Schwarz und Dunkelolivgrün (OD Green). Der Türkenbund wurde durchgehend aus dem herumgewickelten Seil gefertigt.

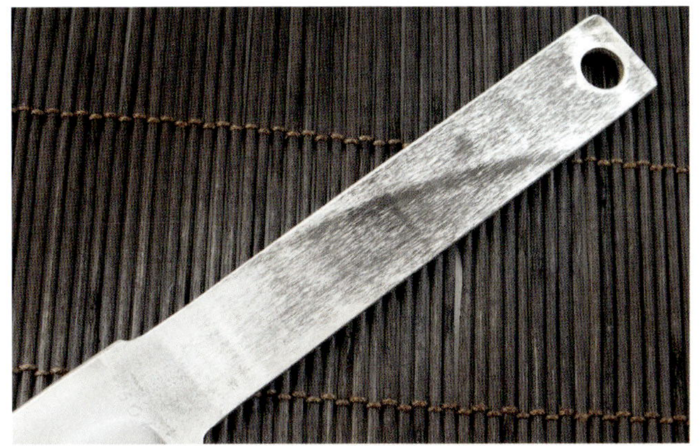

Von diesem oft benutzten Messer wurde die alte Griffwicklung entfernt. Die Angel wurde für die Wicklung leicht umgeschliffen.

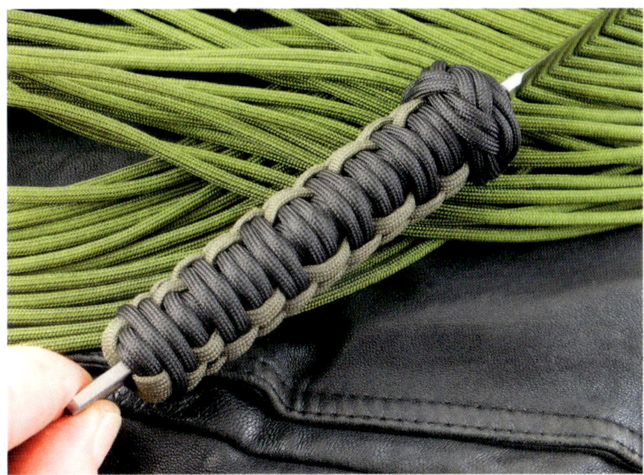

Ein seitlicher Blick auf den Griff zeigt die Struktur. Das Volumen ist wirklich schön und füllt die Hand gut aus. Da zwischen den Seilen auf der Seite Platz ist, rutscht der Griff nicht in der Hand.

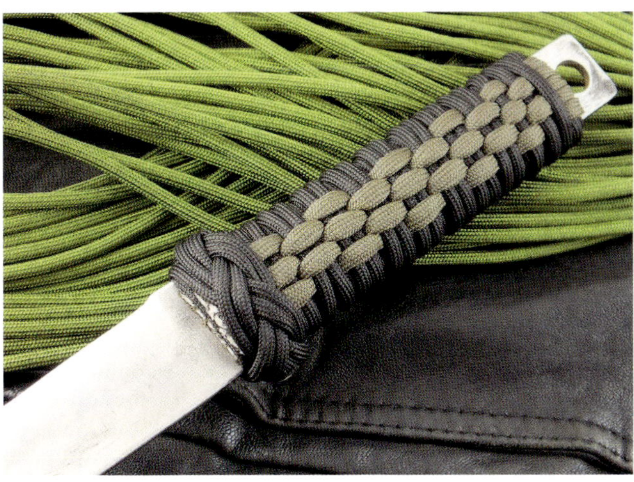

Die Nahaufnahme von der Klingenseite zeigt die Struktur und die abgeschnittenen Enden. Wenn das vordere Ende und der Türkenbund mit Kunstharz versiegelt werden, dann funktioniert dieser perfekt als Handschutz, während der Rest des Griffs komfortabel bleibt.

WICKLUNGEN MIT FLACHER RÜCKSEITE

In einer Reihe von Situationen kann es nützlich sein, eine flache Rückseite und eine schöne, dekorative Wicklung auf der Vorderseite zu haben. Verschiedene Strukturen auf beiden Seiten eines Messergriffs helfen, das Messer in der Hand zu orientieren ohne hinschauen zu müssen. Eine flache Struktur auf einer Seite und eine mehr gemusterte Struktur auf der anderen Seite verrät dem Benutzer, auf welcher Seite sich die Schneide der Klinge befindet.

8.1 Die Bambus-Wicklung

Diese Griffwicklung mit flacher Rückseite wird sehr oft bei Arbeitsmessern im japanischen Stil benutzt. Diese Wicklung wird traditionell mit flachen Bambusstreifen durchgeführt, daher der Name. Die Bambusstreifen werden durch Flatline vom Typ III ersetzt. Die Rückseite ist normalerweise perfekt flach. Die Vorderseite hat eine offene Struktur. Unter die offene Struktur auf der Vorderseite legen die traditionellen Hersteller dekorative Materialien wie zum Beispiel Seide. Für uns gibt es Möglichkeiten mit Leder (Rochenhaut oder andere dekorative Lederarten) oder Paracord.

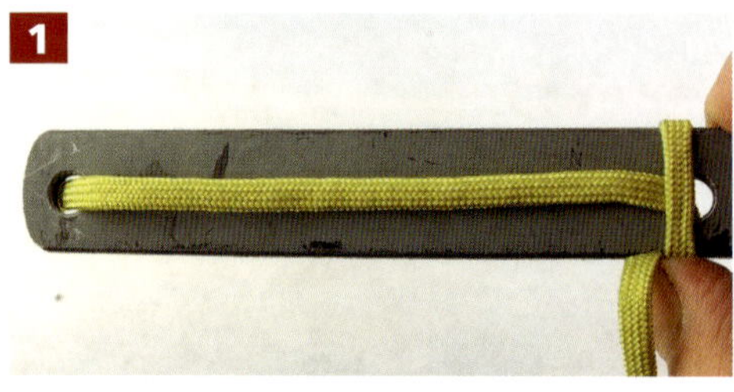

In diesem Beispiel nutzen wir die Löcher. Beginnen Sie mit dem stehenden Ende des Seils beim Knaufloch und ziehen Sie das Arbeitsende durch das Loch an der Klingenseite.

Machen Sie neben dem Loch auf der Klingenseite zunächst einmal zwei Runden um den Griff. Halten Sie das Seil dabei wie üblich straff.

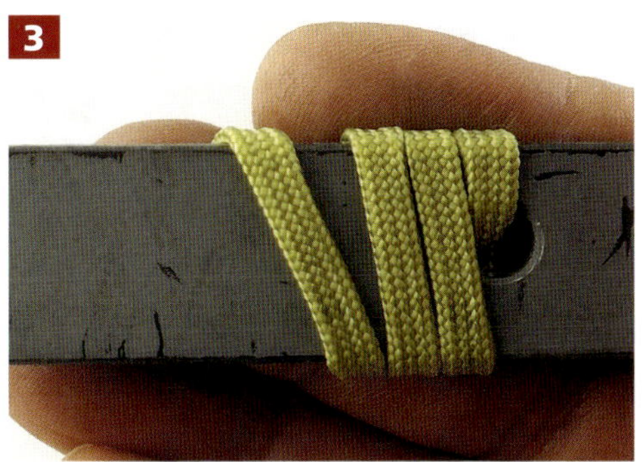

Bei der dritten Runde lassen Sie eine Seilbreite an der Oberkante frei.

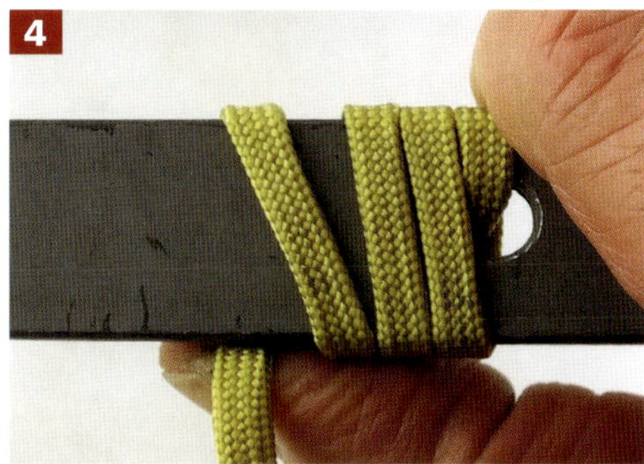

Ziehen Sie das Seil hinter dem Griff gerade nach unten. Lassen Sie auch hier Platz.

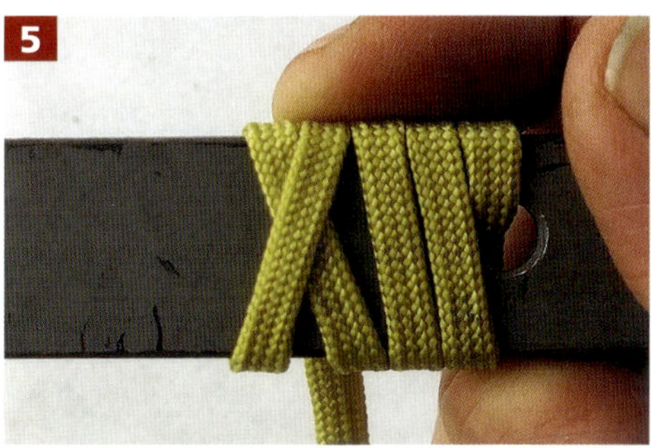

Die nächste Runde geht aufwärts und nach rechts in die bestehende Lücke. Das Arbeitsende soll unten zwischen den beiden Seilen nach vorne kommen.

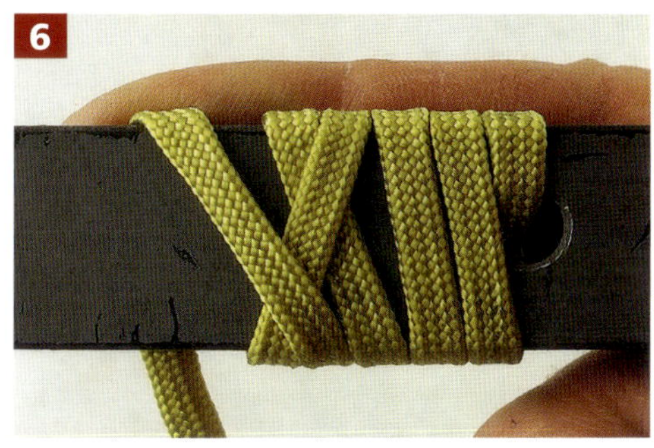

Das erste Webmotiv ist damit schon beendet. Beginnen Sie das nächste, indem Sie links nach oben gehen und dabei wieder Platz für ein Seil lassen.

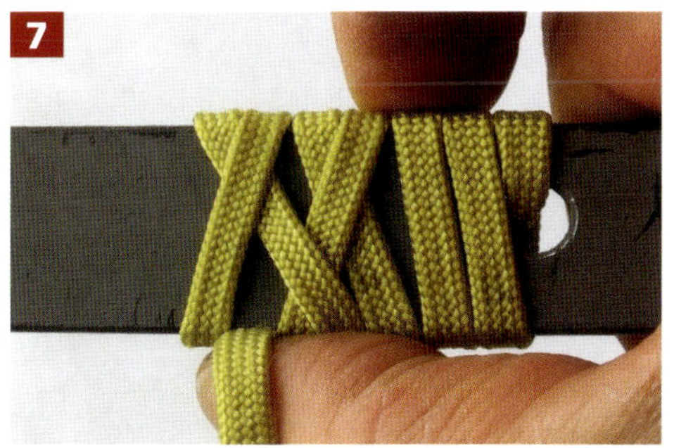

Das Seil geht hinter dem Griff senkrecht nach unten und dann nach links aufwärts in den freien Raum und wieder herunter.

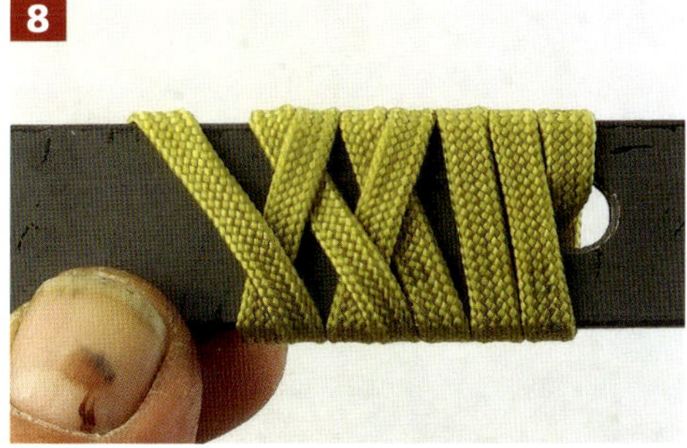

Hier ist die zweite Webfolge beendet, und die dritte Folge hat begonnen.

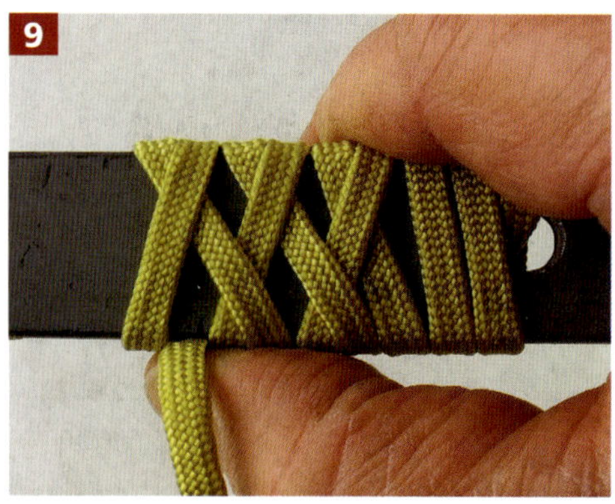

Die dritte Webfolge wurde im Foto ebenfalls beendet.

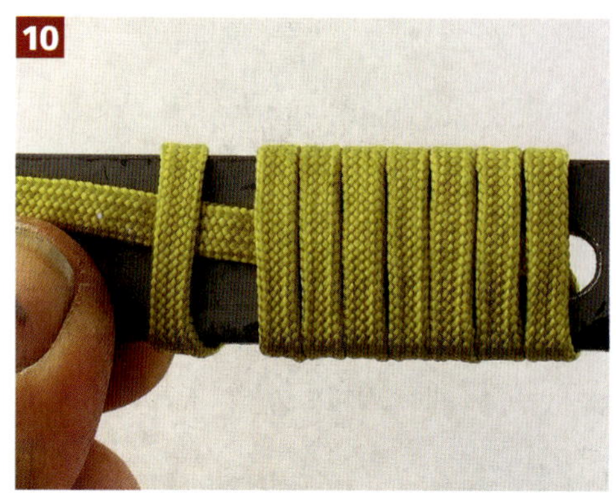

Drücken Sie die Seilabschnitte auf der Rückseite immer dicht zusammen.

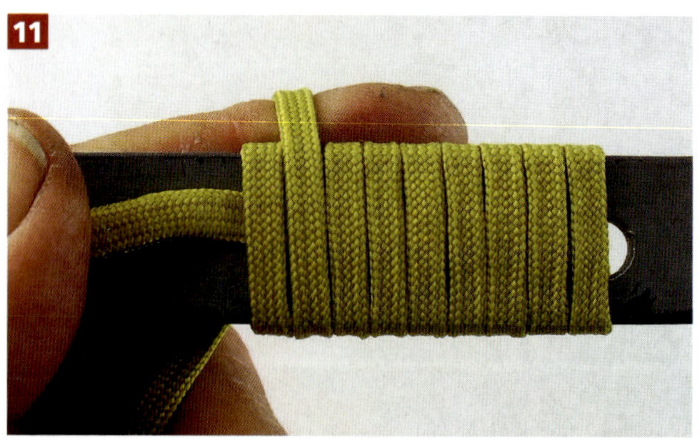

Die dritte Webfolge schließt auf der Rückseite des Griffs ab.

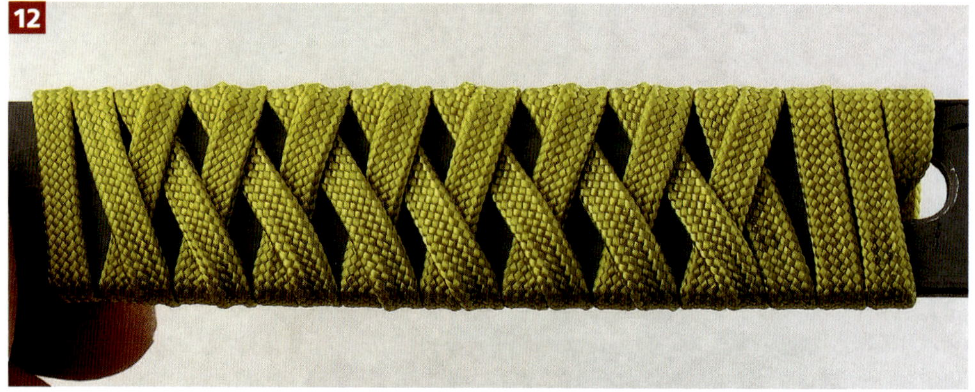

Der Knauf ist beinahe erreicht. Über die letzten paar Seilbreiten wird eine einfache Wicklung gelegt.

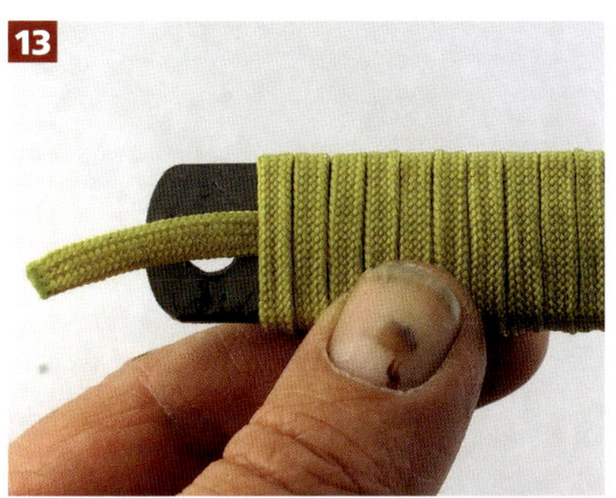

Das stehende Ende an der Knaufseite wird nun gerade gezogen.

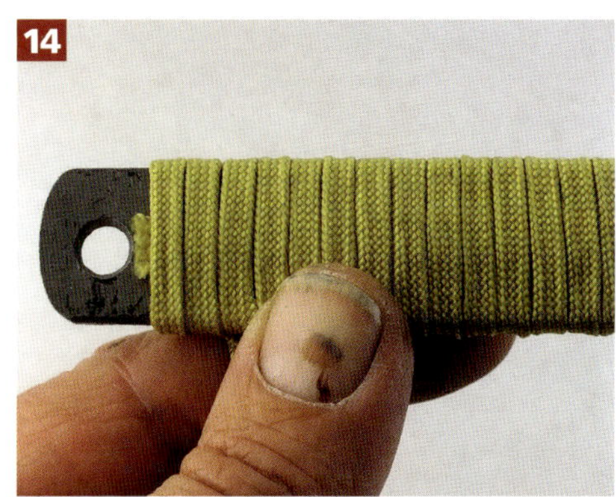

Es wird abgeschnitten und mit einem erhitzten Draht oder einer Büroklammer leicht angeschmolzen.

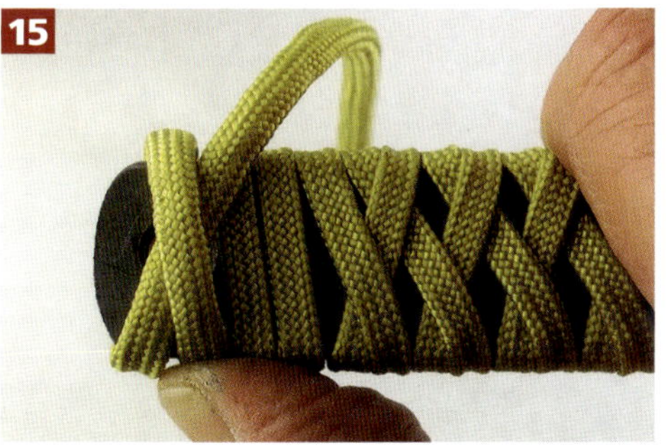

Die letzte Wicklung des Arbeitsendes geht unter die vorherige.

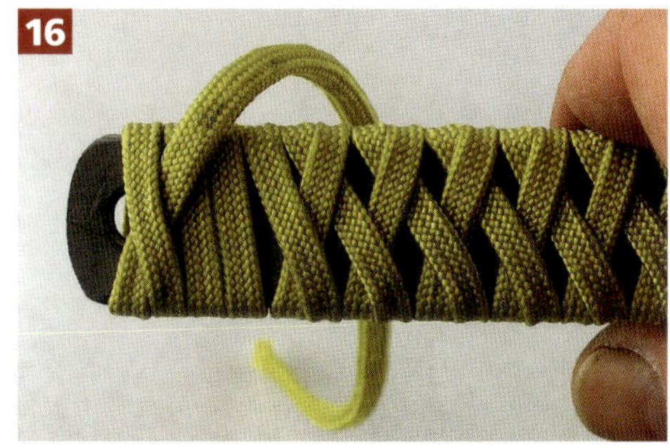

Das Arbeitsende wird straff gezogen.

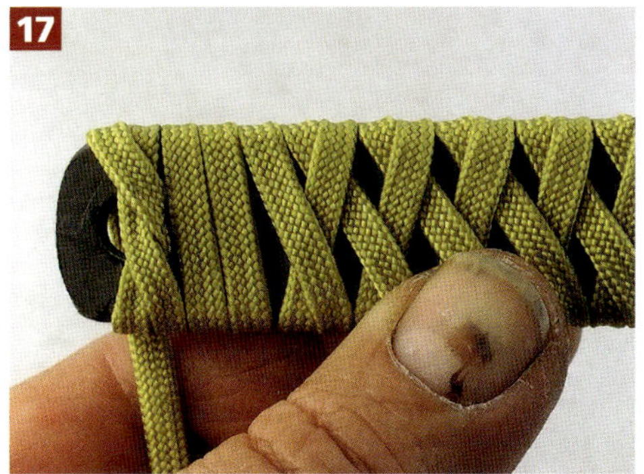

Das Arbeitsende wird nach links aufwärts gefaltet und auf die andere Seite des Knaufs geführt.

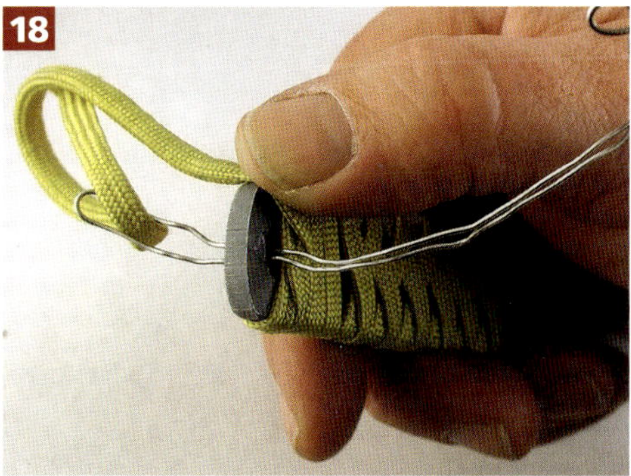

Mit einem gebogenen Draht ziehen wir das Ende durch das Knaufloch.

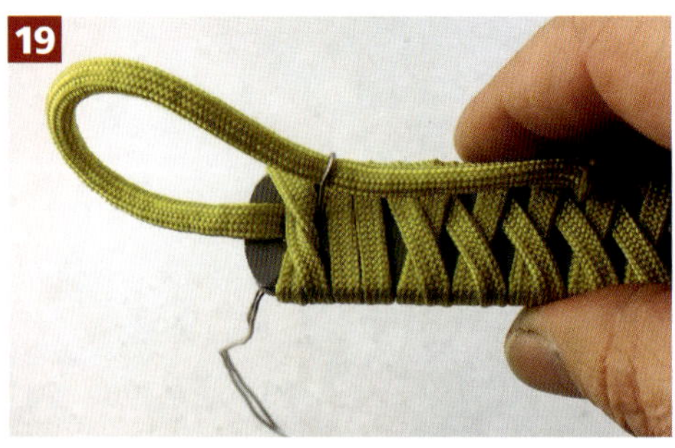

Mit dem Draht wird das Arbeitsende dann unter die letzte Überkreuzung und wieder auf die Rückseite gezogen.

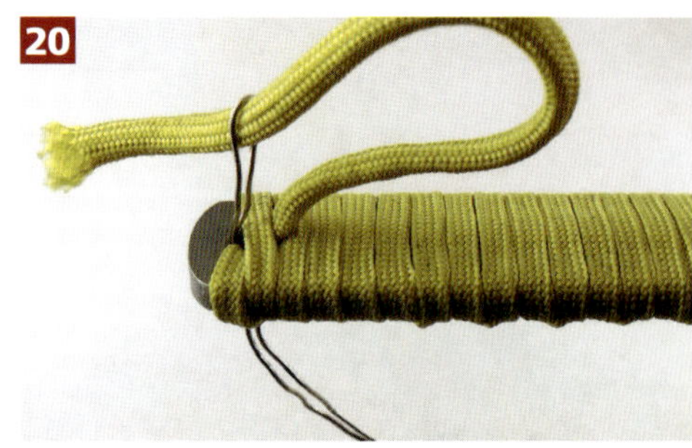

Die Rückseite: Das Seil wird per Draht über die letzte Wicklung wieder auf die Vorderseite gezogen.

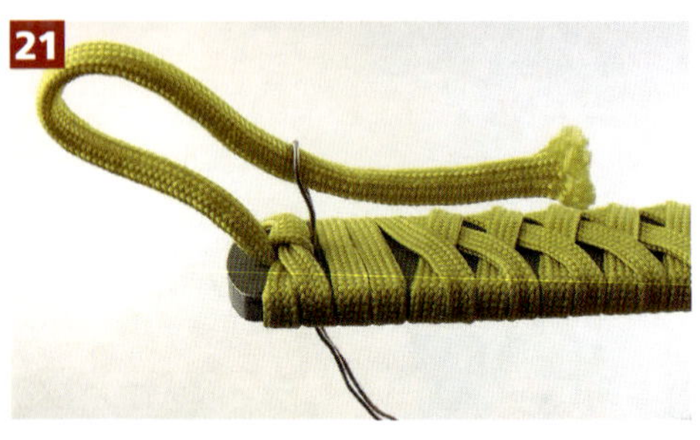

Hier wird das Ende zum letzten Mal um die Wicklung und durch das Loch auf die Rückseite geführt.

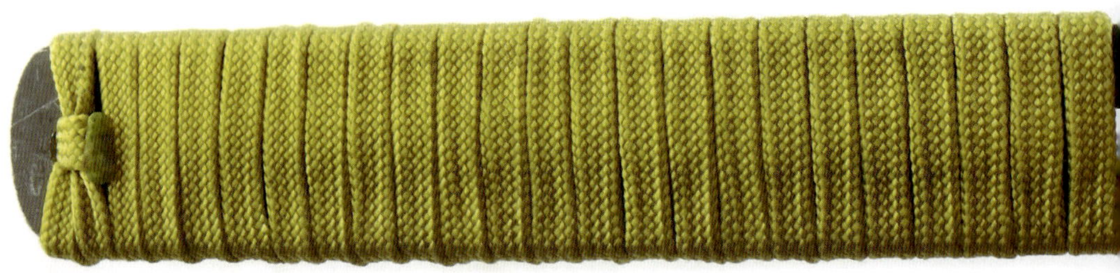

22 Das Ende wird abgeschnitten und angeschmolzen. Ein Tropfen Sekundenkleber auf dem Knoten bietet zusätzliche Sicherheit.

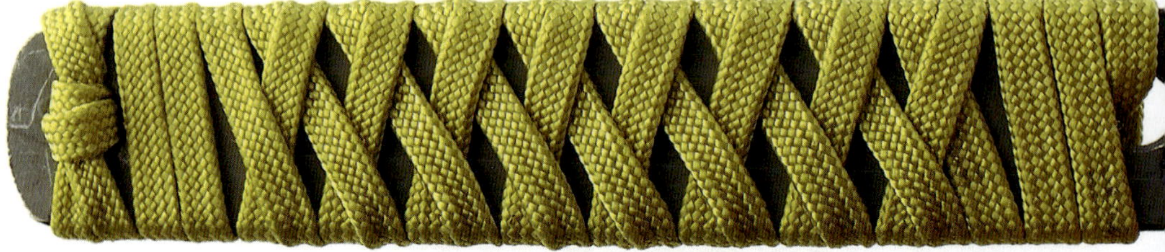

23 Die Frontalansicht des fertigen Griffs zeigt eine schön ausbalancierte Griffwicklung.

8.2 Bambus-Wicklung Typ 2

Falls das Messer keine Löcher in der Angel hat, gibt es einen zweiten Weg, um die Wicklung herzustellen.

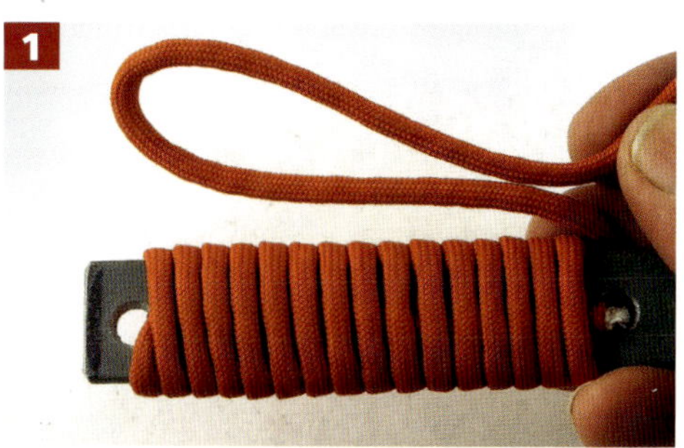

Für die Bambus-Wicklung ohne die Verwendung von Löchern in der Angel brauchen wird die Länge einer Wicklung um den gesamten Griff und drei zusätzliche Grifflängen für etwas mehr Komfort.

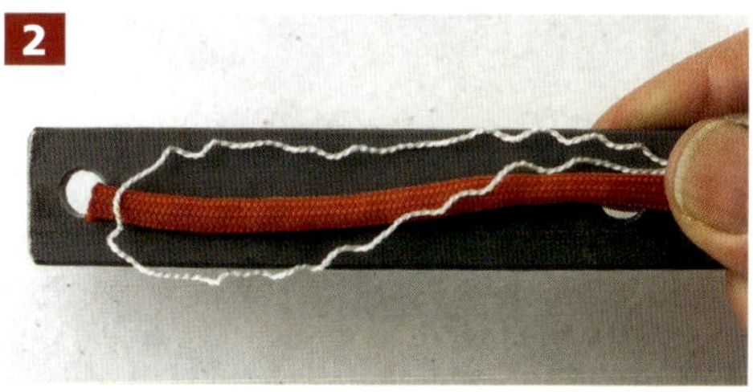

Um das Ende durchzuziehen, benutzen wir ein Stück Schnur aus der Seele. Legen Sie das stehende Ende des Seils neben der Schlaufe längs am Griff entlang.

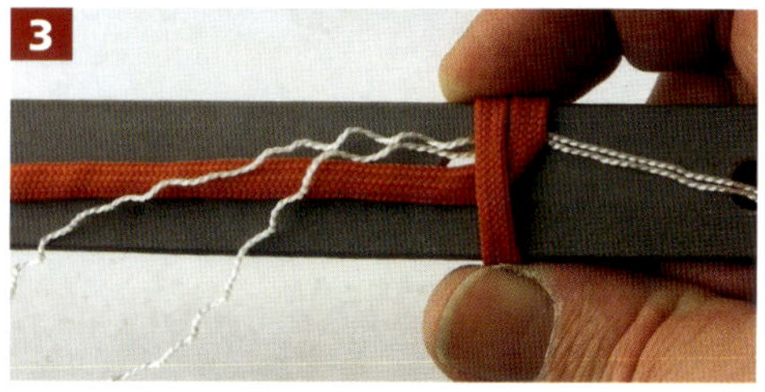

Verdrehen Sie das stehende Ende um 90° und machen Sie eine volle Runde nach oben um die Angel. Wir sehen auf die Rückseite des späteren Messergriffs.

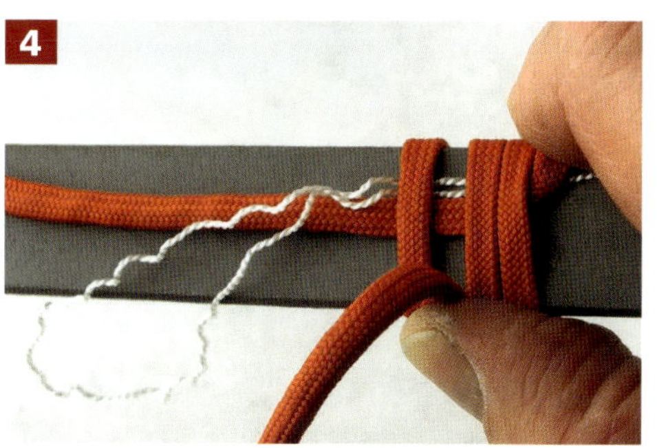

Nach zwei Runden ist die erste Webfolge beendet. Halten Sie alle Seilabschnitte entlang des Rückens schön ausgerichtet und parallel.

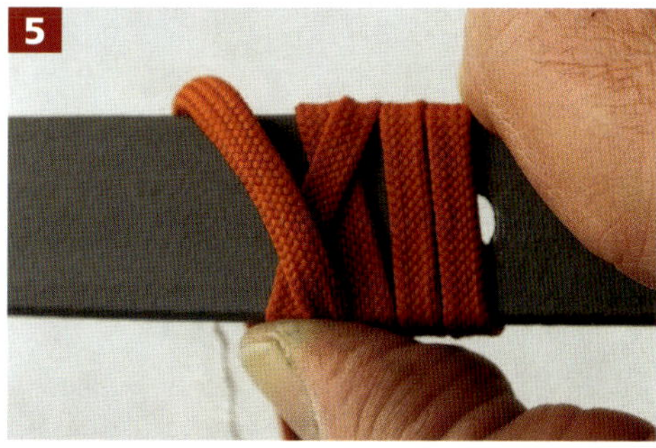

Die erste Webfolge ist beendet, sobald wir wieder auf der Vorderseite angelangt sind.

6

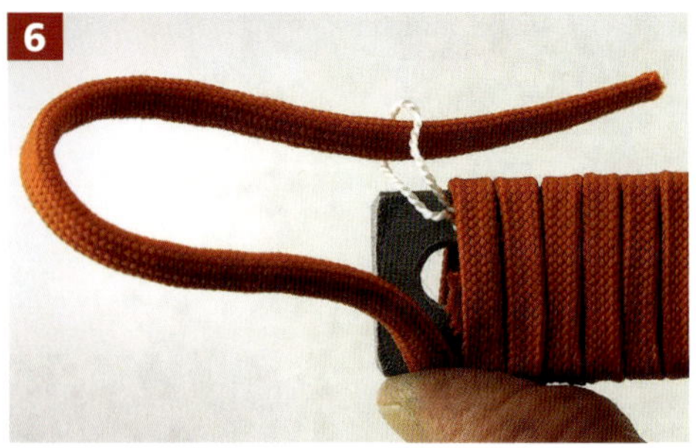

Am Knauf wird das stehende Ende abgeschnitten. Das Arbeitsende geht durch die Schlaufe der Schnur, um unter der Wicklung durchgezogen zu werden.

7

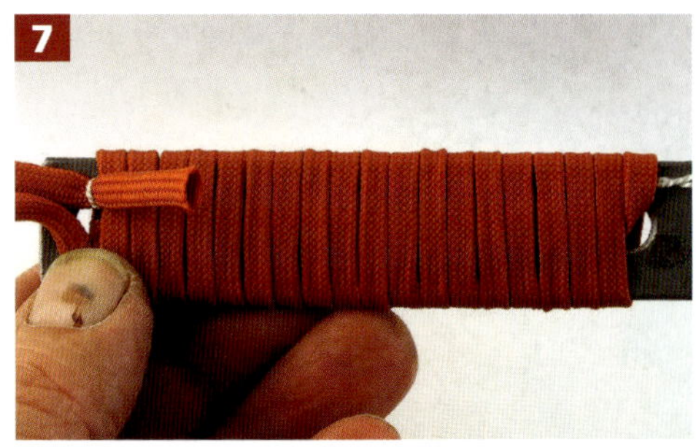

Das Arbeitsende wird nun ganz unter der Wicklung durchgezogen.

8

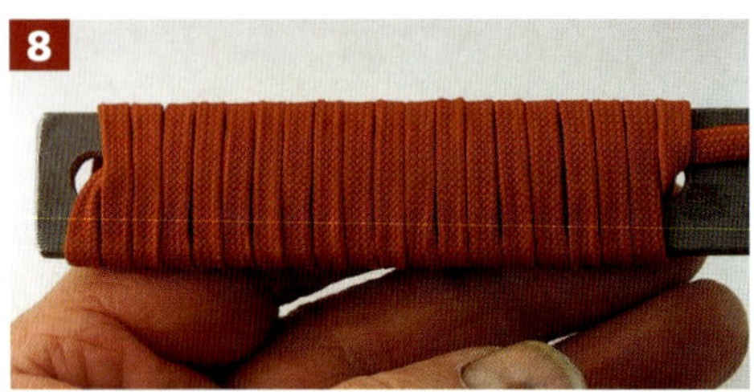

Das Ende ist durch. Das abgeschnittene stehende Ende wird vom Arbeitsseil verdeckt.

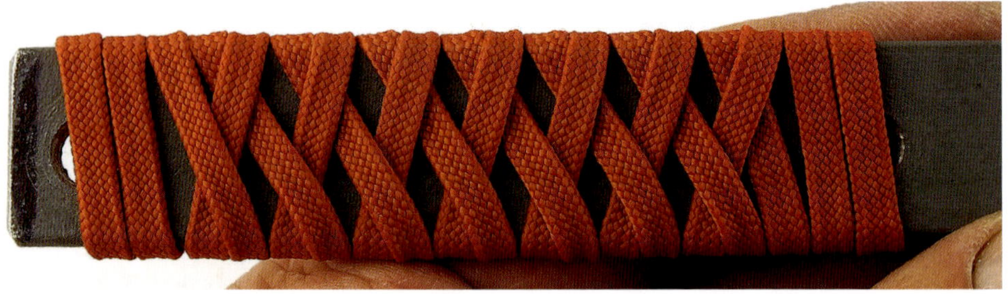

9 Frontansicht des Griffs.

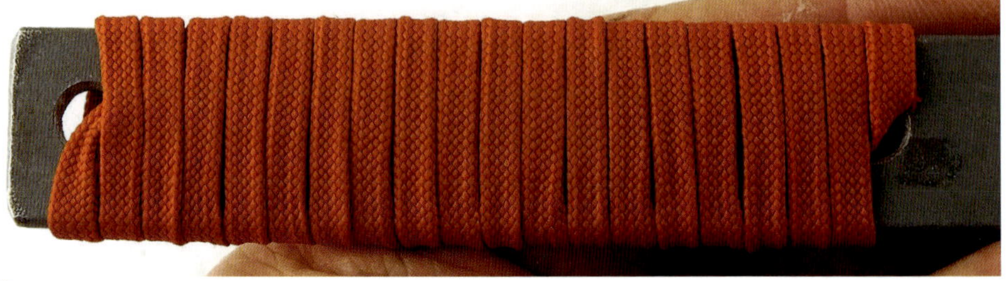

10 Das Arbeitsende ist hier ebenfalls zurechtgeschnitten.

8.3 Halbe Wicklungen

Wir haben einige Wickeltechniken gesehen, die sowohl auf der Vorder- als auch auf der Rückseite ein strukturiertes Muster haben. Diese können so angepasst werden, dass sie nur auf der Vorderseite gewebt werden.

Ein Beispiel ist der christliche *tsukamaki*-Stil. Wenn nur die Vorderseite ein Webmuster erhält, dann bekommt die Rückseite eine schöne, flache Oberfläche. Da die verdrehten Überkreuzungen weggelassen werden, kann das Webmuster fast bis zum Knauf fortgesetzt werden. Das Ende ist verschieden vom Ende der *tsukamaki*-Version. Hier ist ein Beispiel für eine Griffwicklung mit flacher Rückseite bei einer Sgian-Dubh-Klinge.

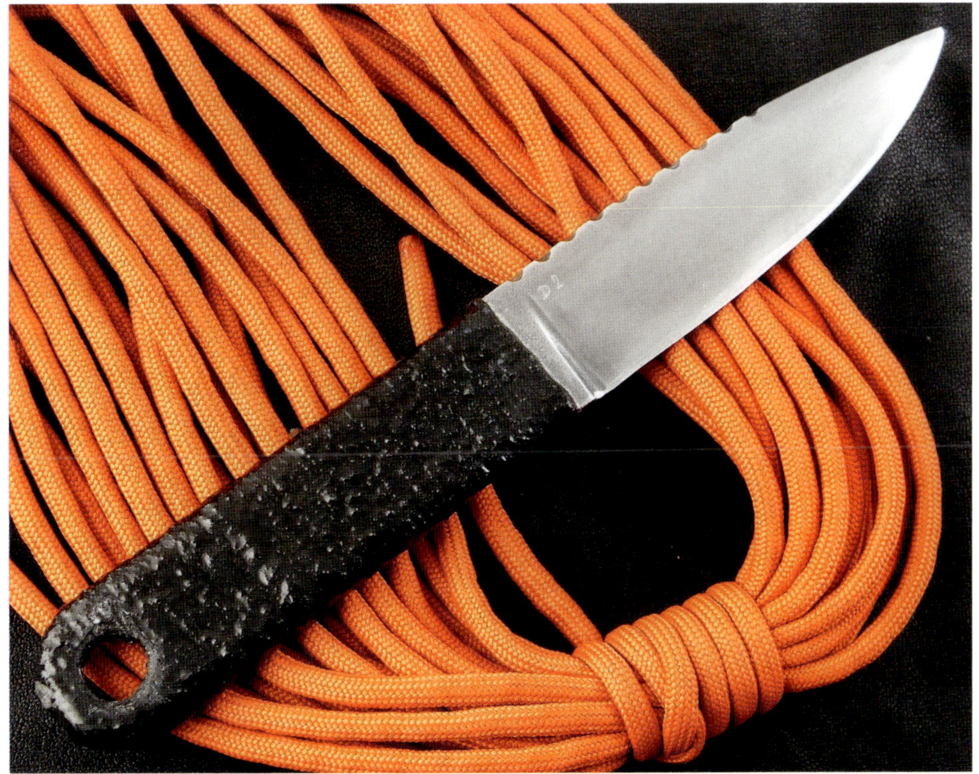

Der Sgian Dubh hat als Grundlage eine Wicklung aus Baumwollband, das mit Epoxidharz imprägniert wurde.

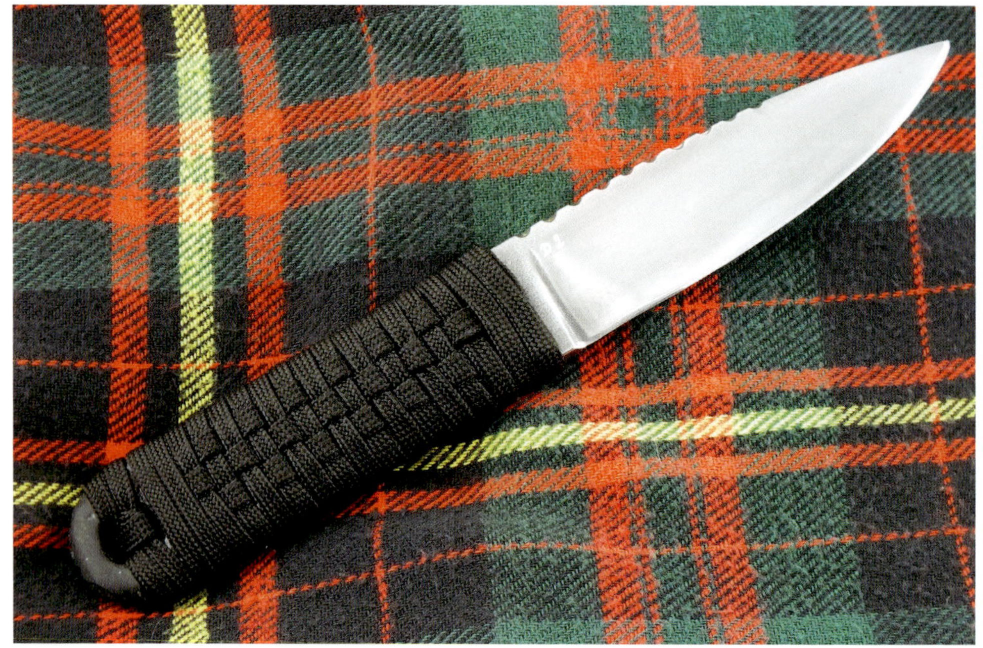

Darauf kommt eine Wicklung mit Webmuster, die sehr gut zum Messer passt. Eine Kunstharz-Imprägnierung schützt die Wicklung.

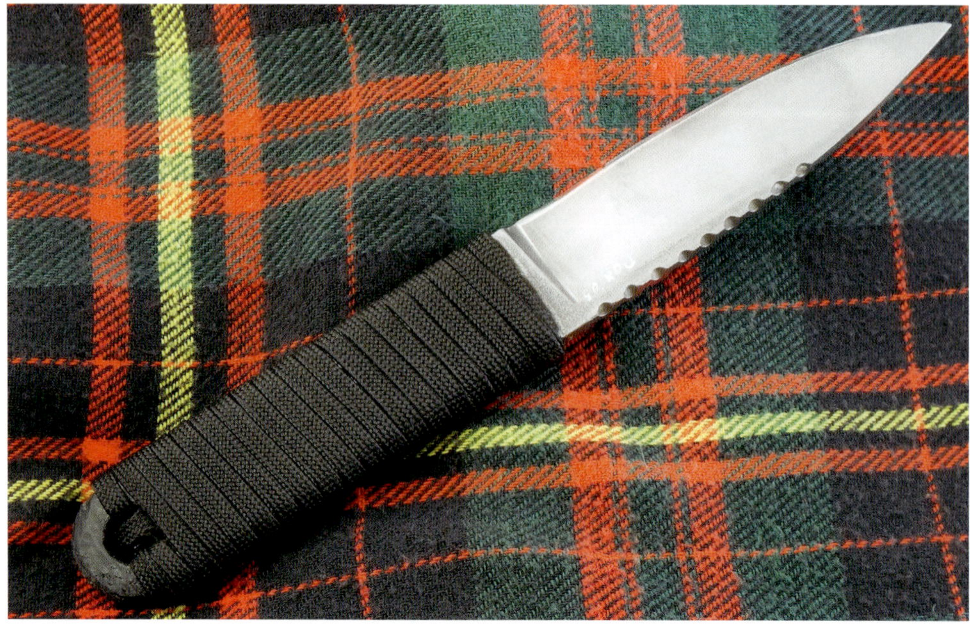

Die Rückseite ist auf traditionelle Weise flach.

8.4 Einfaches Webmuster mit einem Webende

Bei der flachen Wicklung kann ein stehendes Ende in die Umwicklung eingewebt sein. Anstatt das stehende Ende auf der Griffrückseite unter der Wicklung zu lassen, wird es auf die Vorderseite des Griffs gelegt und mit der Wicklung verwoben, während diese sich in Arbeit befindet. Das einfache Webmuster zeigt mit vollem Paracord eine schöne Struktur.

Die gleiche Wickeltechnik mit Flatline bietet ein eher geschlossenes Aussehen und Griffgefühl.

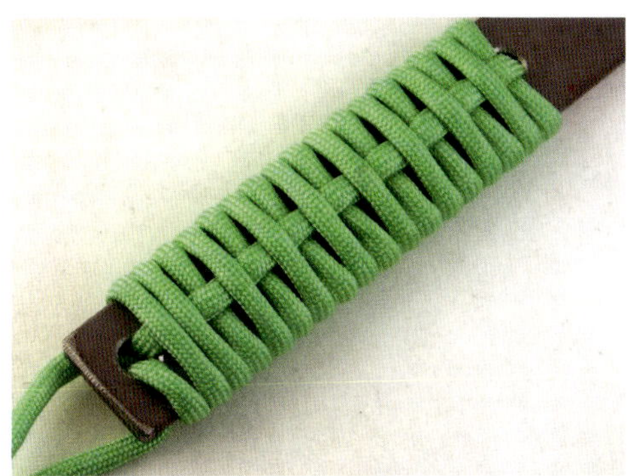

Das ist eine einfache Wicklung, bei der das stehende Ende unter und über das Arbeitsende gewebt wird, während der Griff umwickelt wird.

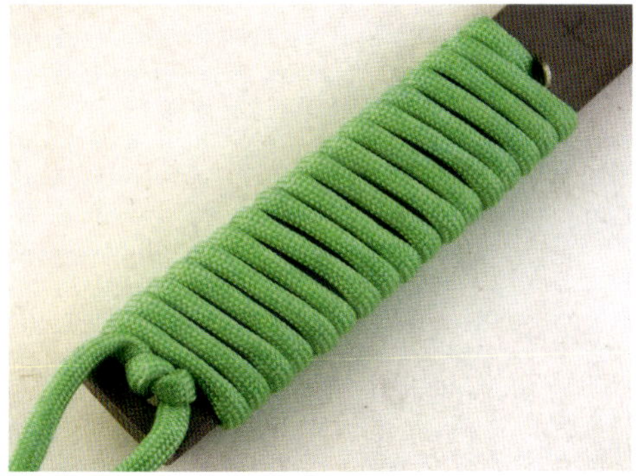

Die Rückseite dieser Wicklung liegt flach auf dem Griff.

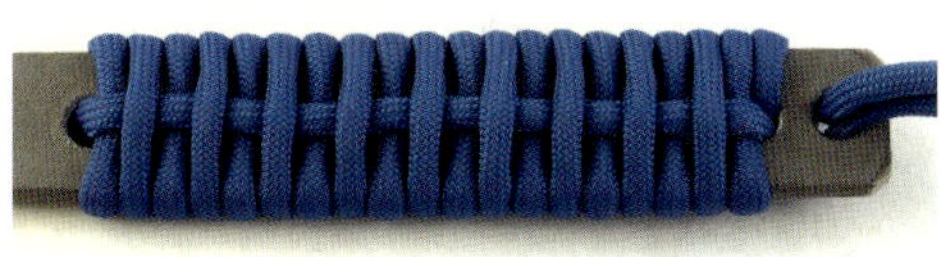

Diese blaue Griffwicklung hat einen anderen Endknoten wie bei den taktischen Griffwicklungen.

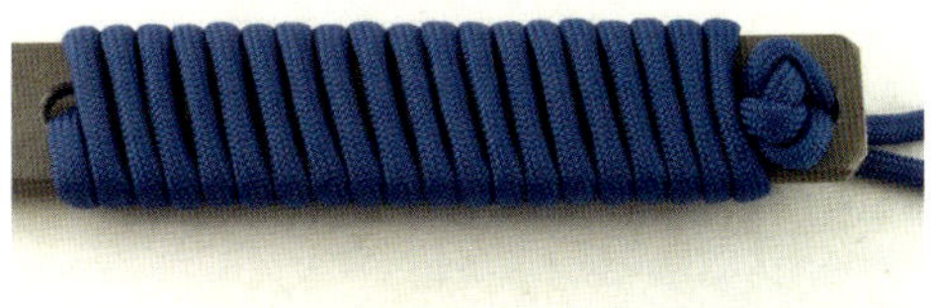

Der flache Rücken zeigt diesen anderen Endknoten.

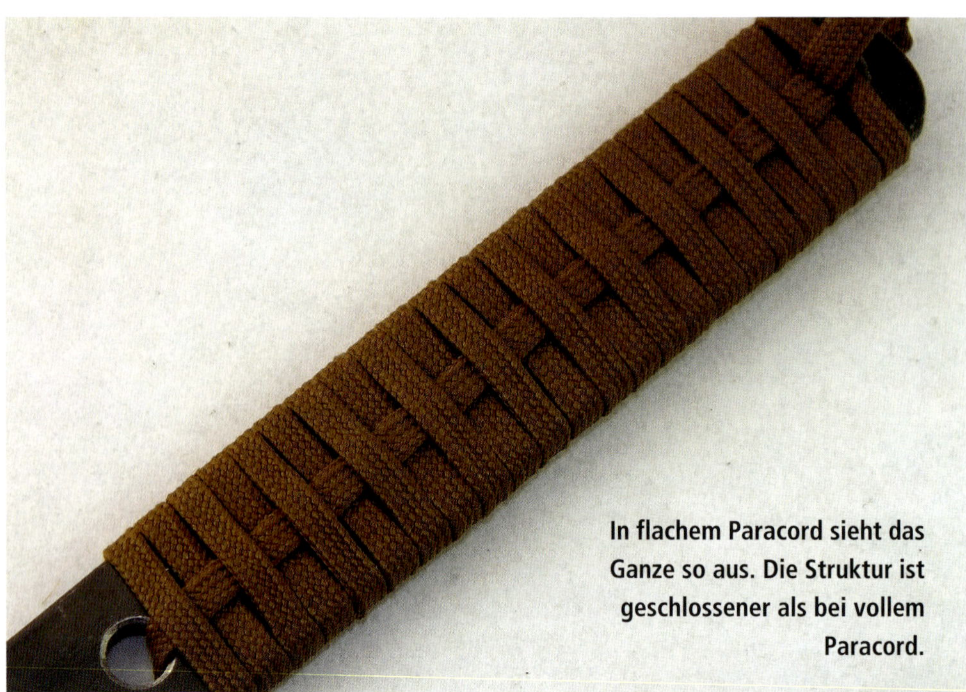

In flachem Paracord sieht das Ganze so aus. Die Struktur ist geschlossener als bei vollem Paracord.

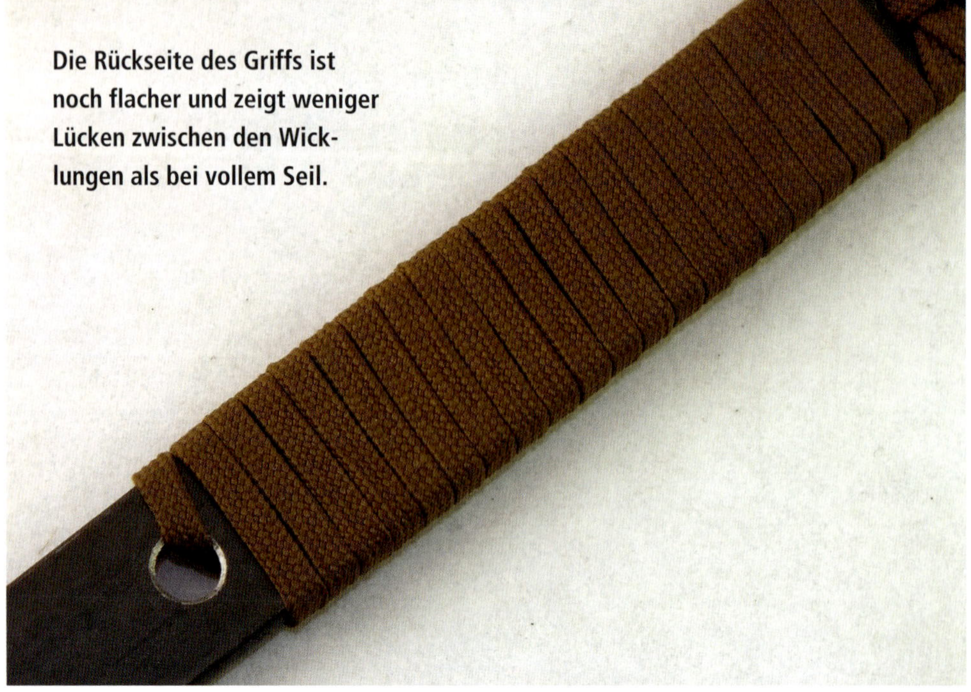

Die Rückseite des Griffs ist noch flacher und zeigt weniger Lücken zwischen den Wicklungen als bei vollem Seil.

8.5 Griffwicklungen mit zwei Farben

Wenn das Seil verdoppelt wird und dabei zwei verschiedene Farbtöne verwendet werden, dann ist das Ergebnis ein schönes Webmuster. Die Griffwicklung ist immer noch einfach und mit wenig Material durchzuführen. Für die Endknoten sind die Beispiele aus dem Kapitel der taktischen Griffwicklungen ausgezeichnet geeignet.

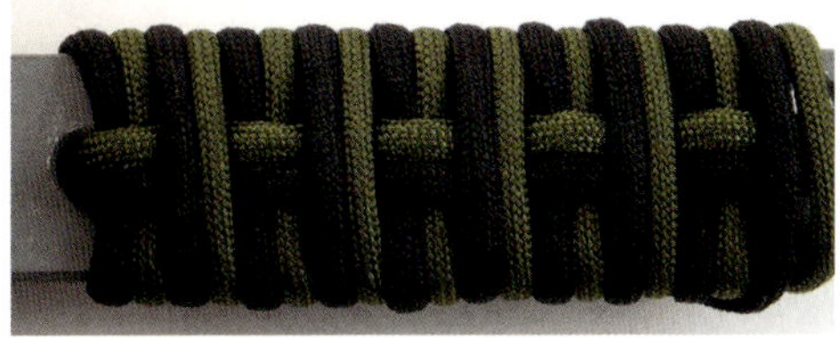

Wenn der Griff mit zwei Seilen umwickelt wird und mit beiden Seilen gleichzeitig gewebt wird, erreichen wir diese schöne Struktur.

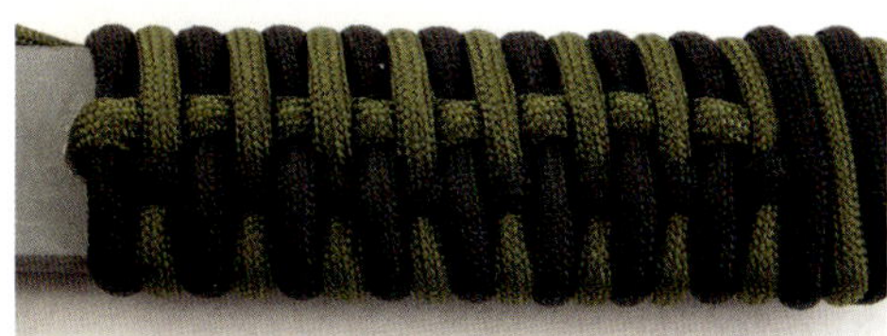

In diesem Beispiel wird die Webarbeit mit beiden Seilen abwechselnd durchgeführt. Das Webmuster sieht dadurch anders aus.

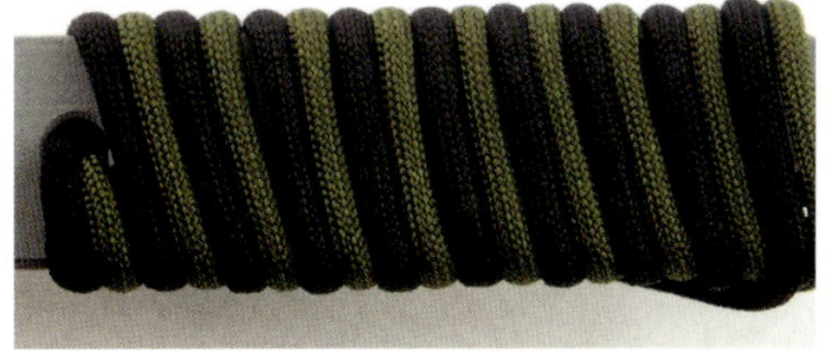

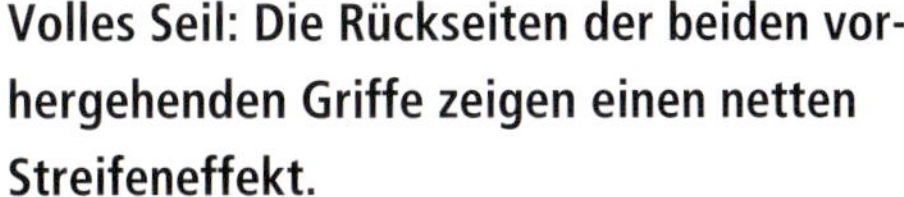

Volles Seil: Die Rückseiten der beiden vorhergehenden Griffe zeigen einen netten Streifeneffekt.

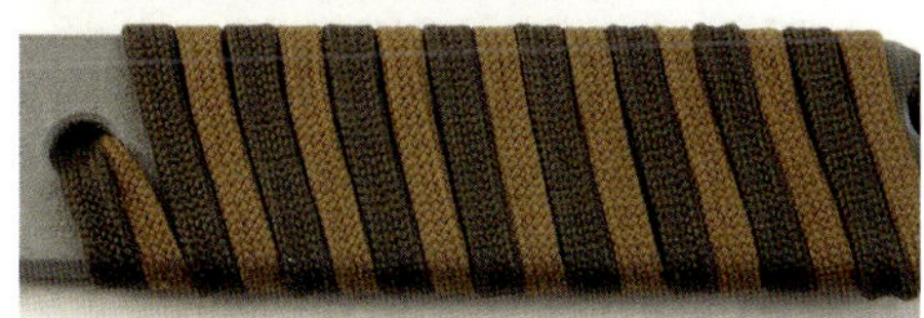

Diese flache Wicklung ist von der Struktur her der zweiten Griffwicklung aus vollem Paracord ähnlich.

Die Griffrückseite der Flatline-Wicklung zeigt, dass die Wicklung sehr dünn ist. Eine zusätzliche Seillage unter der Wicklung kann das Griffvolumen erhöhen, während sie gleichzeitig die feinere Struktur des Flatline-Webmusters erhält.

8.6 Das dreifache Webmuster

Das einfache Webmuster kann durch Hinzufügen eines Seils verdreifacht werden: Eine Schlaufe aus Flatline hält den umwickelten Griff in einer schönen ovalen Form, während das mittlere Seil und das umwickelnde Seil volles Paracord bleiben. In meinem Beispiel habe ich schwarzes Flatline benutzt, um die Sichtbarkeit der Technik zu verbessern.

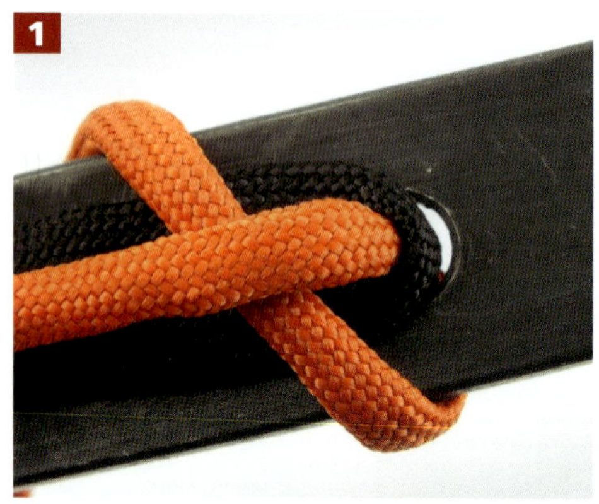

Um das einfache Webmuster etwas aufzumotzen, kann man eine Schlaufe Flatline in die Struktur einweben.

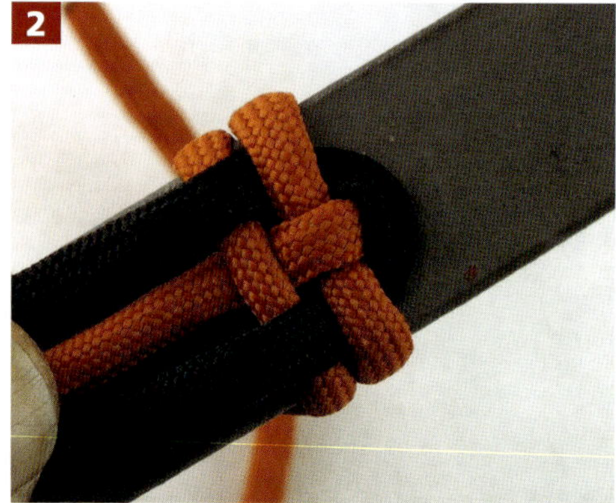

Die Flatline macht das genaue Gegenteil des vollen Seils während des Webens: Sie geht abwechselnd über und unter das Seil.

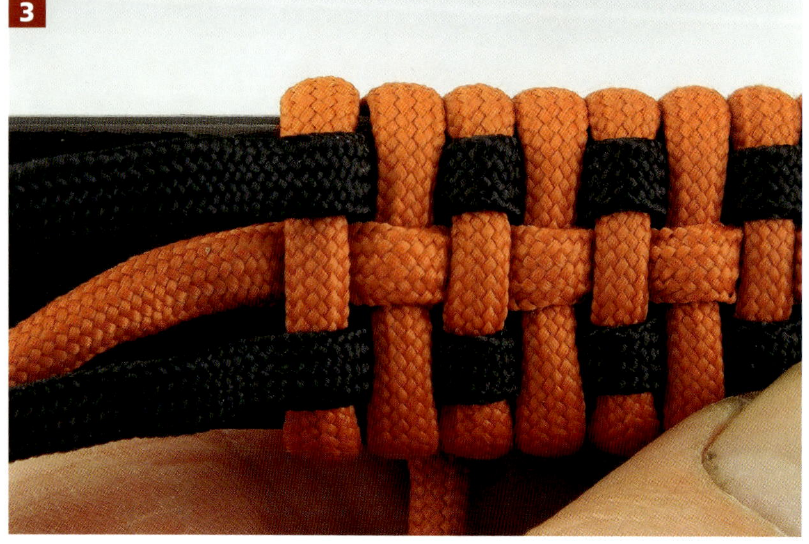

Das Webmuster nimmt Gestalt an.

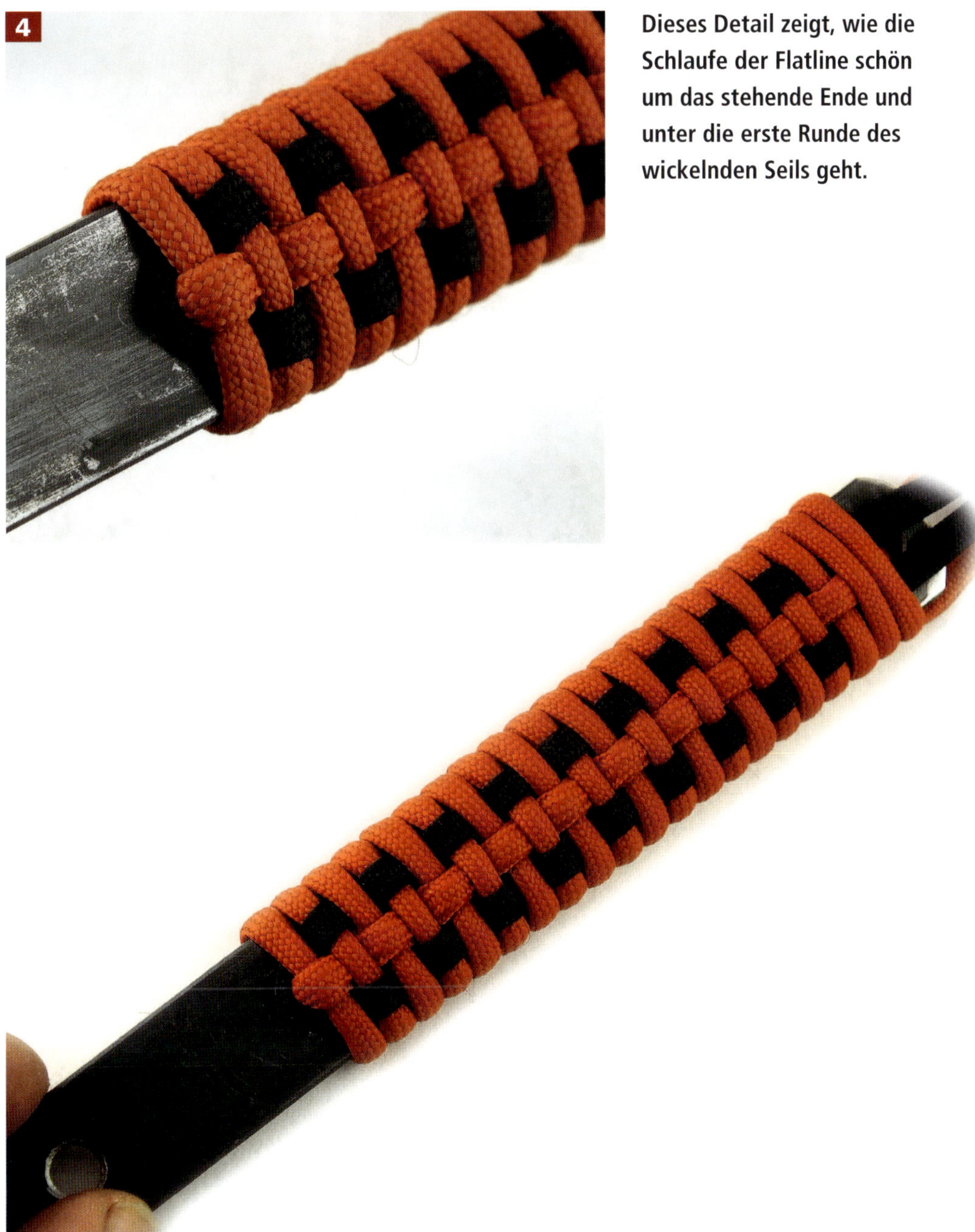

Dieses Detail zeigt, wie die Schlaufe der Flatline schön um das stehende Ende und unter die erste Runde des wickelnden Seils geht.

Die Griffwicklung ist bereit zur Fertigstellung: Die Flatline muss noch abgeschnitten werden. Das Verknoten des stehenden Seilendes und des Webseils erfolgt genauso wie bei den taktischen Griffwicklungen.

8.7 Das doppelseitige Dreifach-Webmuster

Das dreifache Webmuster mit flacher Griffrückseite kann in ein vollformatiges Dreifachmuster auf Vorder- und Rückseite verwandelt werden. Wenn man zwei Flatline-Schlaufen zur Rückseite des umwickelten Griffs hinzufügt, verwandeln wir die Griffwicklung mit flachem Rücken in eine doppelseitige Dreifach-Webwicklung.

Im Beispiel haben wir grünes Paracord benutzt, um die Sichtbarkeit zu erhöhen. In der Praxis würde man für eine bessere Ausgewogenheit Flatline desselben Seils benutzen, das auch für die Wicklung verwendet wird (in diesem Fall in Orange).

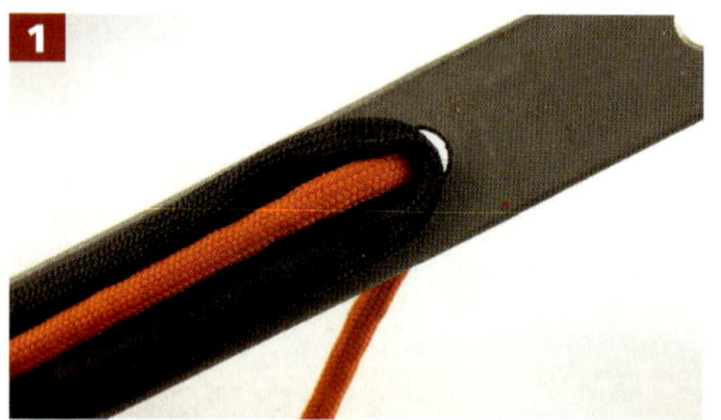

Doppelseitiges Dreifach-Webmuster: Auf der Vorderseite beginnen wir das dreifache Webmuster genauso wie im letzten Abschnitt 8.6.

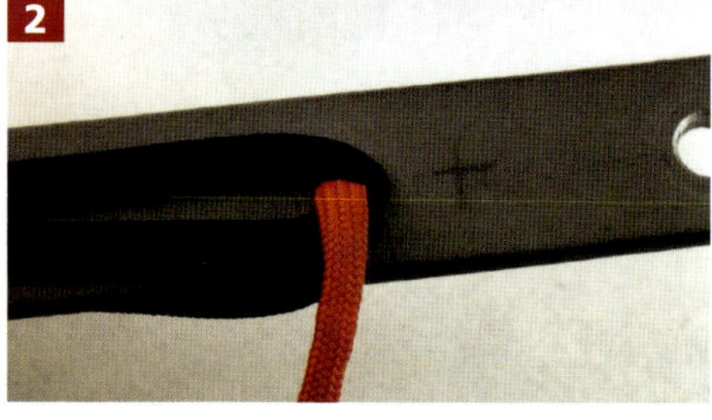

Auf die Rückseite legen wir auch eine Flatline-Schlaufe. Das Arbeitsende des Seils liegt zu Beginn der ersten Runde auf der Rückseite des Griffs.

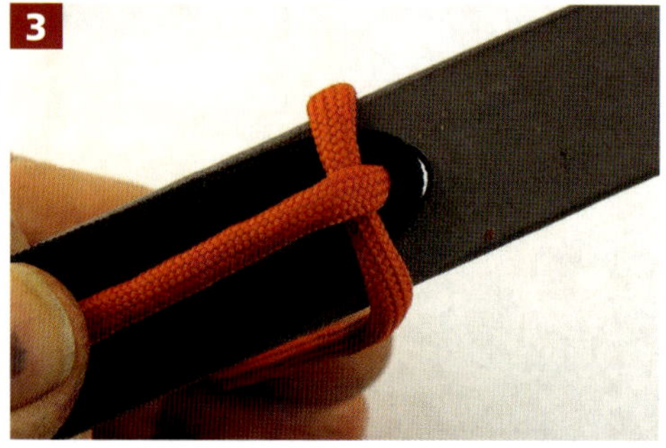

Auf der Vorderseite wird das Arbeitsende unter das stehende Ende und über die Flatline-Schlaufe geführt.

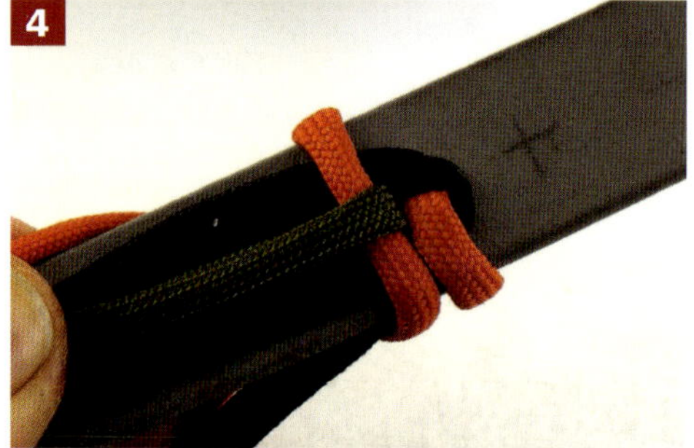

Das Arbeitsseil hat die Rückseite passiert. Eine zweite Flatline-Schlaufe wurde dazugefügt (hier in Grün).

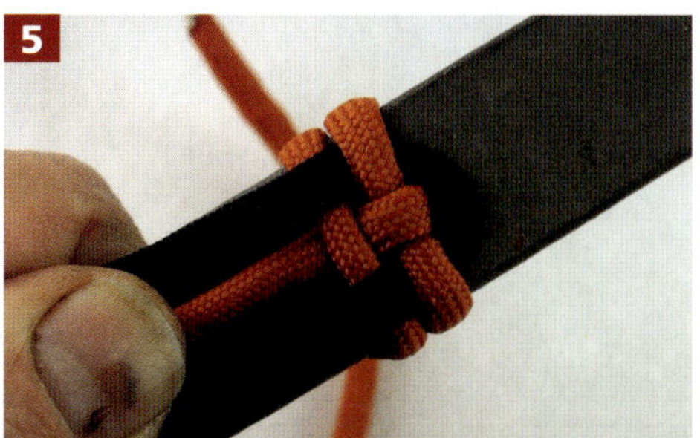

Auf der Vorderseite des Griffs hat das wickelnde Seil hier seinen zweiten Durchgang über das stehende Ende und unter die zwei schwarzen Flatlines gemacht.

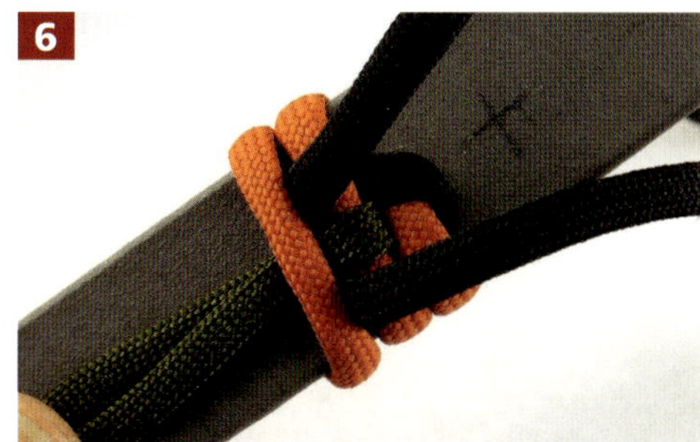

Auf der Rückseite gehen beide Stränge der mittleren Flatline unter das Arbeitsende, die schwarzen Enden darüber. Ab hier wird nur das obere Ende der grünen Flatline eingewebt.

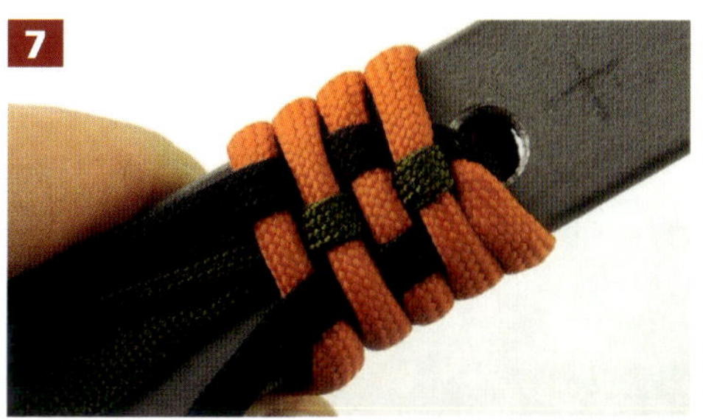

Der vierte Durchgang des Seils auf der Rückseite des Griffs.

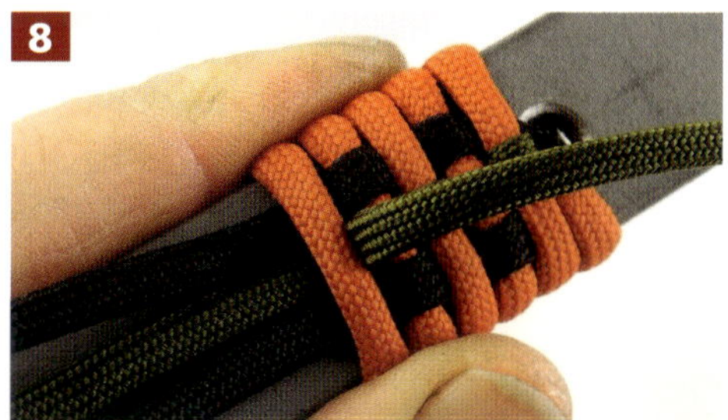

Der fünfte Durchgang des wickelnden Seils. Wie deutlich zu sehen ist, wird nur die obere Flatline der mittleren Schlaufe zum Weben benutzt.

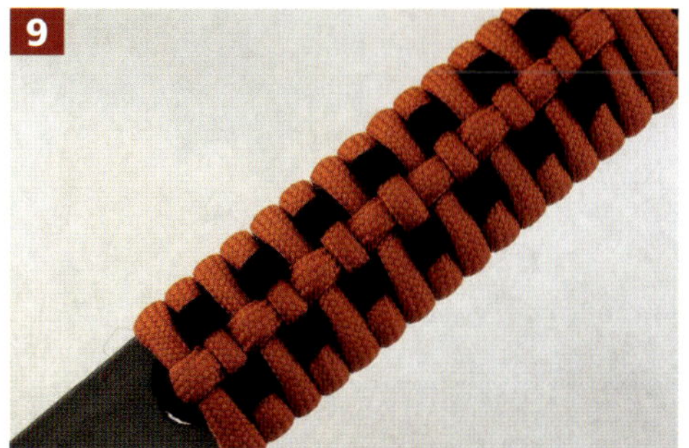

Auf der Vorderseite des Griffs befindet sich das volle orange Seil in der Mitte des Webmusters.

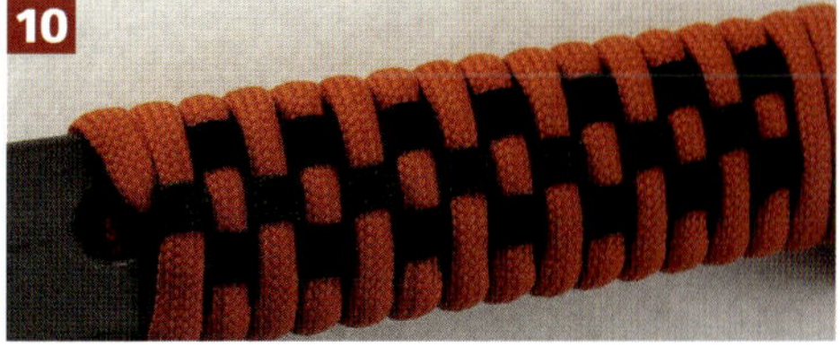

Die Rückseite des Griffs zeigt die drei flachen Webseile. Die Webenden können gestutzt und verklebt werden, ein Türkenbund kann das Ende der Wicklung bedecken. Eine andere Lösung wäre ein Handgelenksriemen (Lanyard).

WICKLUNGEN FÜR SKELETTGRIFFE

9.1 Skelettgriffe mit länglicher Aussparung

Wenn der Skelettgriff eine oder mehrere längliche Öffnungen besitzt, dann kann man einfach durch die Löcher weben.

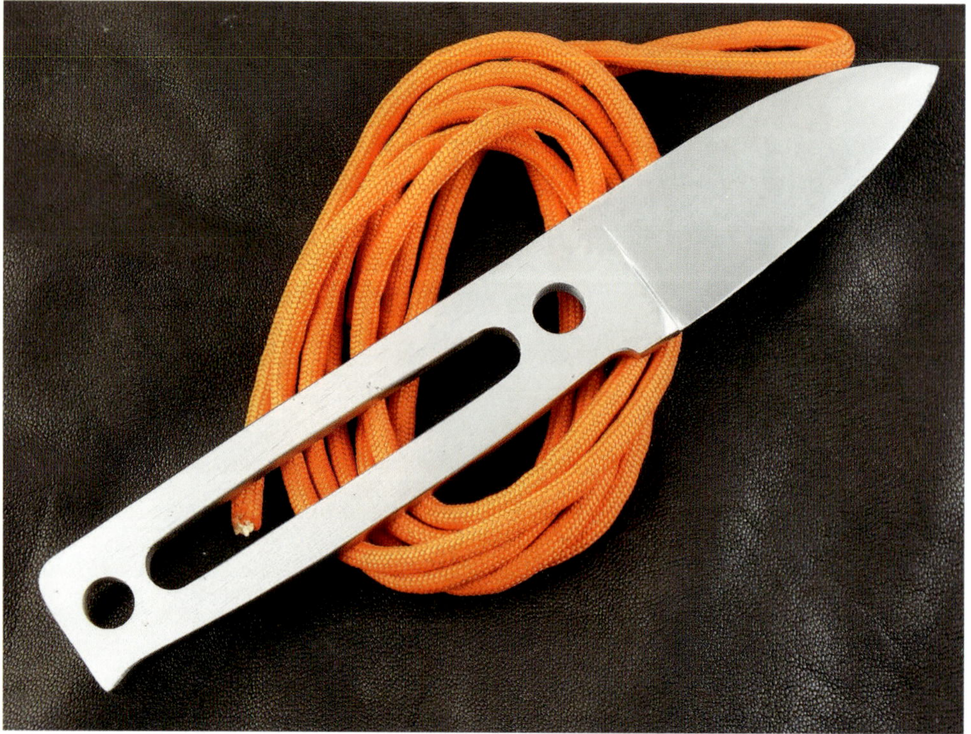

Eine einfache Klinge mit Skelettgriff und langer Aussparung kann umwickelt werden, um das Messer zu einem komfortablen Werkzeug zu machen.

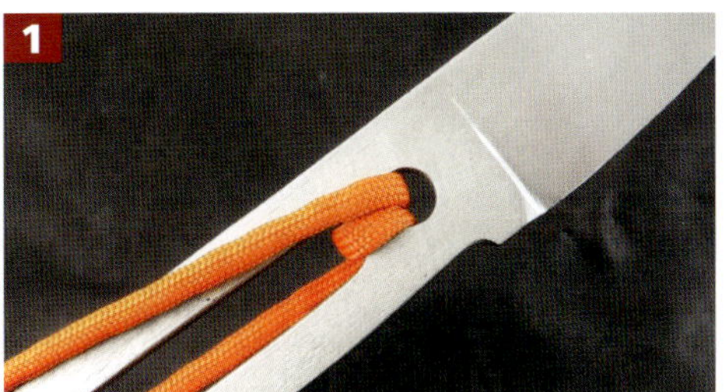

Zum Beginn geht das Seil zweimal durch das Loch und durch die lange Aussparung. Die Richtung des Seils ist wichtig. Sie hat einen Einfluss darauf, wie das Webmuster beginnt.

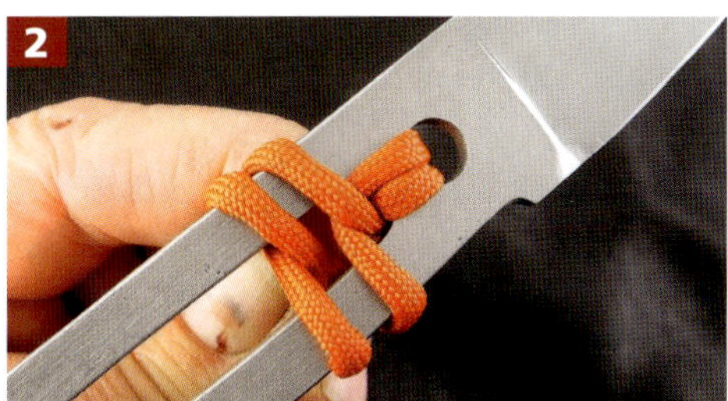

Das rechte Arbeitsende geht nach links über das andere Seil, das nach rechts geführt wird.

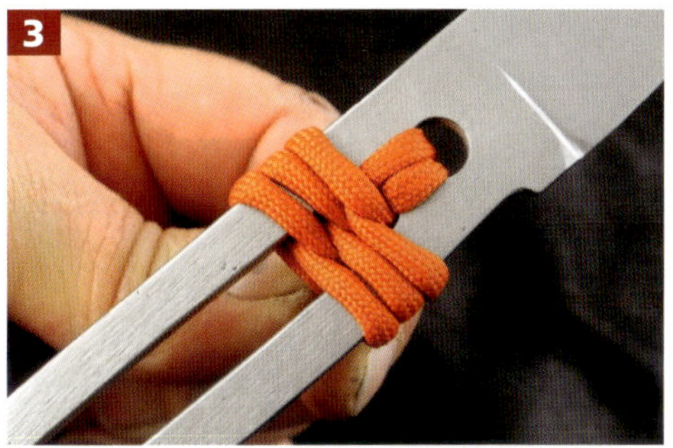

Die Seilenden werden straffgezogen und gegeneinander gedrückt. Die Fischgrätenstruktur der Wicklung wird sichtbar.

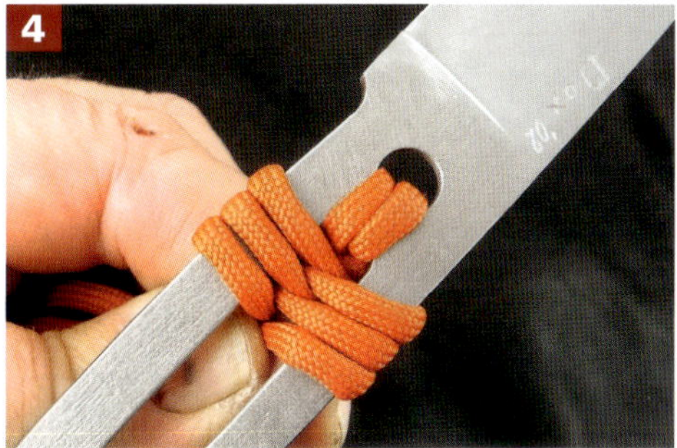

Auch die andere Seite sieht gut aus.

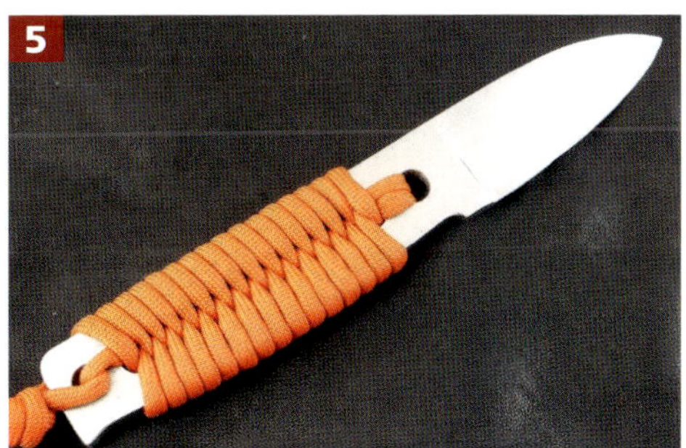

Wenn das Ende des Griffs erreicht ist, versuchen Sie noch eine letzte Webfolge durch die Öffnung zu bekommen, bevor Sie einen Endknoten machen.

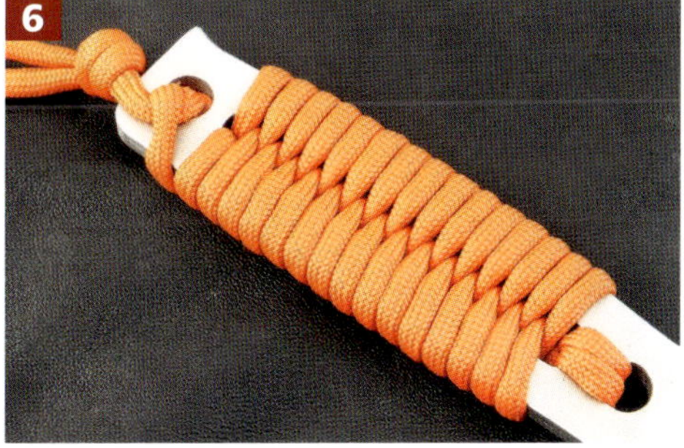

Die andere Seite hat ein perfektes und gleichmäßiges Webmuster.

DER LANYARD-KNOTEN

Der Lanyard-Knoten hat eine gewebte Struktur wie der Türkenbund. Er bietet eine hübsche Möglichkeit, eine Schlaufe für verschiedene Gelegenheiten zu machen. Wenn ein Messer einen kurzen Griff hat, kann ein Lanyard-Knoten ihn effektiv verlängern und das Handling signifikant verbessern.

1 **Falten Sie das Seil in der Mitte.**

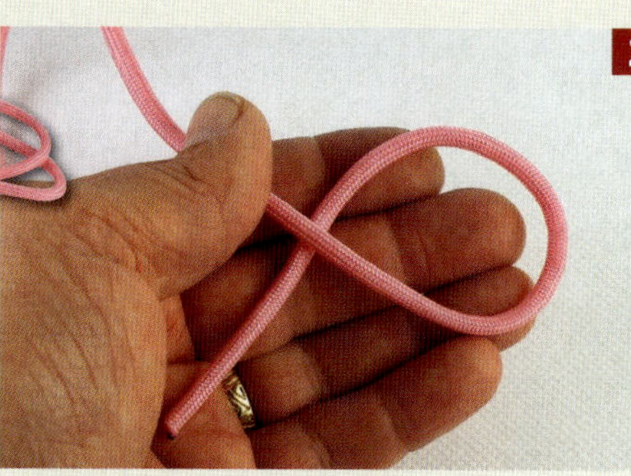

Nehmen Sie ein Ende. Kommen Sie von der Oberseite Ihrer Hand und machen Sie eine Schlaufe mit dem Arbeitsende darunter.

3 **Gehen Sie mit dem zweiten Arbeitsende nach oben und unter die Schlaufe.**

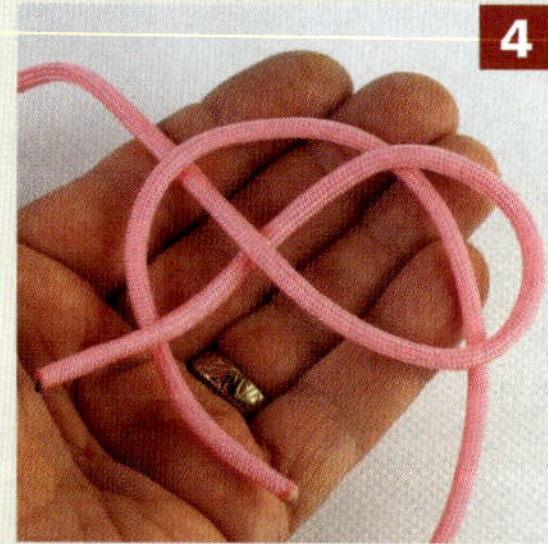

Bringen Sie das zweite Arbeitsende über das von oben kommende Seil und unter das erste Arbeitsende.

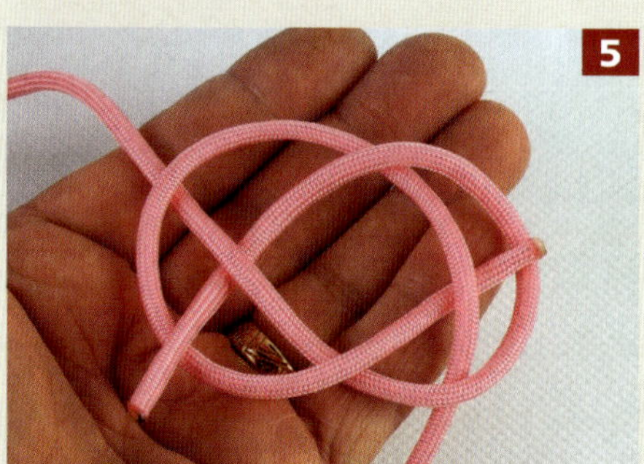

Führen Sie das zweite Arbeitsende über die Schlaufe, unter sich selbst und über die Schlaufe an der rechten Seite.

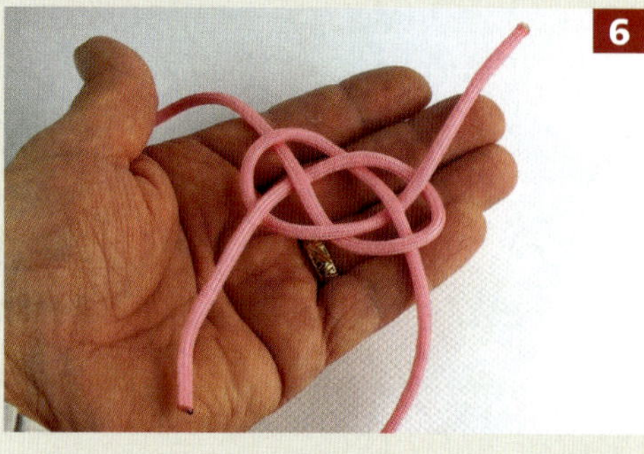

Ziehen Sie den Knoten fester und machen Sie die Arbeitsenden dabei etwas länger.

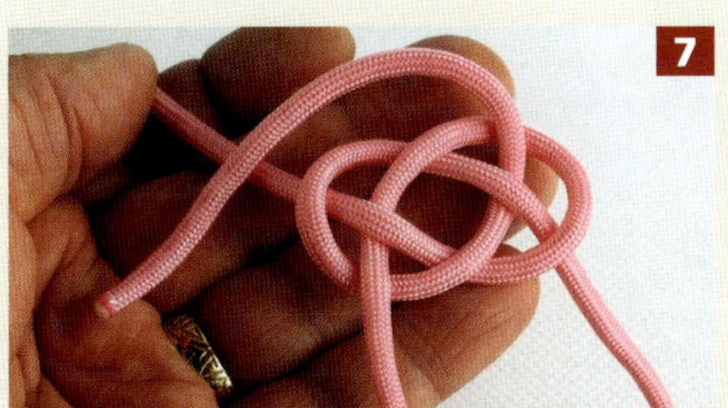

Bringen Sie das zweite (obere) Arbeitsende nach links über das Seil.

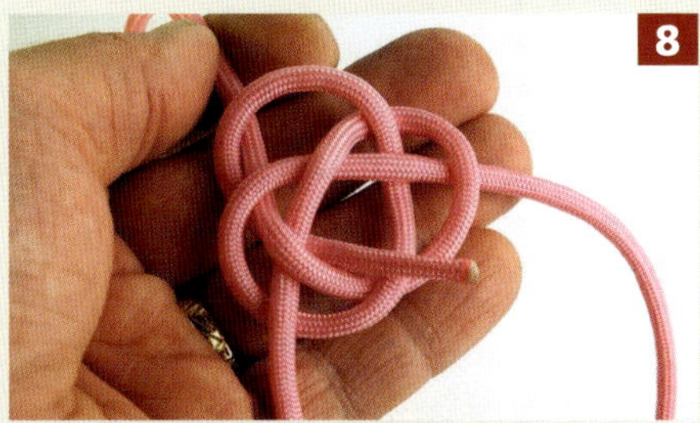

Führen Sie das Arbeitsende von oben durch den Mittelpunkt des Knotens.

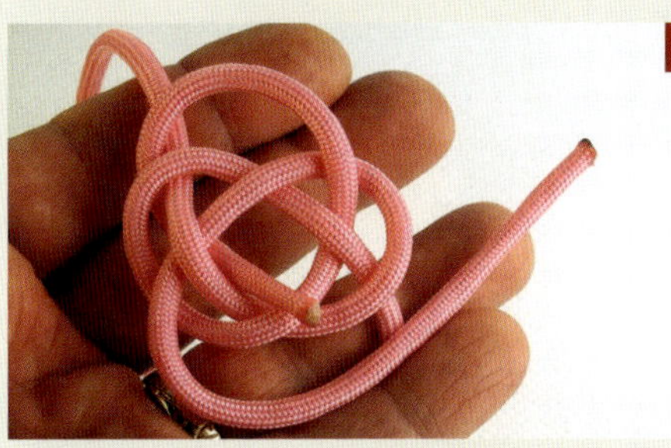

Bringen Sie das andere Arbeitsende nach links herum und über das nach unten laufende Seil.

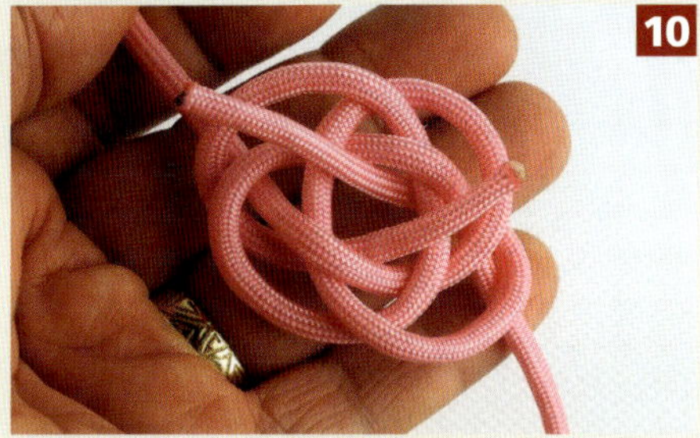

Das Arbeitsende geht dann unter dem Konten durch und durch das Zentrum nach oben.

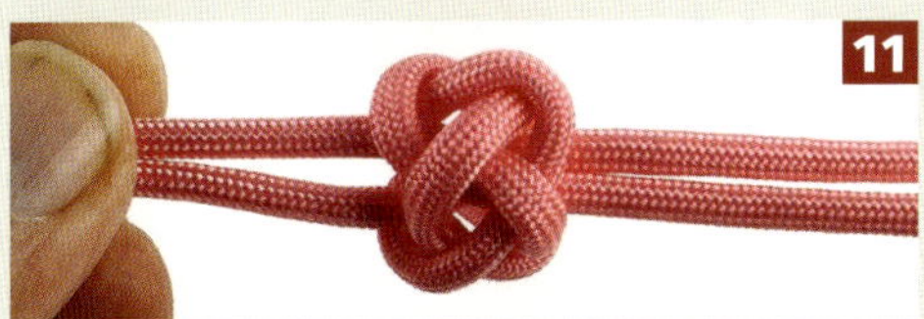

Ziehen Sie am Knoten, mit der Schlaufe auf der linken Seite und den Arbeitsenden auf der rechten Seite.

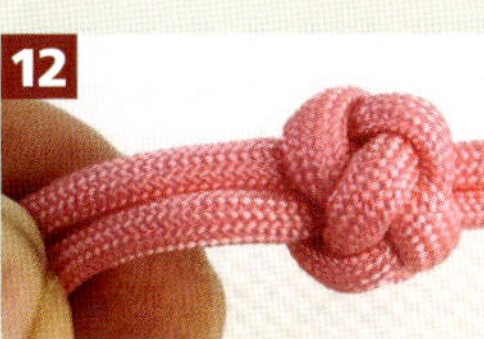

Ziehen Sie den Knoten stramm, indem Sie systematisch an allen Seilen ziehen.

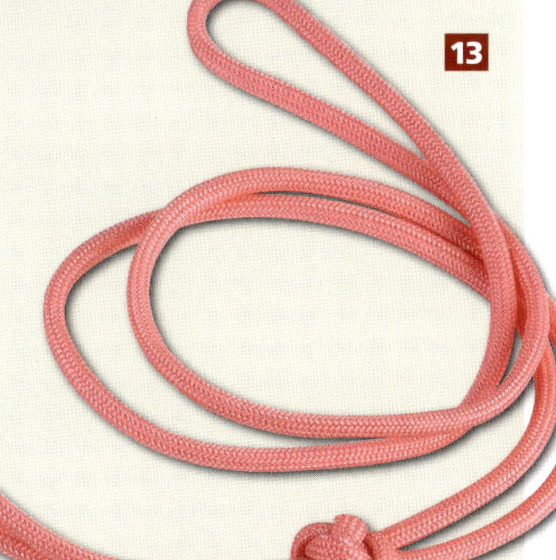

Der Lanyard-Knoten ist fertig.

9.2 Skelettgriffe mit runden Löchern

Skelettgriffe mit einer größeren Anzahl von Löchern können ebenfalls mit funktionalen Griffwicklungen versehen werden. Wenn das Messer einen sehr kurzen Griff von weniger als zehn Zentimetern Länge besitzt, kann ein Lanyard-Knoten die Griffigkeit verbessern, indem er eine flexible Verlängerung des Griffs bildet.

Wir haben zwei ähnliche Messer mit einer einfachen, aber sehr stabilen Griffwicklung versehen. Das breitere der beiden Messer hat eine Stärke von 3,2 Millimetern und erhält eine dünne Wicklung aus zweifarbigem Paracord. Das zweite Messer hat einen schlankeren Griff, der Stahl ist hier nur 2,2 Millimeter stark. Wir verschaffen ihm ein bisschen mehr Volumen, indem wir eine volle Schlaufe unter der Wicklung platzieren.

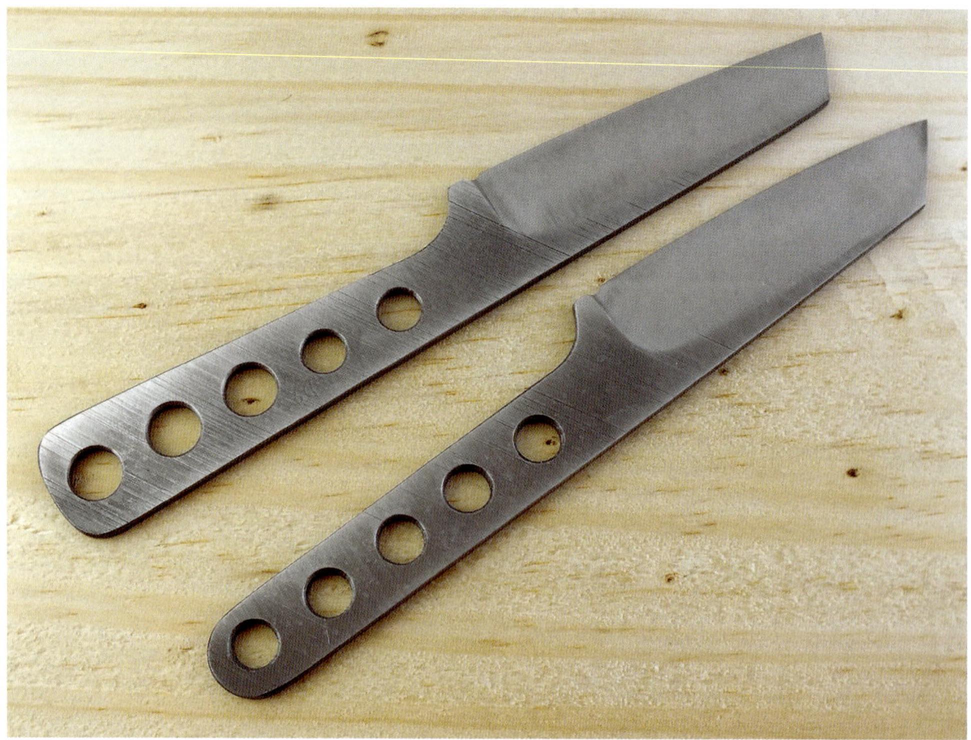

Zwei ähnliche Neck Knives mit Skelettgriff sollen eine Griffwicklung bekommen. Beide bestehen aus D2-Stahl, gehärtet auf 60 HRC.

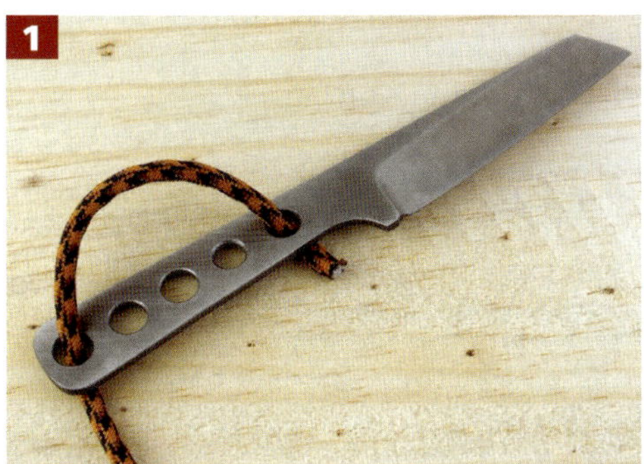

Das Seil wird durch das Knaufloch und das vorderste Loch gezogen.

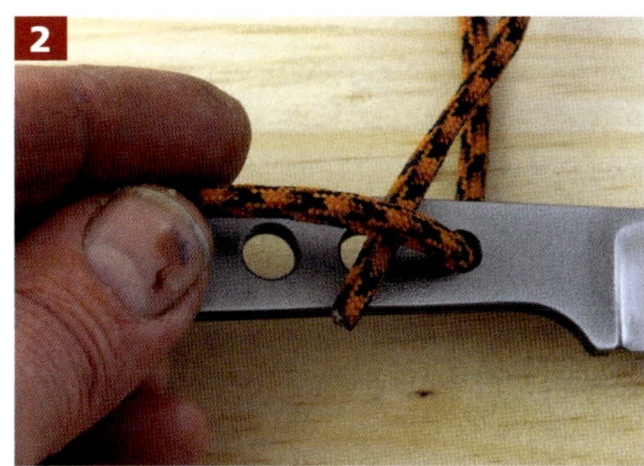

Das Seil geht durch das vordere Loch und kommt über den Griffrücken zurück auf die Vorderseite und unter sich selbst.

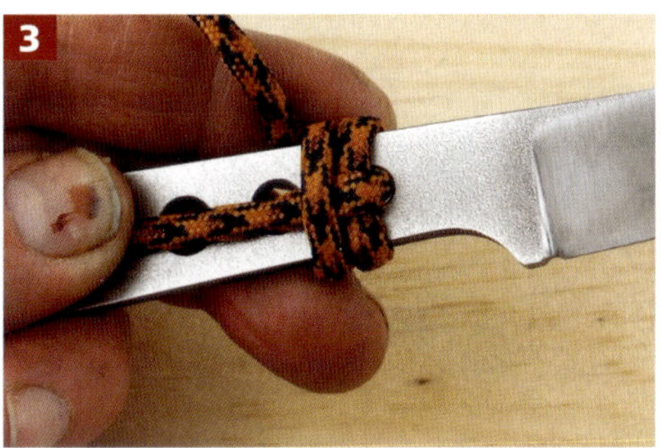

Die zweite Runde führt nun über das stehende Ende des Seils. So geht es dann auch bei den restlichen Runden weiter.

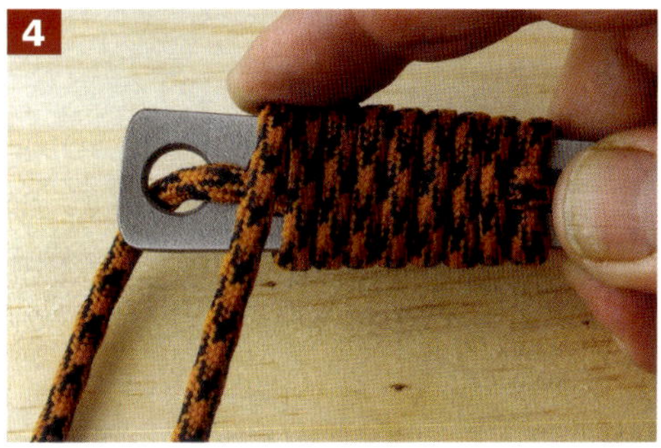

Wenn das vorletzte Loch erreicht wird, muss das Arbeitsende hier durchgezogen werden.

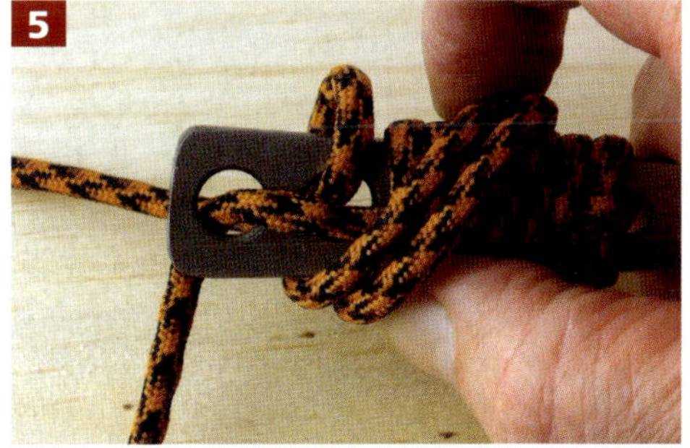

Lockern Sie zwei oder drei Windungen, um Platz zu schaffen, damit das Arbeitsende von unten durch das vorletzte Loch geführt werden kann.

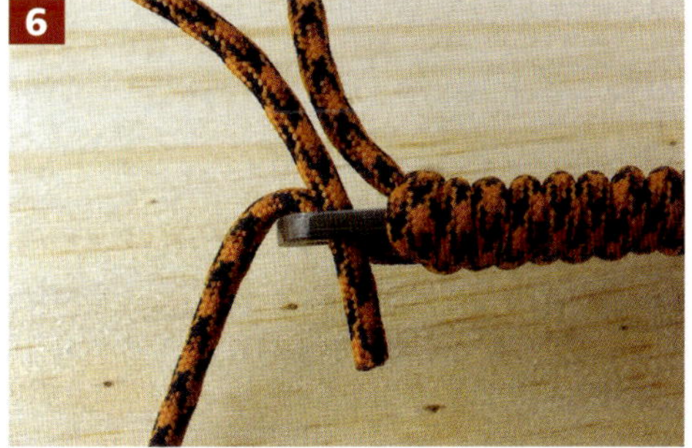

Wenn das Seil durch das vorletzte Loch geführt wurde, ziehen Sie die losen Schlaufen wieder fest, bevor das Arbeitsende von unten durch das Knaufloch geführt wird.

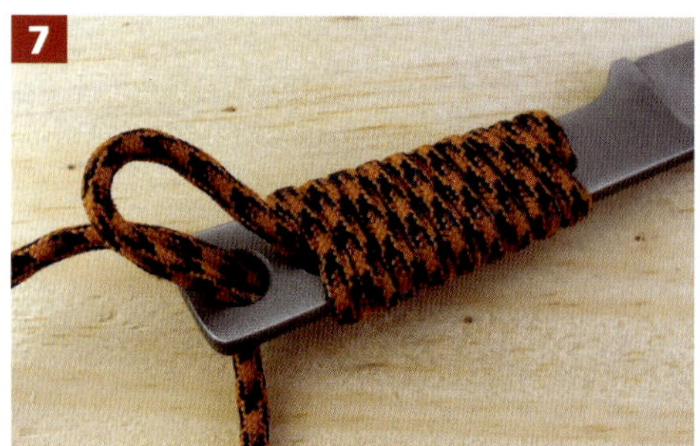

Ziehen Sie alle losen Windungen einzeln noch einmal fest und führen Sie das Arbeitsende durchs Knaufloch.

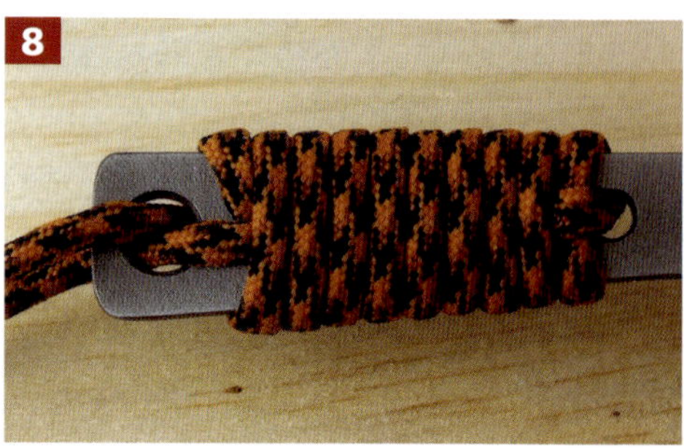

Alle Seilabschnitte sind straff- und geradegezogen. Das Arbeitsende und das stehende Ende befinden sich auf entgegengesetzten Seiten des Griffs.

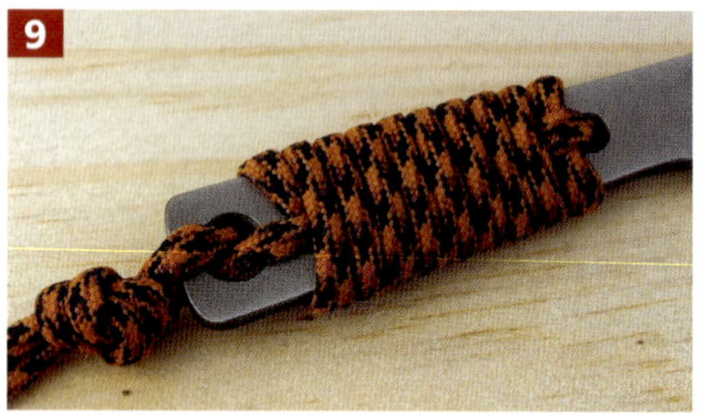

Ein Überhandknoten mag als Abschluss ausreichend sein, aber...

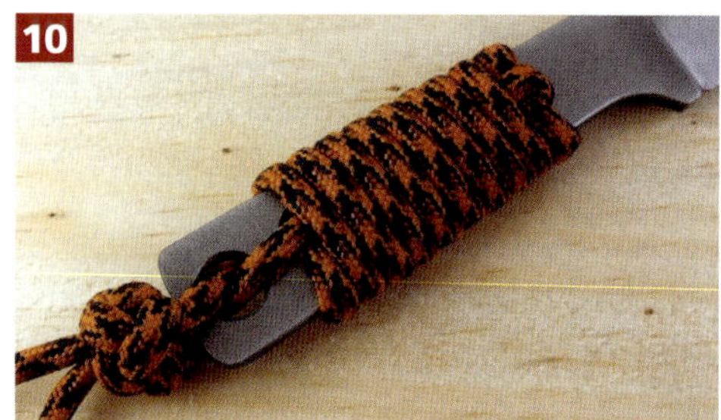

... ein Lanyard-Knoten ist viel schöner und verlängert den Griff effektiv um zwei Zentimeter.

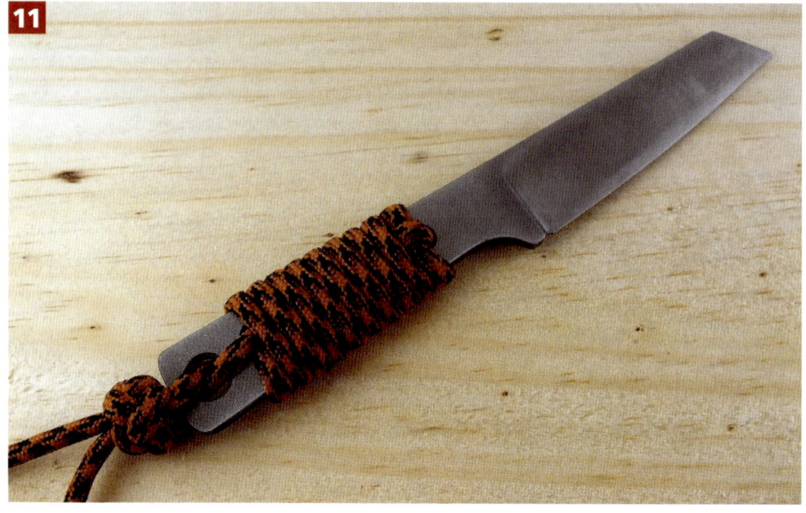

Unser Neck Knife ist vollendet.

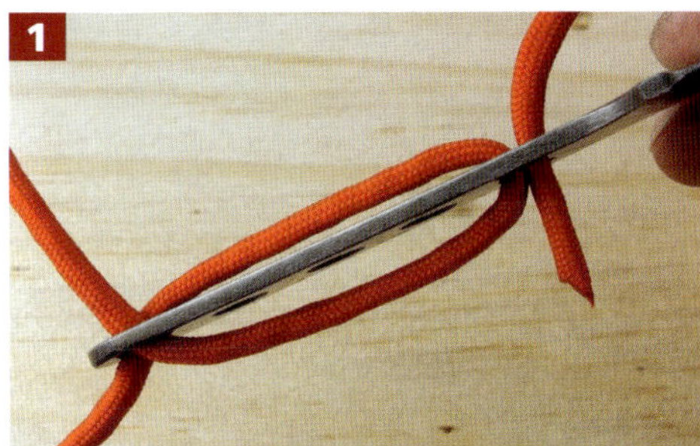

Beim schlankeren Messer kommt das Arbeitsende je zwei Mal durch das Knaufloch und das vordere Loch.

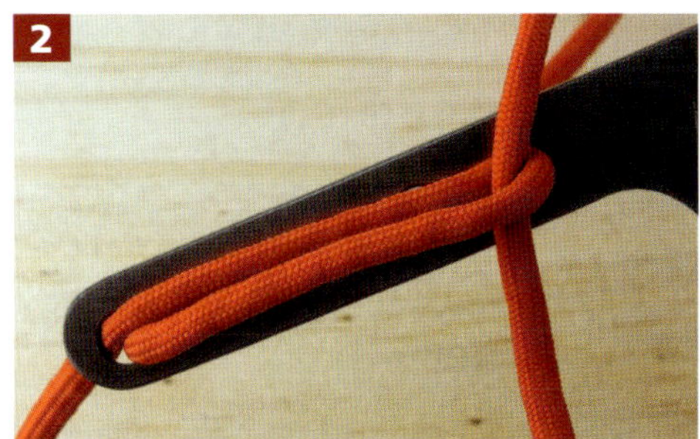

Das Arbeitsende geht zurück auf die andere Seite und hier zwischen die beiden Stränge, die bereits liegen.

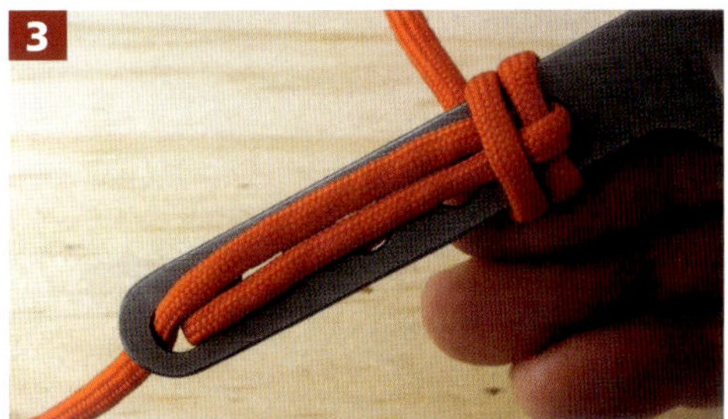

In der zweiten Runde geht das Seil über beide Stränge. Das trifft auch für alle weiteren Windungen zu.

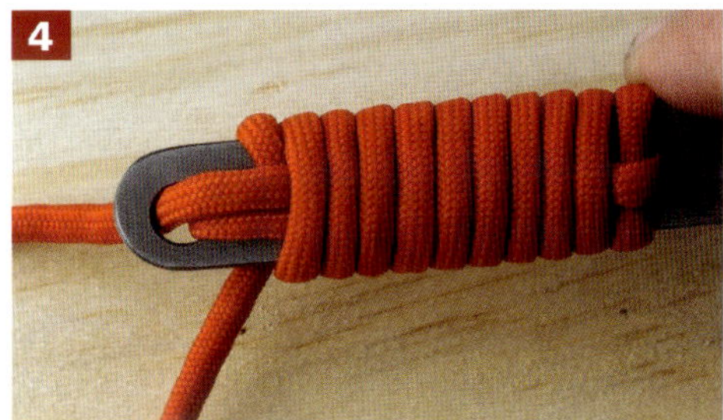

Die Schlaufen sollen straff sitzen, die Wicklung gleichmäßig sein.

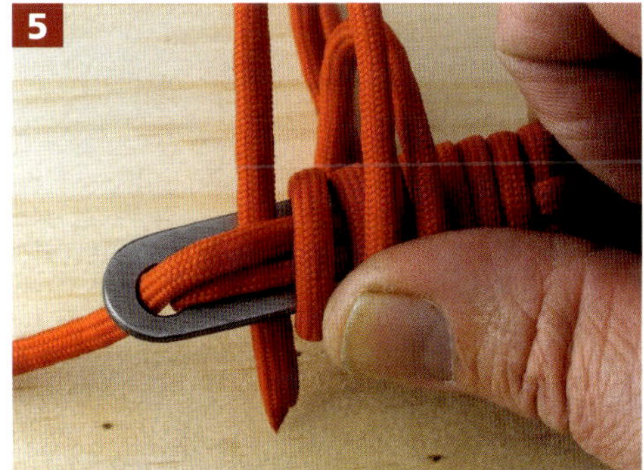

Wenn Sie das vorletzte Loch erreichen, lockern Sie ein paar Schlaufen, um Platz zu machen, damit das Arbeitsende durch das Loch geführt werden kann.

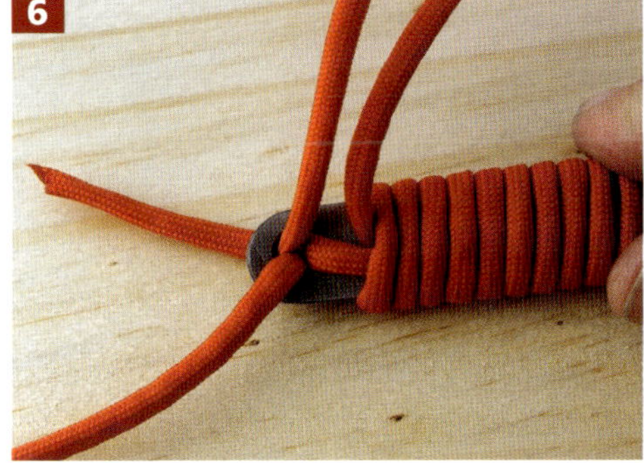

Nachdem die Windungen wieder festgezogen sind, kommt das Arbeitsende durch das Knaufloch – entgegengesetzt zum stehenden Ende.

7

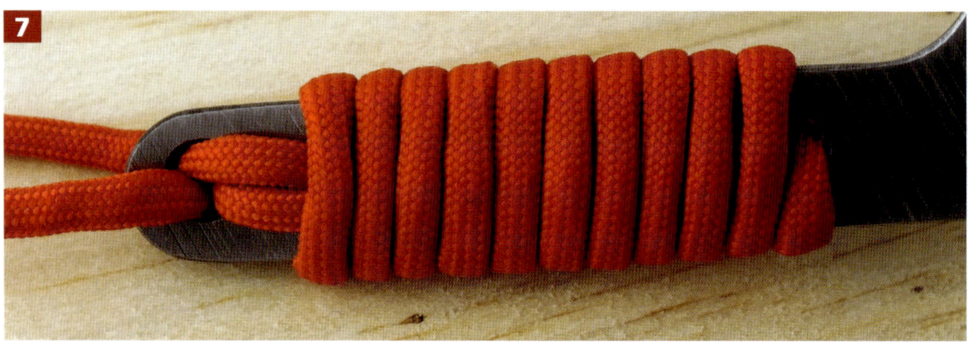

Die Seile sind jetzt bereit für den Lanyard-Knoten.

8

Und so sieht das fertige Messer aus.

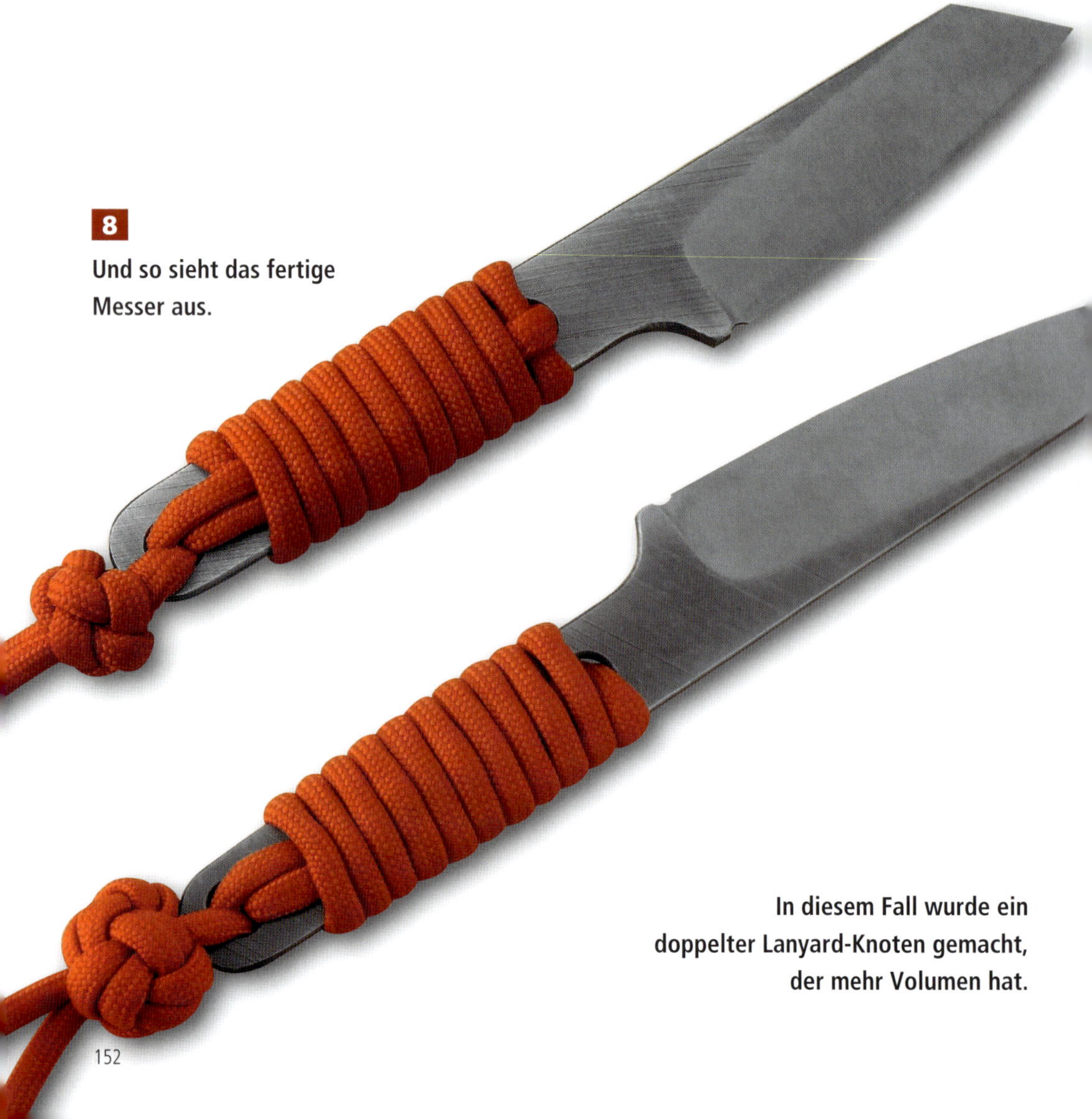

In diesem Fall wurde ein doppelter Lanyard-Knoten gemacht, der mehr Volumen hat.

VERSIEGELN DER GRIFFWICKLUNG

Die japanischen *tsukamaki*-Künstler und *koshirae*-Macher benutzen Harz und Lacke, um die Griffe, hölzernen Teile der Griffe und Schwertscheiden zu versiegeln. Sie verwenden empfindliche Produkte wie zum Beispiel Papierband, um bestimmte Arten von *ito* herzustellen. Lack stabilisiert und schützt die Griffwicklung. Wir benutzen verschiedene Harze, um die Griffwicklung zu stabilisieren, sowohl Harze mit einer Komponente als auch solche mit zwei Komponenten.

10.1 Materialien

Einige Messermacher benutzen Holzhärter. Das sind Produkte auf Acrylbasis, die dazu benutzt werden, trockenes, verrottetes Holz zu reparieren. Diese Produkte dringen tief in das faulige Holz ein. Oft härten sie über Nacht aus. Wenn eine Paracord-Wicklung damit getränkt wird, dann härtet sie genauso wie Holz.

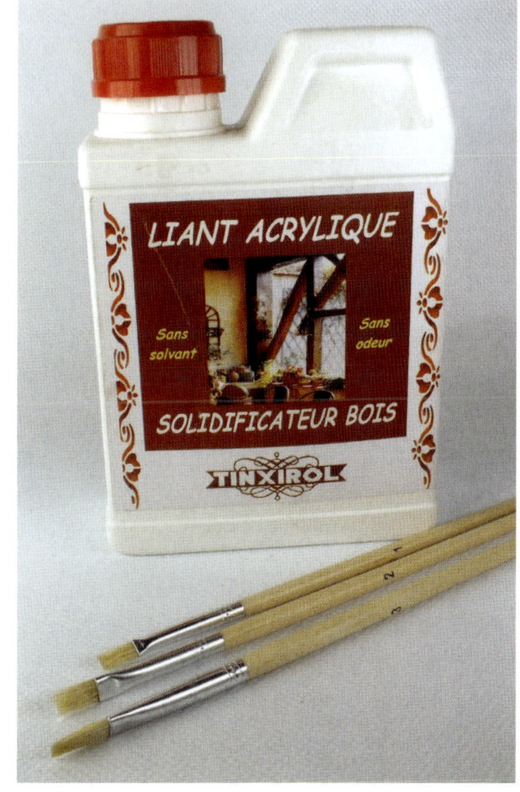

Holzhärter auf Acrylbasis ist eine der Möglichkeiten, um die Wicklung an einem Messergriff zu härten.

10.1.2 Polyurethan-Harz

Ein-Komponenten-Polyurethan-Harz kann ebenfalls verwendet werden. Es gibt zwei Hauptgruppen: die Polyurethane, die als Harz oder Lack vermarktet werden und die Polyurethan-Kleber. Ich arbeite lieber mit den UV-stabilisierten, kristallklaren Polyurethan-Harzen. Das altersbedingte Vergilben ist minimal. Wenn wir sehr dunkel gefärbte oder schwarz umwickelte Griffe stabilisieren, wirkt honigfarbenes Harz genauso gut. Für unsere Zwecke haben die Kleber mehrere Nachteile: Sie sind dickflüssiger als Harze und dringen nicht so gut ins Seil ein. Der zweite Nachteil ist ihre Farbe: Die meisten Polyurethan-Kleber sind bernstein- oder honigfarben und vergilben sehr stark.

Die Blasenentstehung kann bei manchen Produkten sehr stark sein. Das kommt vor, wenn zu viel Harz benutzt wird. Polyurethan reagiert mit der Feuchtigkeit in der Luft, um auszuhärten. Wenn das Seil oder die Wicklung wirklich gesättigt sind, entstehen Blasen, die aber nicht immer platzen. Dadurch gibt es kleine Krater in der plastikähnlichen Oberfläche, nachdem das Harz ausgehärtet ist.

Die Haltbarkeit eines geöffneten Polyurethan-Behälters ist ziemlich begrenzt. Jedes Mal, wenn der Behälter geöffnet wird, kommt ein bisschen

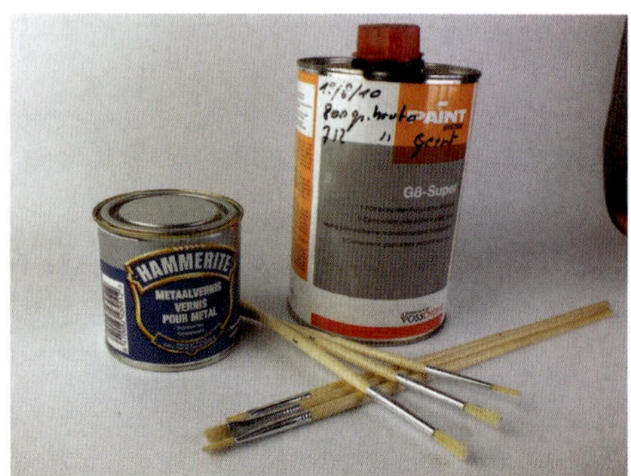

Der größere Topf enthält klares Polyurethan-Harz, in der kleinen Dose ist Metalllack für den Schutz der Messerangel gegen Korrosion.

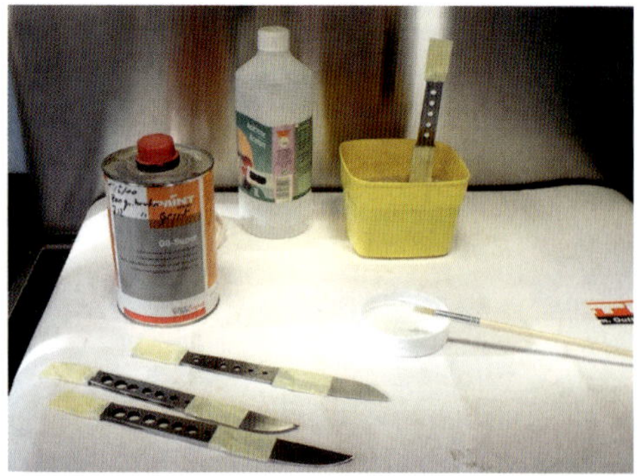

Arbeit mit Kunstharzen unter der Dunstabzugshaube in der Küche: Die Haube sorgt für die notwendige Lüftung. Das Polyurethan-Harz wird für das Versiegeln der Griffwicklung benutzt.

Luft und Feuchtigkeit ins Innere. Diese Feuchtigkeit reagiert mit der Oberfläche des Harzes und reduziert die Haltbarkeit.

10.1.3 Laminierharze

Laminierharze sind meine Lieblinge. Diese Harze wurden speziell für die Konstruktion von Laminaten aus Glasfaser, Kohlefaser und Kevlar entwickelt. Es handelt sich immer um Zwei-Komponenten-Systeme. Es gibt Polyester-Systeme und Epoxid-Systeme.

Polyesterharz

Polyesterharz ist in Polyester-Reparatursets für Autos vorhanden und wird auch separat im Fachhandel angeboten. Es hat eine begrenzte Haltbarkeit. Das Mischungsverhältnis beträgt sehr oft 50 zu 1. Dieses Verhältnis ist für kleine Mengen sehr schwer herzustellen. Aber Polyesterharz funktioniert gut auf dunklem Paracord.

Zwei-Komponenten-Epoxid-Systeme

Zwei-Komponenten-Epoxid-Systeme gibt es in einer breiten Auswahl von Sorten. Am besten für unsere Art der Anwendung sind Harze mit geringer Viskosität geeignet. Je dünnflüssiger das gemischte Harz ist, desto besser dringt es ins Paracord ein.

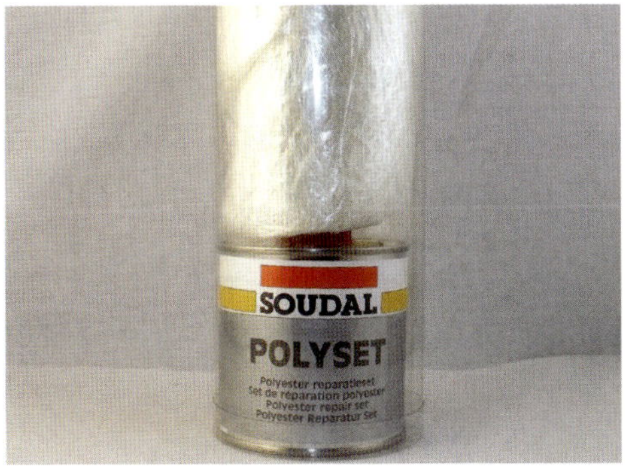

Polyesterharz in einem Autoreparaturset. Falls Sie noch eines dieser Sets übrig haben, testen Sie das Harz vor dem Gebrauch.

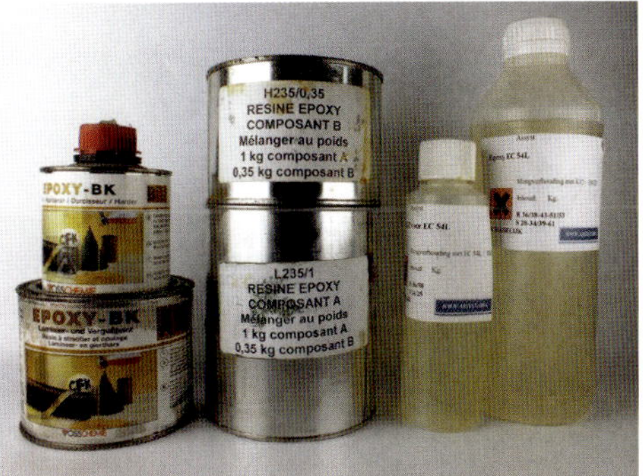

Für die Systeme im Bild gelten Mischungsverhältnisse von jeweils 100:20, 100:35 und 100:60.

Epoxid-Systeme mit natürlicher Farbe haben oft eine klare Harzkomponente und einen bernsteinfarbenen Härter. Das resultierende Kunstharz ist honig- bis bernsteinfarben und wurde nicht dafür entworfen, weiteres Vergilben zu verhindern. UV-stabilisierte, kristallklare Epoxid-Systeme besitzen dagegen durchsichtige Harze und Härter.

BENÖTIGTE WERKZEUGE

- Zur Sicherheit Latex- oder Einmalhandschuhe mit höherem Schutzfaktor
- Schutzbrille
- Malpinsel, nicht zu breit
- Lappen (möglichst fusselfrei) und Aceton (nötig, um Verschüttetes wegzuwischen und überschüssiges Harz von den imprägnierten Wicklungen zu entfernen)
- Krepppapier (wird benutzt, um das Messer zu schützen und Harz-Fingerabdrücke auf der Klinge zu vermeiden)
- kleine Spritzen (für die Mengendosierung)
- eine kleine, lösungsmittelfeste Schüssel (um die Zwei-Komponenten-Systeme zu mischen; man kann auch die Deckel von Glasgefäßen oder Blisterverpackungen verwenden)
- hölzerne Eisstiele (zum Umrühren des Harzes)

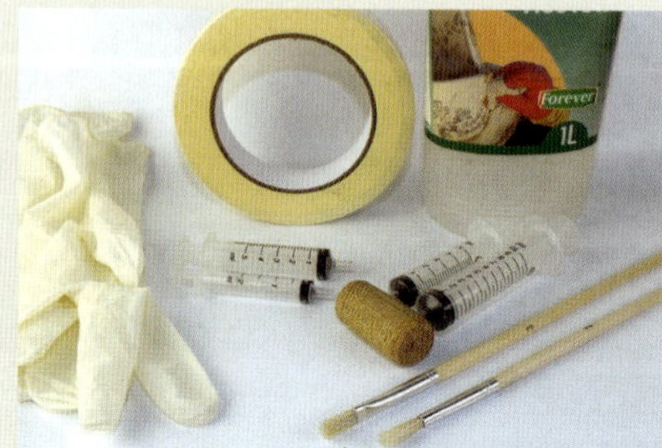

Die wesentlichen Werkzeuge für die Arbeit mit Harzen: Spritzen für Zwei-Komponenten-Systeme, Einmalhandschuhe (aus Latex, Buten oder Nitril), Kreppband und Aceton, Pinsel und Lumpen.

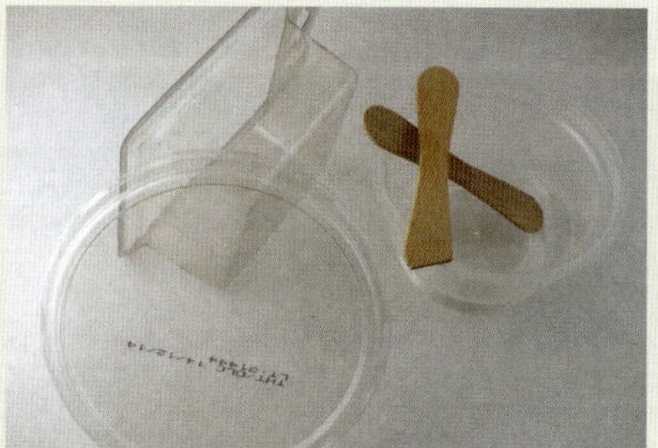

Ich benutze Blisterverpackungen für die Mischung von Zwei-Komponenten-Harzen und -Klebstoffen. Eisstiele, oft mit abgeschnittenem Ende, sind handliche Mixer.

Verschiedene Epoxid-Systeme erfordern verschiedene Mischungsverhältnisse. Ich benutzte Systeme mit Harz/Härter-Verhältnissen zwischen 100:20 und 100:60. Diese Mischungsverhältnisse sind kein Problem, selbst bei den kleinen Mengen, die für einen Messergriff benötigt werden.

Epoxid-Systeme haben eine wesentlich längere Haltbarkeit als Polyester. Ich habe Harze getestet und benutzt, die mehrere Jahre alt waren. Testen Sie diese auf jeden Fall, indem Sie ein Probeseil oder einen Schnürsenkel imprägnieren und genügend Zeit zum Aushärten lassen. Wenn das Testobjekt für 24 bis 48 Stunden härtet und dann bricht, ist das Harz noch gut. Falls das Objekt sich nach zwei Tagen verbiegen lässt, dann ist entweder das Harz nicht mehr gut oder das Mischungsverhältnis falsch.

Für die Imprägnierung eines durchschnittlichen Messergriffs werden nur 10 ml an Harz benötigt. Selbst mit einer Küchenwaage, die eine Genauigkeit von einem Gramm besitzt, ist es schwer, diese kleinen Mengen korrekt abzuwiegen. Daher benutze ich kleine Spritzen, um die richtigen Mengen an Harz und Härter abzumessen.

10.2 Technik

Wenn alle Teile des Messers außer der Griffwicklung durch Klebeband geschützt sind, können wir mit dem Imprägnieren beginnen. Stellen Sie sicher, dass das Klebeband eng am Stahl anliegt, damit nichts durchsickern kann.

Nehmen Sie das Messer an der Klinge in die Hand und tragen Sie kleine Mengen des Harzes mit dem Pinsel auf. Verteilen Sie das Harz und erlauben Sie ihm, die Griffwicklung zu durchdringen. Wenn das Seil das Harz aufgesogen hat, tragen Sie noch etwas mehr auf. Gehen Sie systematisch vor und kehren Sie zu dem bereits vollgesaugten Bereich zurück. Drehen Sie das Messer regelmäßig um, um zu sehen, ob sich Tropfen formen. Verteilen Sie das überschüssige Harz auf die Gebiete der Griffwicklung, die noch nicht gesättigt sind, oder entfernen Sie das überschüssige Harz mit einem fusselfreien Lappen.

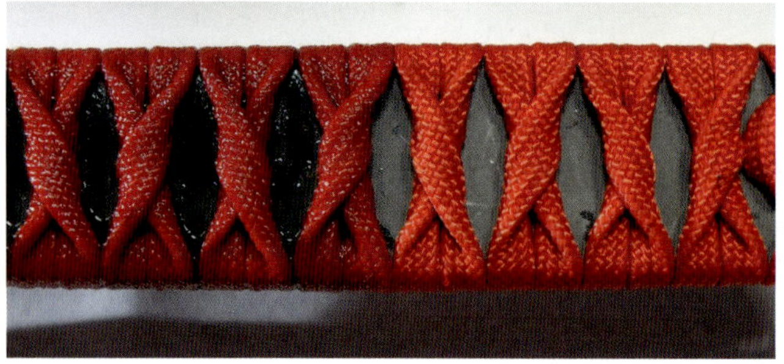

Die Wicklung ist halb imprägniert. In diesem Beispiel sind auch die Diamanten bedeckt, so wie eine grundlegende Wicklung mit Flatline bedeckt wäre. Beachten Sie den Unterschied in der Farbe.

Wenn Sie eine Griffwicklung über Rochenhaut imprägnieren, dann ist es am besten, jegliches Harz auf der Rochenhaut zu vermeiden. Falls das Messer eine Seillage unter der oberen Wicklung hat, ist es eine gute Idee, beide Lagen zu imprägnieren.

Wenn kein Harz mehr in die Griffwicklung aufgesaugt wird, muss der Überschuss mit einem fusselfreien Lappen entfernt werden. Abtupfen funktioniert gut. Entfernen Sie das überschüssige Harz von den glänzenden Stellen.

Falls das Epoxidharz nicht gut genug aufgenommen wird, hilft vielleicht ein Heißluftfön. Damit sollte man das Harz auf ungefähr 70°C erhitzen. Das macht das Harz flüssiger, und der Luftstrom bläst es bis in die kleinsten Ritzen der Griffwicklung. Diese Technik ist besonders nützlich, wenn Sie versuchen, eine schwere Griffwicklung vollständig zu imprägnieren. Schützen Sie den Bereich hinter ihrer Arbeitsfläche, weil Epoxid-Tropfen vom Griff weggepustet werden.

Wenn das Harz trocken, aber noch nicht komplett ausgehärtet ist, kann das Klebeband entfernt werden. Jetzt kann das trockene, aber noch weiche Harz, das unter das Klebeband gesickert ist, immer noch mit einem Spatel aus Holz oder Kunststoff entfernt werden, ohne die Klinge zu verkratzen. Weiche Lackflecke, Fingerabdrücke und Klebstoffreste vom Klebeband selbst werden mit Aceton entfernt. Hängen Sie das Messer anschließend auf oder stecken Sie es in eine Sandkiste, damit das Harz komplett trocknen kann.

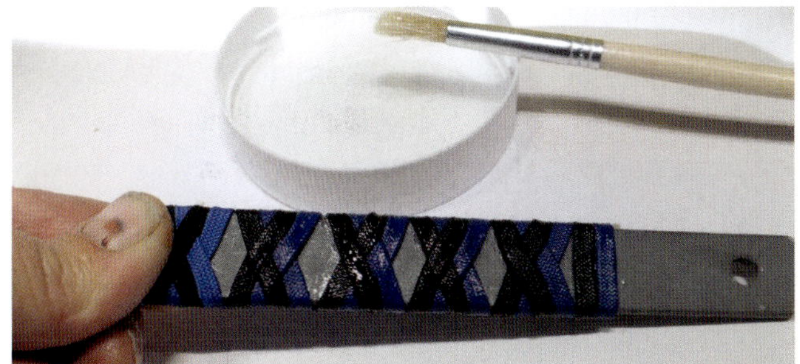

Tragen Sie nicht zu viel auf, wenn Sie eine Griffwicklung imprägnieren, sonst wirkt das Ergebnis wie Plastik und glänzt an den Stellen, an denen zu viel Harz angewendet wurde.

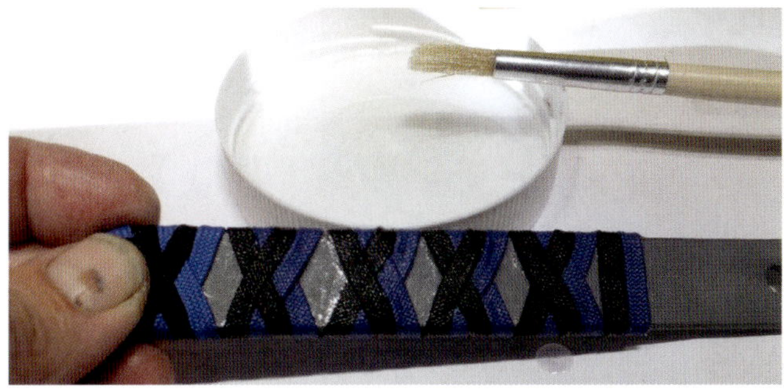

Hier wurde der Überschuss an Harz von der imprägnierten Wicklung mit einem fusselfreien Tuch abgetupft.

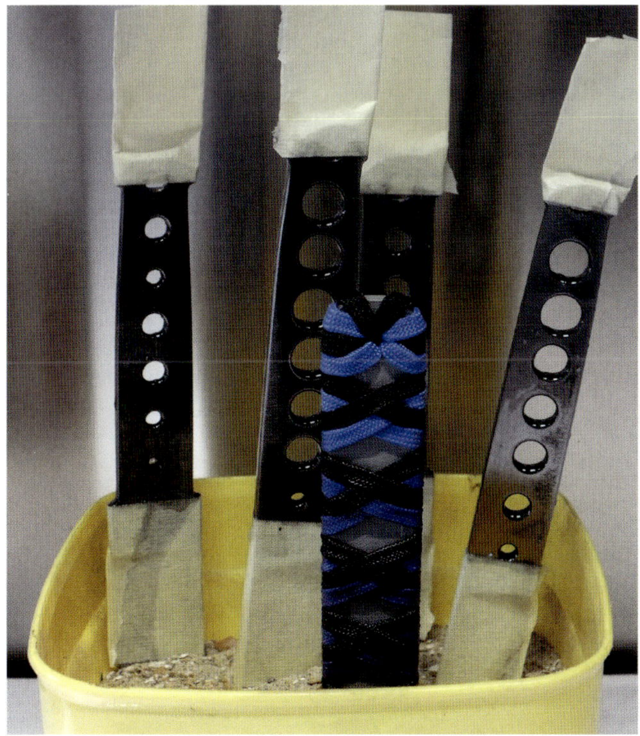

Eine Kiste mit Sand ist ein praktischer Halter zum Trocknen.

LITERATURVERZEICHNIS

Diese Bücher sind die Standardwerke in der Welt der Knoten und Seile:

Clifford W. Ashley: The Ashley Book of Knots. Doubleday, New York 1944

Deutsche Ausgabe:
Clifford W. Ashley: Das Ashley-Buch der Knoten. Über 3800 Knoten. Wie sie aussehen. Wozu sie gebraucht werden. Wie sie gemacht werden. Mit 7000 Zeichnungen. 6. Auflage – Edition Maritim, Hamburg 1999

Thomas L. Buck: The Art of Tsukamaki. Charleston Lloyd & Tutle Publishing, Limited, 2011

Mehr Bücher, die Einsicht in die faszinierende Welt japanischer Schwerter liefern:

Kapp, Leon: The Craft of the Japanese Sword, Kodansha International, Tokyo, New York, London 1987.

Victor, Harris: Cutting Edge, Japanese Swords in the British Museum, Tuttle Publishing, Boston, Rutland VT, Tokyo 2004.

Sinclair, Clive: Samurai Swords, A Collector's Guide to Japanese Swords, Chartwell Books Inc., New York 2009